経営理論のエッセンス

OKADA Yukimasa

岡田行正 著

同文舘出版

はしがき

一般に大学の商学部や経営学部では，名称は異なるにしても「経営学総論」「経営学概論」「経営学」「経営学入門」などに類する科目が，１・２年次の必修科目あるいは選択必修科目として配当・配置されている。しかし，2000年頃までのような通年科目ではなく，その多くが半期＝計15回で完結する授業科目として開講されているのが現状である。

こうした事情に対応すべく，近年では経営学に関する初学者向けのテキストが多数出版されている。それぞれに初めて経営学を学ぶ学生を対象に，分かりやすく，そしてその後展開される各専門科目にスムーズに接続・移行できるよう様々な趣向や工夫が施されている。そのため，扱われている内容も多種多様である。しかし，半期15回授業を念頭に，経営学の理論を中心に取り上げ，編集されているテキストは意外に少ない。

商学部や経営学部の多くの大学生は，大学卒業後，社会に巣立ち，何らかの組織に属して働き，長い職業人生を送る。その過程では，職務上，職責上，様々な苦悩や迷いに直面することが多いのもまた現実である。しかし，そうした場面に遭遇したとき，自身の短い人生のなかで体験してきた経験則，あるいは巷にあふれるいわゆるハウトゥー（how-to）本や自己啓発書等に頼るだけでは，なかなか問題の解決に結びつくことは困難であろう。その際，先人たちによって構築され，時代の変化に応じて進展してきた経営学の諸理論の知見を紐解くことは，何らかの指針や考えるべき示唆を授けてくれるに違いない。このように考えたのが，本書執筆の大きな動機である。実際，多くの社会人が自身の勤める組織において様々な課題や問題に直面し，それを理論的見地から解明することや解決の糸口を求めて，社会人大学院の商学研究科や経営学研究科，あるいはMBAコースに入学してくるケースが散見されるからである。

以上のことを踏まえ，本書は，第１に大学での授業を想定し，半期15回で扱える分量を前提に構成している。第２に，経営学は組織を対象とする学問領域であるため，組織を基軸に「第Ⅰ部　組織と管理」「第Ⅱ部　組織と人間」

「第Ⅲ部　組織と環境」の3部編成とし，各部に関連する所論を時系列に配置している。第3に，初学者を主対象として経営学の主要な理論を取り上げ，それぞれの理論のエッセンスを抽出し，概略的に把握できるように試みている。もちろん，各理論で展開されている内容は膨大かつ多岐にわたっており，どの原著も大著ばかりである。そのため，理解・整理しやすいように，あえて諸理論の核となる要点にのみ焦点を絞っている。第4には，経営理論の発展過程を大きな枠組みや流れとして捉えることを目的にしている。そのため，各章の冒頭では，前段階の理論との関わりについて説明を加えている。

こうした意味から，本書は大学学部生のみならず，大学院生にとっては経営理論の主要なポイントを整理・確認するうえで，また実務家やビジネスパーソンの方々にとっては，実際のビジネスの場における実践との関わりのなかで，どのような理論が何を目的に登場し，次なる理論に進展していったのかを歴史的に理解・確認するといった観点から活用いただけるのではないか，と考えている。また，本書をきっかけとして，経営学の他の多くの所説にも目を向けてもらえるとするならば，望外の喜びである。今後，読者の方々から忌憚のないご批判やご教示をいただければ幸いである。

謝　辞

本書第2章末の【付属資料】には，次のような経緯がある。勤務校・広島修道大学の図書館書庫（古林文庫）にてファヨール（Fayol, H.）の原著（1916年）の1931年リプリント版を発見し，驚きと興奮のあまり，その表紙の画像を大学院時代の後輩・庄司樹古氏（北海学園大学経営学部教授）に送付したのが，ことの発端である。

その際，庄司氏から，「その原著リプリント版の写真を本書に掲載した方が良い。また，この希少本の寄贈者である故・古林喜樂先生についても，ともに紹介すべきではないか。本書の主たる対象に広島修道大学の学生を想定しているのなら，尚更のこと。故・古林先生は，日本の経営学の礎を構築されたのみならず，広島修道大学にとっても，その貢献は計り知れない。」といった趣旨の助言をいただいた。こうした斬新なアイデアを受けなければ，この試みが実現しなかったのは明らかである。

なお，【付属資料】の写真画像掲載では，広島修道大学図書館長の坂根嘉弘先生（商学部教授），同大学学長室総合企画課の小西正彦さんに大変お世話になった。ここに記して，謝意を表したい。

最後に，当節の困難な出版事情のなか，本書刊行にご高配を賜った同文舘出版株式会社の中島治久社長をはじめ中島豊彦専務に感謝申し上げる次第である。特に，20年来お世話になっている同社編集担当の青柳裕之氏には，本書企画から上梓までの数年間，学内役職や学外公職で多忙な筆者に，温かくも熱い叱咤激励を適時いただいた。また，煩雑な編集・校正作業などは，同社の高清水純氏，有村知記氏に多大な配慮を賜った。心よりお礼申し上げる。

2021年12月

岡田　行正

● 目　次 ●

第Ⅱ部 組織と人間

第 5 章 ティード&メトカーフの人事管理論

第 6 章 メイヨー&レスリスバーガーの人間関係論

第７章　行動科学的管理の諸理論

第Ⅲ部　組織と環境

第8章　コンティンジェンシー理論

第9章　経営戦略論

プロローグ

一般に，経営学は，産業革命後の急速な企業の大規模化と，それにともなう企業組織の複雑化を背景に，アメリカにおけるテイラー（Taylor, F.W.）の「科学的管理」（Scientific Management）を端緒として生成・発展してきたといわれている。そのため，経営学は，こうした企業の発展とともに，当初は企業組織の内部にまつわる諸問題に，その後はそれに加えて企業をとりまく外部環境との関わりのなかで生起する諸課題に対応するための理論が現れ，発展を続けている。こうした意味からも，経営学は，各時代における企業経営が抱える諸問題を解決するための実践性を求められてきた学問分野だといえよう。

約1世紀余りにおよぶ経営学の歴史のなかでは，いうまでもなく数多くの経営理論が登場している。本書では，そのなかでも特に現在の日本における企業経営や，それとの関わりによってもたらされている社会問題，さらに今後の企業経営の方向性を考え，検証するうえで欠かせないと思われる諸理論を取り上げている。したがって，経営学の主要理論として取り上げられることの少ない所論にもあえて焦点を当てている。

現在の日本の実業界やビジネスの世界に目を転じてみると，キーワード時代を反映するかのように，新たな用語や造語が次々と生み出されては，瞬く間に消え去っていくといった状況にある。実際，新聞やテレビ，雑誌，インターネットなどの媒体を通して，最新の経営学に関係する用語に遭遇する機会は，年を追うごとに増えている。しかし，こうした最新の用語を追っているだけでは，表層的かつ断片的な知識の習得に終始し，それが流行現象なのか否かなど事象や対象を見定める視点の確立や，経営学的な分析視角の獲得につながらないのは明らかである。先人たちによって蓄積されてきた諸理論の体系や枠組み，理論発展の大きな流れを踏まえたうえでの新たな視点や研究こそが，現代の企業が抱える数多くの問題を解決するための指針や方策，未開拓の領域への探究を推し進め，切り拓いていくものと考えるからある。

現在では，とかく軽視されがちな経営学の理論研究であるが，先人たちによって培われてきた諸理論の本質を考察・理解することによって，改めて考えてみるべき多くの知見や視点がもたらされるに違いない。

■本書の読み方・利用の仕方

本書は，３部構成になっているが，以下のような読み方・利用の仕方も可能である。

1．「第Ⅰ部」「第Ⅱ部」「第Ⅲ部」それぞれ，「組織」と「管理」「人間」「環境」に関わる理論をまとめている。そのため，順不同に部ごとに読み進めることも可能である。

2．各理論を時代順・登場順に読み進めたい場合には，次のような章の順番で読み進める方法もある。

　第１章 → 第２章 → 第５章 → 第６章 → 第３章 → 第４章 → 第７章 → 第８章→ 第９章

3．各部や章の順番に関わりなく，興味・関心のある章からお読みいただいても一向に構わない。

4．各章の冒頭に「キーワード」を記している。ここにピックアップされた用語を手がかりに読み進めていただければ，各章の論点を理解するための一助になるであろう。また，各理論の要点整理としても，活用いただけよう。

5．各章の最後に「現代への意義と応用」の節を設けている。各章で取り上げた理論の現代における意味を考えるうえでの一助になれば，との思いからである。

6．本書では，できるだけ原著と邦訳本の引用箇所・頁数を記載するように努めている。特に興味の惹かれた理論については，是非とも原著と邦訳本を図書館等で借り，手にとり，さらに深く探究していただければ幸甚である。ただし，本書で取り上げた理論のなかには，邦訳本が出版されていないものも含まれている。

【年表】本書で扱う主な経営理論の著作と歴史的事実

年代	第Ⅰ部　組織と管理	第Ⅱ部　組織と人間
1800	テイラー「1つの出来高給制度」(1895)	
1900	テイラー『工場管理』(1903)	
1910	テイラー『科学的管理法の原理』(1911) テイラー「アメリカ下院特別委員会における聴取書」(1912) ファヨール『産業ならびに一般の管理』(1916)	
1920		ティード&メトカーフ『人事管理』(1920)
1930	バーナード『経営者の役割』(1938)	メイヨー『産業文明における人間問題(第2版)』(1933)
1940	サイモン『経営行動(第3版)』(1945)	レスリスバーガー『経営と勤労意欲』(1941) メイヨー『アメリカ文明と労働』(1945)
1950	マーチ&サイモン『オーガニゼーションズ(第2版)』(1958)	マズロー『人間性の心理学(第2版)』(1954) アージリス『組織とパーソナリティ』(1957)
1960	サイモン『意思決定の科学』(1960)	マグレガー『企業の人間的側面』(1960) リッカート『経営の行動科学』(1961) アージリス『新しい管理社会の探究』(1964) ハーズバーグ『仕事と人間性』(1966) リッカート『組織の行動科学』(1967)
1970		
1980	サイモン『意思決定と合理性』(1983)	

(出所) 筆者作成

第Ⅲ部　組織と環境	歴史的事実
	アメリカ南北戦争（1861-1865） アメリカ大陸横断鉄道開通（1869） 労働騎士団（1869） アメリカ労働総同盟：AFL（1886）
	世界産業労働者同盟：IWW（1905）
	東部鉄道運賃事件（1910） ウオータータウン兵器廠事件（1911） アメリカ労働総同盟「科学的管理導入反対」決議（1913-1914） 第1次世界大戦（1914-1918）
	世界恐慌（1929）
	ニューディール期（1933-1939） 全国産業復興法・ワグナー法・社会保障法（1933） 全国労働関係法（1935） 産業別組合会議：CIO（1937） 公正労働基準法（1938） 第2次世界大戦（1939-1945）
	冷戦構造（1945-1989） タフト＝ハートレー法（1947） 北大西洋条約機構結成：NATO（1949）
	朝鮮戦争（1950-1953） ベトナム戦争（1955-1975） アメリカ労働総同盟・産業別組合会議（1955） アメリカでブルーカラーよりホワイトカラーの数が増加（1956） ランドラム＝グリフィン法（1959）
バーンズ＆ストーカー『イノベーションのマネジメント』(1961) チャンドラー『経営戦略と組織』(1962) ウッドワード『新しい企業組織』(1965) アンゾフ『企業戦略論』(1965) ローレンス＆ローシュ『組織の条件適応理論』(1967)	「ベルリンの壁」建設開始（1961） ソ連有人宇宙飛行（1961） アポロ計画（1961-1972） アメリカ月面着陸（1969）
アンゾフ『戦略経営論』(1979)	第1次オイルショック（1973） 第2次オイルショック（1979）
ポーター『競争の戦略』(1980) ポーター『競争優位の戦略』(1985)	プラザ合意（1985） 「ベルリンの壁」崩壊（1989）

第 I 部

組織と管理

第 1 章

テイラーの科学的管理

キーワード

成行管理，組織的怠業，動作研究，時間研究，課業管理，差率的出来高給制度，高賃金・低労務費，計画機能，執行機能，職能的職長制度（ファンクショナル組織），科学的管理排斥運動，精神革命，労使協調思想，経済人モデル，経営学の父

I 考察の視点

テイラー（Taylor, F.W.）の科学的管理（Scientific Management）は，一般に伝統的・古典的管理論あるいは伝統的・古典的組織論に位置づけられており，経営学の最初の体系的な理論といわれている。しかし，その内容は組織論や管理論の領域にとどまらず多岐にわたっており，その後の経営学の様々な分野に影響をあたえ，経営学の発展にも重要な役割を果たしてきた。それゆえテイラーは，「科学的管理の父」としてだけではなく，「経営学の父」とも称されているのである。

テイラー[1]は，ハーバード大学の入学試験に合格するも，頭痛と視力不安（乱視が原因の頭痛だったともいわれている）から進学を断念し，木型工・機械工の徒弟修業の道に進む。その後，1878年にミッドヴェール・スチール社へ未熟練工として入社し，機械工，旋盤工，職長を経て，1887年には異例の速さで主任技師に昇進する。1890年に退職するまでの12年間をこの会社で一機械技師として従事し，日々の業務のなかで当時の工場現場が抱える様々な問題と対峙し，その過程で形成されたのが，経営学の出発点ともいわれる科学的管理であった。そのため，科学的管理は，生産工場を主たる対象にしている。

それでは，科学的管理の体系や特質とは，どのようなものなのであろうか。本章では，科学的管理生成の背景や科学的管理の普及にともなう労働組合の反応，またそれに対する産業界の対応にも触れながら，科学的管理の主要な論点を考察していく。

その際，テイラーの論文や著作，テイラー自身の証言なども含めて，以下４つの文献をもとに検証していくことにする。

テイラー（1856-1915）

①「１つの出来高給制度　―労働問題の部分的解決への第一歩として―」

＊写真出所：https://commons.wikimedia.org/wiki/File:Frederick_Winslow_Taylor.JPG

（"A Piece-Rate System, Being a Step Toward Partial Solution of the Labor Problem", 1895）

② 『工場管理』（*Shop Management*, 1903.）

③ 『科学的管理法の原理』（*The principles of Scientific Management*, 1911.）

④ 「アメリカ下院特別委員会における聴取書」

（"Taylor's Testimony Before the Special House Committee, Hearings Before Special Committee of the House of Representatives to Investigate the Taylor and Other Systems of Shop Management Under Authority of House Resolution 90", 1912）

II 科学的管理生成の背景

南北戦争（The Civil War：1861-1865）後の19世紀後半におけるアメリカは，産業資本主義の確立期であると同時に，独占資本主義的傾向をより強めていった時期でもあった。まず，1869年に鉄道がアメリカ大陸を横断したのにともない交通革命が起こり，それは同時に通信革命をも引き起こした。これらのイノベーションが引き金となり，鉄鋼業をはじめとして多くの産業が飛躍的に発展し，企業規模も巨大化し，産業の集中化がもたらされた。

一方，それに必要な労働力は主として言語・習慣を異にする雑多な不熟練移民によって供給され，雇用労働者数も飛躍的に増加した。また労働組合の勃興や労働力の不足から賃金が比較的高く，さらに10時間労働制から8時間制への労働時間短縮運動などから労働力の集約的な利用に迫られていた（森川, 2002, 90頁）。このようななかで企業間競争はますます激化し，とりわけ工場の能率的管理が注目されるようになった。

他方，当時のアメリカ産業において採用されていた賃金支払制度は，労働者が努力して出来高を増大させればさせるほど，それに応じて労働者の受取賃金所得額もまた増大していく，という「単純出来高給制度」(single piece-rate plan）であった。したがって，「単純出来高給制度」は，当時の労働者にとって最も労働刺激の高い賃金であったといえる。しかし，当時の賃率（wage rate）は，なんら科学的根拠に基づいて設定されたものではなく，労働者が1日に遂行する作業量についても経営者の経験と勘によるものであった。そのため，現実には，労働者が懸命に努力し出来高を上げても，それが経営者の予想以上に達すると，労働能率増進と労務費節減のため経営者による賃率切り下げ（rate cutting）が断行された。このような賃率切り下げが再三にわたって行われ，これに対する労働者の不満・反発は高まり，労働者は組織的怠業（systematic soldiering）をもって対抗することとなった。つまり，労働者は一致団結して組織的怠業という対抗手段をとる以外に，経営者による賃率切り下げを防止する途はないと考えたのである。

ところで，この組織的怠業現象は，一般に労働組合の発展にともない，経営者側への対抗処置として労働組合が生産制限した結果だと解釈される場合がある。しかし，労働騎士団（The Noble Order of the Knight of Labor, 1869年結成），アメリカ労働総同盟（American Federation of Labor：AFL,1886年結成）も，当時すでに存在し，組織化の動向はきわめて高かったにもかかわらず，労働組合運動は国家と企業とによる種々な弾圧政策のため，しばしば壊滅的な打撃を受けており，労働組合はまだ十分な発展を遂げているとはいえなかった（前掲書，91頁）。これは，当時の全賃金労働者数に占める労働組合に加入する組合員数の割合からも明らかである[2]。そのため，組織的怠業はむしろ，労働組合が未組織である場合，あるいは労働組合が弱体でストライキの失敗の恐れが強いときに発生している。それゆえ，このような状況のなかで，経営者は一方的な賃率切り下げを容易に行い，他方で労働者側はその対抗策として，ストライキなどの直接的な闘争よりも，むしろ組織的怠業の方をとることによって，それが蔓延していったのである（前掲書，93頁）。

すなわち，企業間競争が激化するにつれて，能率増進・向上が切実な課題となった企業は，その解決方法として「単純出来高給制度」を採用したが，それがかえって組織的怠業をもたらし，深刻な問題として浮上することになった。なぜなら，「単純出来高給制度」が経営者による労働者の賃率切り下げを引き起こし，それによって労働者による組織的怠業を招いたからである。

1880年に設立されたアメリカ機械技師協会（American Society of Mechanical Engineers：ASME）は，まさにこの緊要な問題に取り組まざるを得ない状況に直面していた。アメリカ機械技師協会は，機械技師であると同時に企業家や工場経営者でもある人びとによって設立された当時唯一の全国的研究組織であった。

こうしたなかで登場したのが，タウン（Towne, H.R.）の「分益制」（Gain-Sharing, 1889）やハルシー（Halsey, F.A.）の「割増賃金制」（The Premium Plan of Paying for Labor, 1891）であった[3]。タウンの「分益制」とは，獲得された利潤全体ではなく，利潤形成に際して労働者自身の貢献による諸要因の範囲内でのみ，利潤分配に参画させるというものであった。また，ハルシーの「割増賃金制」とは，労働者の日給を保障したうえで，定められた作業予定時間内に作業を達成すれば節約時間の一定割合を割増として支払う制度であった。

このように彼らは，組織的怠業が経営者による賃率切り下げに起因するものと認識し，組織的怠業の解決の糸口を賃金支払制度に求めたのである（藻利, 1958, 131～132頁）。それゆえ，当時一般に実施されていた「単純出来高給制度」こそが賃率切り下げの根因をなすものと解し，これに代わる新しい賃金支払制度の発案に努力が注がれたのである。もちろん，こうした新しい賃金支払制度が，能率増進や組織的怠業にある程度の効果をもたらしたのは事実である。しかし，これらの賃金支払制度も，けっして経営者の賃率切り下げと労働者の組織的怠業とを根本的に解決することはできなかった。

それは，「賃率そのものに対する科学的決定」という根幹的な課題に取り組むことなく，賃金支払制度の問題としてのみ捉えたからである。すなわち，作業方法，作業速度，用具の使用方法などを主として過去の経験と勘に基づく成り行き（drift）に任せる成行管理（drifting management）に依存したままの状態で，賃金支払制度の合理化によってのみ労働能率増進と労務費節減を図ろうとした点に限界があったといえる。「成行管理」は，その名称にこそ「管理」とついているものの，その実態は「管理」とは程遠い，まさに成り行き任せだったからである。

これに対して，組織的怠業が経営者による賃率切り下げに起因するものと認識し，その解決を賃金支払制度の問題ではなく，賃率決定方法（rate fixing）の問題として取り上げたのが，テイラーであった（前掲書, 132頁）。

Ⅲ 科学的管理の体系

1 「1つの出来高給制度」

テイラーが1895年に発表した最初の論文「1つの出来高給制度　—労働問題の部分的解決への第一歩として—」は，科学的管理の端緒をなすものであり，その後も一貫して主張し続けた基本的な問題意識と具体的解決策とが述べられている。それは副題にも示されているように，労働問題の解決と賃金制度の合理化とを目指したものであった。

テイラーは，本論文の序文（introduction）で次のように述べている。

「普通の出来高払制では，使用者と労働者とは永久に相対立しなければならない本質をもっており，また高い能率を発揮する労働者は，必ずある程度の罰を受けなければならないようになっている。このようにして，この制度が労働者の勤労意欲を低下させるのは，甚だしいことである。この制度のもとにおいては，最も善良な労働者でも，いつも一偽善者として働くことを余儀なくされ，また使用者の侵略に対抗して闘争の渦中に自らはいらないわけにいかない状態にある。

しかしながら，私が案出した制度は，理論的にも，その結果からみても，ともに正反対である。この制度のもとにおいては，各労働者の利害と使用者の利害とを一致させ，高い能率をだすものには，より多くの割増金を支払うのである。したがって，労働者は日々の仕事について，最も品質のよいものをできるだけ多く生産することが，自分たちにとって永続的な利益であるということをすぐに理解する。（Taylor, 1922, p.636　邦訳，3頁）」

すなわち，普通の出来高払制度のもとでは労使の対立は必然であるが，テイラーの提唱する制度を用いれば，この対立は解消できると主張しているのである。そこには，当時の労使の関係が「闘争状態同然の敵対関係」にあるという現状認識に立脚し，この「対立関係（antagonism）に代えて協調

(harmony) への転換」が科学的管理の中心課題の1つに据えられているといえる。

テイラーは，1878年にフィラデルフィアのミッドヴェール・スチール社に一職工として入社し，その後1890年まで同社で能率増進に尽力してきた（小林, 2001, 40～41頁)。この論文は，彼が職長に昇進してから退職するまでの約10年間，同社において自ら行った管理制度に関する実験的研究の成果であった。

この管理制度は，次の3つの要素からなっている（Taylor, 1992, pp.636-637　邦訳，3～4頁)。

・第1要素：要素的賃率決定部門
・第2要素：差率的出来高給制度
・第3要素：日給労働者管理の最善の方法と信じられるもの

この3つの要素のなかでも，テイラーは，第1要素の「要素的賃率決定部門」(elementary rate-fixing department）と第2要素の「差率的出来高給制度」(the differential rate system of piece-work）に関して，従前の方法と比較検討しながら，その有効性を積極的に主張している。ここに彼の管理制度の独自性をみることができる[4]。

「要素的賃率決定部門」とは，要素的賃率決定の職務を遂行するために特に設置される部門を意味する。要素的賃率決定とは，まず各作業をそれぞれ多数の要素別に細分化し，その各要素動作の遂行に必要となる時間をストップウォッチで精密に測定する。さらに，こうして測定した各要素的作業を分類・整理し，記録・保管する（*Ibid.*, p.637　邦訳，4頁)。以上の手続きを基礎にして，新しい作業の賃率を決定する場合には，まずその作業を要素動作に分解し，次いで各要素動作に必要な時間を先に記録したもののなかから選び出し，これを合計してその作業全体の総標準時間を算出するというものである（*Ibid.*, p.637　邦訳，4頁)。

賃金問題をめぐる労使間の紛争，いわゆる労使関係の問題を解決するためには，まず労使双方が各作業の遂行に必要とされる時間，しかも最速時間（the quickest time）を知らなければならない，というのがテイラーの主張であり，これを解決するための方法を要素的賃率決定に求めたのである。

すなわち，当時のアメリカ産業界に蔓延していた生産の不能率が労働者による組織的怠業に起因し，組織的怠業は経営者による賃率切り下げに誘発されて発生するものと認識したうえで，その解決を賃金支払制度の問題としてではなく，賃率決定方法の問題として捉えたからにほかならない。それゆえ，テイラーは，合理的な賃率決定の方法として要素的賃率決定の必要性を唱え，これを担う管理機構に焦点を当てて，要素的賃率決定を担当する「要素的賃率決定部門」の設置を提唱したのである。

ところで，このように「要素的賃率決定部門」によって決定される最速作業時間は，労働者から作業能率の向上を引き出すための第一歩にはなるが，１日の作業量を示すにすぎない。そこでテイラーは，労働者に最高能率を発揮させるための手段として，第２要素「差率的出来高給制度」の採用を主張する。

「差率的出来高給制度」とは，出来高給制度の一種ではあるが，同一作業に対して高低２種類の賃金単価を決めておき，個々労働者の仕事の達成度によって賃金を支給するという制度であり，この点が「単純出来高給制度」とは異なる。設定された作業が所定の最短時間（the shortest possible time）で，しかも仕損じなく行われた場合，つまり質と量において標準作業が達成されたときには高率の賃金を支給し，標準作業が達成されないときには低率の賃金を支給するのである。また，労働者に高率の賃金を支給する場合には，同業種の他企業が普通に支給する額よりも高い賃金を支給するように単価決定しておかなければならない（*Ibid.*, pp.637-638　邦訳，４～５頁）。

以上のように，科学的管理の当初の形態は，「要素的賃率決定部門」および「差率的出来高給制度」の２つに見出すことができる。しかし，ここで注意しなければならないのは，テイラーが両者の重要度に軽重の差を認めている点である。テイラーは，これについて「工場生産量を増加するための２種の工夫，すなわち差率的出来高給と科学的賃率決定部門とのうちで，後者は前者よりはるかに重要である。（*Ibid.*, pp.662-663　邦訳，28頁）」と述べている[5]。このように，テイラー自身も，「要素的賃率決定部門」は，科学的管理において絶対的な地位を占めるものであるが，「差率的出来高給制度」は必ずしもそうではないと指摘している。

「要素的賃率決定部門」に関する主張は，この部門を設置しなければ要素的賃率決定が実行できないという意味であり，テイラーの真意は，部門の設置そのものではなくて，部門を設置して行われるべき要素的賃率決定にこそ絶対的意義があると理解すべきであろう（藻利，1965，45頁）。つまり，テイラーは，この要素的賃率決定こそが，組織的怠業や能率増進のみならず協調的労使関係を構築するための最善の方法と考え，科学的管理の最初の形態における中心的事項としたのである。そして，要素的賃率決定は科学的賃率決定（scientific rate-fixing）ともいわれるように，その後，テイラーが「時間研究」（time study）と呼ぶこととなる方法によって，各作業の標準時間を確定し，これに基づいて賃率を決定することを意味するのである。

2 『工場管理』

論文「1つの出来高給制度」から8年後の1903年に，テイラーは著書『工場管理』を発刊した。ミッドヴェール・スチール社を退社したテイラーは，その後，数年間を能率顧問として諸会社の能率増進に努め，さらに1898年にベスレヘム・スチール社に入社し，1910年まで同社において工場管理の研究と実践とに従事した（前掲書，48頁）。その間の成果をもとに，テイラーは，工場の管理制度を体系的に『工場管理』のなかに著したのである。

先の論文において，テイラーは要素的賃率決定の必要性と，これに基づく「差率的出来高給制度」の有効性とを主張したにすぎないが，『工場管理』ではさらに進んで，いわゆる「管理の技術」（the art of management）の確立を目指して，より具体的な論考を試みている。この「技術」の最も重要な部分を形成するのが，使用者と労働者の関係である（前掲書，49頁）。テイラーは，労使双方に満足をあたえ，両者に最善の利益をもたらすものでなければならないという問題意識のもと，組織的怠業[6]を克服し協調的労使関係を構築する方法を作業量と賃金，そして組織編成の問題に求めている。

それでは，テイラーは旧式管理法のもとでの組織的怠業に根ざす険悪な労使関係を，いかにして協調的な方向へ変革していこうとするのであろうか。

(1) 課業制度

まず，テイラーは，賃率切り下げが行われないような確実な課業（task）の決定に着手した。課業とは，「公正な1日の仕事量」（a fair day's work）ないし「1日の適正な仕事量」（a proper day's work）のことである。テイラーは，合理的な課業設定（task-setting）は個々の仕事に要する標準作業時間の問題だと捉え，従来行われてきたいわゆる推測の方法（guess work）ないし伝習的方法（rule-of-thumb method）に代わる科学的な標準作業時間の確定に取り組んだ。

そこでテイラーが開発した方法こそが，「動作研究」（motion study）と「時間研究」（time study），より正確には「要素時間研究」（elementary time study）である。つまり，一連の作業を各動作要素に分解し，それぞれの動作に必要な合理的かつ最速の時間を調査するためにストップウォッチを用いて計測して，無駄のない最速な一連の作業動作・手順を探求するというわけである。

テイラー自身も科学的管理の「全制度は精確で科学的な単位時間研究に依存しているものであり，この研究は科学的管理の最も重要な要素である。（Taylor, *Shop Management*, 1903, p.58　邦訳，86頁）」と述べ，課業設定のなかでも特に「時間研究」の重要性を強調している。

このようにして「精確で科学的な単位時間研究」による標準的な課業が設定されるようになると，労使関係の改善も可能となってくる。つまり，旧式管理法では仕事の完了に要する時間に関して正確な知識が欠けていたため，労使間に猜疑心と誤解が生じ（*Ibid.*, p.30　邦訳，61頁），無知と騙し合いによる怠業が行われていた（*Ibid.*, pp.45-46　邦訳，75～76頁）。しかし，「動作研究」や「時間研究」に基づいた課業設定も，またそこから算出される基礎賃率も合理的根拠があり，当て推量やごまかしは加わらず，不正の入る余地もないため，労使とも満足を得ることができ，怠業もなくなると考えたのである（*Ibid.*, p.42　邦訳，73頁）。

（2）高賃金・低労務費

上記のように，「動作研究」と「時間研究」によって設定された課業は，合理的根拠をもち，科学的な客観性と精確性を有するものとして怠業克服と労使協力との基礎が課業制度に求められている。そして，この課業制度をさらに「高賃金・低労務費」と結びつけることによって，労使協力の完全な姿を見出そうとするのである。

テイラーは，「労働者が使用者に対して，何よりも求めようとするものは高い賃金（high wages）であり，使用者が労働者に求めるものは何にもまして低い人件費（low labor cost of manufacture）である。この両者の要求は，一見すると互いに矛盾しているようであるが，けっして対角線的に相反するものではない。それどころか，どんな種類の仕事においても，例外なく両者を一致させることが可能なのである。（*Ibid.*, p.22　邦訳，55頁）」と述べている。すなわち，科学的管理に底流する理念とは，「高賃金・低労務費の原則」（principles of high wages and low cost）であり，終始一貫している。

それでは，「高賃金・低労務費」をどのように実現させていくのであろうか。これについてテイラーは，以下の原則をあげている（*Ibid.*, pp.63-64　邦訳，91～92頁）。

第1原則：大なる日々の課業

会社における各労働者には，その地位の上下にかかわらず，明確に規定された毎日の課業が提示されなければならない。この課業は，絶対に漠然とした不明確なものであってはならず，慎重かつ完全にその内容と輪郭が定められていなければならない。また，課業は容易に達成できないものであってはならない。

第2原則：標準的な諸条件

各労働者には，課業として十分な1日分の作業量をあたえる。それと同時に，労働者に対して標準化した条件と用具を提供し，確実に課業が達成できるようにしてやらなければならない。

第3原則：成功した場合の高賃金

各労働者が課業を達成したときには，必ず高い賃金を支払わなければならない。

第4原則：失敗した場合の損失

各労働者が，その課業を達成しなかったときには，早晩その労働者は確実に損失を受けなければならない。会社組織が十分に発達を遂げたときには，多くの場合，次の第5原則が追加されなければならない。

第5原則：高い水準の課業設定

課業は，一流労働者でなければ達成されないほど困難なものでなければならない。

つまり，第1原則・第5原則に示されるように高い水準の課業設定と[7]，第3原則・第4原則による「差率的出来高給制度」によって，労働者には高賃金を，使用者には低労務費をもたらすことが可能になると考えたのである。

さらに，第2原則の標準的な諸条件と課業設定との運用を実現するために，組織設計・編成について提示している。それが，次に取り上げる「職能的職長制度」（functional foremanship）である。

（3）職能的職長制度

課業制度や「高賃金・低労務費」を支えていくための枠組み，それが組織設計であり，テイラーの高唱する「職能的職長制度」である。この組織編成について，以下のように具体的に示している。

「軍隊式組織にあっては1人の組長がやっている仕事を，職能的職長制度においては8人の係に分担させるのである。①手順係，②指図票係，③時間原価係，この3者は計画室で計画を立てて命令をだす。④準備係，⑤速度係，⑥修繕係，⑦修繕係，これは指図票どおり実行する方法を工員に教え，仕事が適当な速度で行われるように監督する。⑧工場訓練係は全工場の紀律の維持に当たる。（*Ibid.*, p.104　邦訳，125頁）」

「工場や製造部門は，支配人や工場長や職長などの管理すべきところではない。計画部によって管理されるべきものである。全工場を運用する日々の仕事は，この計画部内にある各種の機能的要素によって実施されるべきものである。（*Ibid.*, p.110　邦訳，130頁）」

すなわち，「計画機能」を担う係として，①手順係，②指図票係，③時間原価係，④工場訓練係の設置を，計画を実行に移す「執行機能」を担う係として，④準備係，⑤速度係，⑥検査係，⑦修繕係の配置を唱えている（**図表1-1**）。

そのうえで，「執行機能」の④準備係，⑤速度係，⑥検査係，⑦修繕係について，「昔のように組長を代弁者として取り次がせることなく，あらかじめ２～３人に専門的な訓練を施し，その人に直接工員と交渉させるようにすれば，結果が大変良いということはすでに多くの支配人の認めているところである。しかしながら，軍隊式の管理法は，かなり一般に染み込んでおり，工員は２人の職長のもとで働くことができないと思い込んでいる。（*Ibid.*, p.106　邦訳，127頁）」と説明しており，この点が「職能的職長制度」の最大の特徴となっている。さらに，この特徴を分かりやすく伝えるために，次のように補足している。

「職能的職長制度は，新式の学校管理と似ている。新式の学校では，専門の教育を受けた先生が，代わる代わる生徒を教える。その先生たちは，特にその機能に長けた人によって訓練されているのが常である。一学級一教師制度は旧式で時代遅れである。（*Ibid.*, p.109　邦訳，129頁）」

このように，「職能的職長制度[8]」の導入と「計画と執行の分離[9]」による計画部門（planning department）の設置によって，課業制度の運営と「高賃金・低労務費」実現のための総合的管理体系，すなわち「課業管理」（task management）にまで発展させているのである。

これは，従前の能率給を基盤とした管理，すなわち１日になされるべき仕事量を明確に指示することもなく，単に賃金刺激だけにたよって漫然と目標ないし能率を高めようとする，いわゆる「成行管理」とは基本的に異なって

図表 1-1 テイラーの職能的職長制度

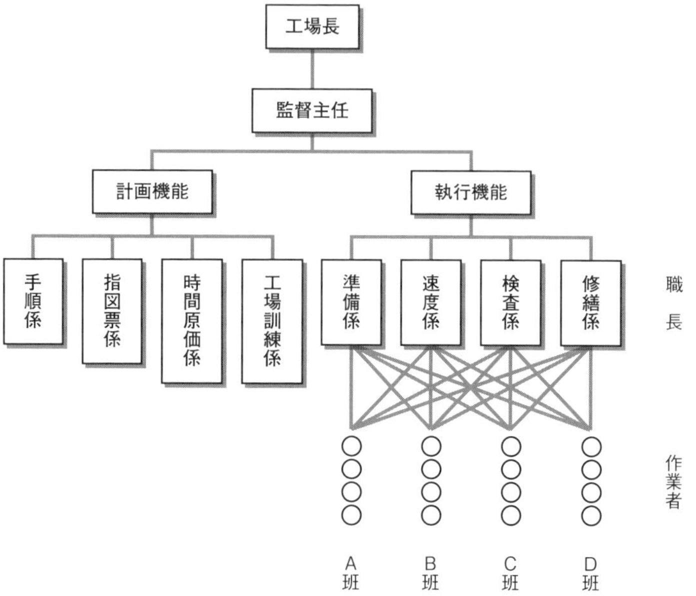

（出所）井原（2008, 195頁）をもとに加筆・修正

いる。

以上のように，『工場管理』では，先の論文「1つの出来高給制度」でテイラーが主張した要素的賃率決定の方法を「動作研究」と「時間研究」によって精緻化し，「職能的職長制度」といった新たな諸制度をつけ加えることによって，システムとしての「課業管理」に総合化・体系化されている。

3 『科学的管理法の原理』

『工場管理』が発表されてから8年後の1911年に，テイラーは著書『科学的管理法の原理』を上梓した。これはテイラーの最後の著書であり，先の「1つの出来高給制度」や『工場管理』での管理に関する実践的研究を概括し，その成果に原則と理念ないし哲理（philosophy）とを結合することによって，科学的管理の本質を提示しようと試みたものである。

テイラーは,『科学的管理法の原理』のなかで,先の『工場管理』で提示した原則に代えて,次の4つの原理を提示している(Taylor, *The principles of Scientific Management*, 1911, p.130 邦訳, 325頁)。

- 第1原理:真の科学の発展(the development of a true science)
- 第2原理:労働者の科学的選択(the scientific selection of the workman)
- 第3原理:労働者の科学的な教育・開発(his scientific education and development)
- 第4原理:管理者と労働者との心からの友好的協働(intimate friendly cooperation between the management and the men)

『工場管理』では,科学的管理の特徴が課業制度に求められ,課業管理による「高賃金・低労務費」の達成が強調されたのに対して,『科学的管理法の原理』では,それが「真の科学」(第1原理・第2原理・第3原理)と労使協調(第4原理)という抽象的・一般的な理念に置き換えられている(森川, 2002, 101頁)。

この4原則のうちテイラーの最も重視しているのが,第1原則の「真の科学の発展」である[10]。そして,第2原理・第3原理・第4原理は,いずれも「真の科学の発展」を基礎としてはじめて可能になると考えられている(雲嶋, 1964, 25頁)。つまり,科学の発展に基づいて,労働者を適材適所に採用・配置し(第2原理),労働者を教育・開発し(第3原理),すべての作業が遂行されるように労使が協力かつ協働すること(第4原理)を意味しているのである。

それでは,テイラーがいう「真の科学の発展」とは,何を意味するのであろうか。テイラーは,第1原理の内容について「各種の各仕事に用いられている方法や道具のなかで,最も速くて良い方法および道具はたった1つしかないはずである。この最良の方法と最良の道具とを発見し発達させるためには,精密かつ正確な動作研究および時間研究を行うとともに,現在用いられているすべての方法と道具について科学的研究と分析を行わなければならない。これは，工作技術全部にわたって目分量式をやめ，漸次科学をもってこれに代えていくこと。（Taylor, 1911, p.25　邦訳，240～241頁）」と述べている。

つまり，「真の科学の発展」とは，労働者の作業方法に関して，作業を遂行していくうえで最も合理的な方法を明らかにする「作業の科学」（science of Laboring）を指しているといえる。テイラーは，こうした科学の重要性を強調して，「各工員の動作は，どんなに単純なものでも，1つの科学にまとめることができる。本論の目的の1つは，この点を読者に明確に理解してもらうことにある。（*Ibid*., p.64　邦訳，272頁）」と述べている[11]。それゆえ，第2原理および第3原理に記されている「科学的」という語も，第1原理の「真の科学の発展」，つまり「作業の科学」を基盤に実行されるべきものとして掲げられている。

このように，先の『工場管理』に展開された諸原則は，そのすべてが課業観念を中心として，課業管理の特質を明確に表しているのに対して，『科学的管理法の原理』における原理には課業観念さえ示されていない（藻利，1965, 65～66頁）。これは，テイラーが科学的管理において「課業」を「管理の原理」としてではなく，「管理の機構」の中核として規定するようになった表れだと理解することができよう。

テイラーは，科学的管理の内容を説明するにあたって，「原理」と「機構」との混同をいましめると同時に，「原理」をともなわない単なる「機構」は真の意味での科学的管理ではないと主張している。すなわち，彼は次のように述べている。

「科学的管理の実施に際して採用された手段のうち，細かな工夫や順序を説明した論文は，これまでいくつか公にされている。しかし不幸にも，これらの論文を読んだ読者の多くは，科学的管理の手法と真の本質とをとり違えている。科学的管理の根本は，ある広大な一般原理，一定の哲理からなり，色々な方法で応用することができる。したがって，ある人が，この手法こそ一般原理を応用した最も優れた機構であると考えたものを読んだだけで，直ちにそれを原理そのものと混同してはならない。（Taylor. 1911, pp.28-29　邦訳，243頁）」

換言すれば，テイラーの主張する科学的管理は，「原理」と「機構」との内面的統一においてのみ正しく理解することができるものであり，「原理」から切り離された単なる「機構」は，いかにそれが精巧なものであるとしても，けっして科学的管理とは呼ぶことができないのである（雲嶋，1964，68頁）。

このようにテイラーは，科学的管理における「原理」の重要性を強調したうえで，さらに科学的管理の本質を形成するものは，単一の要素（a single element）ではなく，多数の要素の結合体であるとも述べている。このような諸要素については，以下の5つに要約されている（Taylor, 1911, p.140 邦訳，333頁）。

・第1要素：科学を目指し，目分量をやめる
・第2要素：協調を主として，不和をやめる
・第3要素：協力を主として，個人主義をやめる
・第4要素：最大の生産を目的とし，生産の制限をやめる
・第5要素：各人を発達させて最大の能率と繁栄を実現する

しかし，このように列挙されている諸要素も，第1の要素は「真の科学の発展」を，第2・第3・第4・第5の要素は労使協調の理念を，それぞれ異なった視点から表現しているにすぎない。その意味で，テイラーの「原理」「原則」および「要素」といった用語には，それほど大きな相違はなく，用語を換えながらそれぞれ科学的管理の本質を説こうと試みているものと理解できる。

以上のように，テイラーは，先の『工場管理』において，科学的管理の特徴を課業制度に求め，課業管理による「高賃金・低労務費」の達成を強調してきたが，『科学的管理法の原理』では，それぞれ「真の科学の発展」と「労使協調」という抽象的理念に置き換えて主張していると捉えることができよう。

Ⅳ 科学的管理の普及と精神革命

1 科学的管理の普及と問題

科学的管理が広く一般の関心を集めるようになったのは，1910年にアメリカ北東部における数々の鉄道会社が，鉄道運賃の値上げ要求を州際商業委員会（the Interstate Commercial Commission）に提起したことに始まる。

鉄道会社側は，会社の営業費増大と従業員の賃金値上げとを主要な理由としてあげ，運賃の値上げを主張した。委員会は，この問題に関して同年７月から11月にかけて数回にわたって審査および聴聞会（hearings）を開いたのであるが，その際，荷主側は運賃の値上げを強硬に反対した。荷主側の反対理由は，鉄道会社の経営自体が不能率な状態にあると指摘することに始まり，科学的管理を導入して経営の合理化を図るならば，鉄道会社側は運賃を値上げせずとも，十分に経営を健全化しうる，という主張ならびに論証に求められた[12]。このような一連の聴聞会の結果，荷主側の主張が支持され，鉄道会社側の運賃値上げの要求は拒否されることになった。一方で，このいわゆる東部鉄道運賃事件の聴聞会における両者の陳述の一部始終は，当時の新聞・雑誌などに大々的に掲載され，それによって科学的管理の名称は一躍脚光を浴び，アメリカ産業界に急速に普及することになったのである。

しかし，産業界での科学的管理の普及は，科学的管理の真意を正しく理解・認識したうえで健全に発展したものばかりではなかった。むしろ，科学的管理の本質を理解せず，科学的管理という名のもとに「見せかけの科学的管理」を様々な会社に売り込み広める，いわゆる「能率屋」（efficiency expert or efficiency man）が続出し，それはそのまま科学的管理に対する批判となっていった[13]。

ヨーダー（Yoder, D）は，こうした状況にいたる経緯について，以下のように指摘している。

「東部鉄道運賃事件によって全国的に続出してきたものこそが，いわゆる『能率屋』であって，彼らは競って見せかけの科学的管理を，無知な多くの会社工場に売りつけ，これによって私腹を肥やすことに成功したのである。しかし，その結果は，科学的管理に対する信用を失墜させたのみならず，かえって，これに対する資本家の誤解と，さらには非難をかうような事態まで招いたのである。（Yoder, 1933, p.544）」

「テイラーに習ったと自称する偽者・模倣者たち（his would-be imitators），いわゆる『能率屋』の行動は，一般に科学的管理の信用を失墜させるとともに，それによって労働者が科学的管理運動に反対するようになったという点で，重大な影響をおよぼしたのである。（Yoder, 1942, pp.43-44）」

このように産業界における科学的管理の普及は，一方で科学的管理に対する労働組合の懐疑的・否定的態度を徐々に強化させることにつながっていったのである。つまり，労働組合は，現に行われている科学的管理を廃棄しようとするとともに，東部鉄道運賃事件以後の科学的管理の普及・拡大に備えて，事前にこれを防止しようとしたものと理解できる（藻利, 1958, 140〜141頁）。

こうした状況のなか労働組合側の動きが特に激化し表面化したのが，東部鉄道運賃事件以後の1911年ウォータータウン兵器廠における科学的管理排斥運動であった。ウォータータウン兵器廠事件は，以下のような経緯で勃発するにいたった。

かつてテイラーが勤務していたこともあるミッドヴェール・スチール社は，陸軍関係の製品も扱っていた。そのため，テイラーも陸軍と関係があったことから，当時の兵器廠長官クロツィアー（Crozier, W.）は，兵器廠にも科学的管理導入の方針を決定した。クロツィアーは，ボストンに程近いウォータータウン兵器廠をその候補地として選び出し，1909年にテイラーの協力を得て，まず機械工場に科学的管理を導入した。この機械工場はそれ相応の成果を上げるようになったため，次は鋳物工場にも科学的管理の導入が可能であるとの判断から，1911年８月，時間研究係がストップウォッチを手にして工場に出勤し，鋳物工の１人に動作・時間研究を実施した。しかし，その様子を近くでみていた別の鋳物工が，科学的管理の導入であると見抜き，それを同僚に告げたことが発端となり，その翌日から鋳物工たちは一斉に職場を放棄し，科学的管理導入拒否のストライキに突入したのである[14]。

この事態について議会も黙視できなくなり，結果として1912年に「テイラー・システムおよびその他の工場管理制度調査下院特別委員会」（the Special Committee of the House of Representatives to Investigate the Taylor and Other Systems of Shop Management）が設置され，査問会が開かれることになる。この委員会の目的は，科学的管理が労働者に課す諸種の条件，それが労働者におよぼす影響など，その実態を明らかにし，政府工廠における科学的管理導入を禁止すべきかどうかを調査することにあった。

それゆえ，この査問会では，テイラーも自らの見解を述べるとともに，諸委員からの質問にも答弁することになったのである。この査問会でのやりとりを所収しているのが，「アメリカ下院特別委員会における聴取書」（以下，引用文献は *Taylor's Testimony* と表記）である。

2 「アメリカ下院特別委員会における聴取書」

『科学的管理法の原理』の刊行から１年後の1912年に実施された査問会でのやりとり「アメリカ下院特別委員会における聴取書」のなかで，テイラーは，科学的管理の本質として，労使双方の側における「完全な精神革命（a complete mental revolution）（Taylor, *Taylor's Testimony*, 1912, p.27　邦訳，352頁）」[15]と「労使とも古い個人的な意見や判断を捨てて，精確な科学的研究と知識を用いること（*Ibid.*, p.31　邦訳，355頁）」の２つを掲げている[16]。

これは，科学的管理が，実際の経営の場においては「管理の原理」から乖離した「管理の機構」としてのみ実施され，課業制度は労働強化の手法として導入され，「高賃金・低労務費」という労使の経済的利害の調和ももたらされなかったため，労働組合の強い反対に遭遇したことに起因する。

ここで注目すべきは，協調的な労使関係構築のために「完全な精神革命」が高唱されている点である。この点については，すでに先の『科学的管理法の原理』のなかで「真の科学の発展」と「労使協調」を２つの柱としつつ，労使双方の根本的な「精神的態度および慣行の完全なる革命」という主張にも表れている。以下の箇所である。

「旧来の管理をやめて，科学的管理に移ることは，実に大きな変化であって，管理者も工員も根本的に『精神的態度および慣行の完全なる革命』を行わなければならない。この精神的な改革は，けっして急にできるものではない。たくさんの実物教訓をみせると同時に，個々の教育を施し，新制度は旧式の仕方に比してはるかに優れたものであることを，充分に納得させたうえでなければ変更はできない。このように工員の精神的態度を変化させるためには，当然長い時間を要し，２～３年，時には４～５年さえも必要になる。（Taylor, *The principles of Scientific Management*, 1911, p.131　邦訳，326頁）」

そして，労使の対立が悪化するにしたがって，テイラーは労使協調思想そのものを一層強く主張するようになり，「アメリカ下院特別委員会における聴取書」のなかでも，とりわけ「精神革命」を強調している。テイラーは，「精神革命」の内容について，次のように述べている。

「科学的管理の本質は，個々の仕事に従事している工員側に根本的な精神革命を起こすことである。工員が自分の仕事，仲間，使用者に対する自分の義務について徹底した精神革命を起こすことである。同時に，管理側に属する職長，工場長，事業主，重役会なども，同じ管理側に属する仲間，工員，および自分たちの日常のすべての問題に対する義務について，徹底した『精神革命』を起こすことである。この大いなる『精神革命』こそが，科学的管理の本質である。（Taylor, *Taylor's Testimony*, 1912, p.27　邦訳，352頁）」

つまり，テイラーは労使双方に義務の観念の変革を唱えている。また，別の箇所では「精神革命」に関連して，次のようにも説明している。

「科学的管理を発展させるためには，まず双方の精神的態度を完全に変えて，戦いに代える平和をもってすること，争いに代えて兄弟のような心からの協働をもってすること，反対の方向へ引っぱらずに同じ方向へ引っぱること，疑いの目をもって監視する代わりに相互に信頼しあうこと，敵にならず友人になることが必要である。

この新しい見方に変わってくることが，科学的管理の本質である。これが双方の中心観念になったうえでなくては，科学的管理は成り立たない。この新しい協働および平和の観念が，古い不和と争いの観念に入れ替わらなければ，科学的管理は発展しえないのである。（*Ibid*., pp.30-31　邦訳，354頁）」

また，「精神革命」と「計画と執行の分離」の関わりについても，次のように述べている。

「それは，工場内の実務を，工員と管理側とで等分に分けることである。旧式の管理法では，何でもかんでもすべて工員によって行われていたが，科学的管理においては，これを二大部門に分け，その一方を管理側の仕事と定めたのである。管理側が新たに引き受けた仕事は，非常にたくさんである。…（中略）…すなわち，今まで工員がやっていた仕事の三分の一が管理側に移されてきたのである。この夏まで科学的管理の向上に１回もストライキが無かったということには，色々な原因もあるが，大きな原因はすべての仕事を双方で二分した点に存するとおもう。

科学的管理を行う機械工場では工員の行う仕事は，どんなにちょっとしたことでも，まずは管理側の方で何かしてから後に，渡したものばかりである。朝から晩まで，各工員の仕事は，管理側の仕事と組み合わさっていく。工員が何かすると，管理側が何かする。次に管理側が何かすると，工員が何かする。というように双方が親しく個人的に協力していくのであるから，激しい争いを起こすというようなことは，事実上，できないのである。…（中略）…ゆえに，科学的管理は不和（discord）よりも，むしろ協調（harmony）をもって主義とする管理法であると考える。（*Ibid*., pp.44-45　邦訳，363～365頁）」

すなわち，旧式管理法のもとで労働者によって担われていた計画と執行が，科学的管理，すなわち課業管理では分離され，「計画機能」を管理者に集中し，「執行機能」を労働者が担当する。それによって両者の間にはそれまでより結合性や依存性が高まり，相互補完的・協働的な組織が形成される。それゆえ，仕事ないし責任の分化によって両者の間には責任感と協働意識とが生まれ，それを基盤にした労使双方の「精神革命」が可能となるという論理としてテイラーの証言を理解すべきなのであろう[17]。

さらに，利益分配および賃金については，以下のように述べている。

「従来まで製造工場では，工員側も管理者側も，双方共同の努力（joint efforts）によってもたらされた余剰（surplus）をいかに分配すべきかということに，その思想と興味の大部分が集中されていたといってもよい。…（中略）…労使双方とも，この余剰金に目をつけ，一方は賃金として，一方は利益として，できるだけ多くの分け前を得ようとしていた。過去における労使間の大きな紛争は，この余剰金の分配をめぐって起こったものであるといってよい。…（中略）…科学的管理のもとにおいて，労使双方の精神的態度に大革命が起こるというわけは，双方とも余剰の分配の仕方をそれほど大切なことと思わないようになるからである。そして，双方ともこの余剰を増やすことに懸命になる。その結果，余剰が増えると，それをどのように分配するかについて争う必要がなくなってしまう。お互いに逆らって力を出すことをやめ，同じ方向に力を合わせて働くと，共同の努力によって生じる余剰は非常に大きなものになってくる。敵対と闘争とに代えて，友好的協働と助け合いとをもってすれば，この余剰がいままでよりずっと多くなって，労働者の賃金も増すことができ，製造家の利益も増すことができるようになる。（*Ibid.*, pp.44-45　邦訳，353～354頁）」

ここでは，労働者側の賃金と経営者や事業主側の利益にまつわる現実的な対立構造を認識しつつも，科学的管理の主軸となる「高賃金・低労務費」の理念は捨象されている。

しかし一方で，当時のアメリカ産業界で，テイラーの科学的管理が認知され始めたにもかかわらず，それはテイラーが目指した根本「原理」とは乖離して，労働者に対しては労働強化の手法として，経営者や事業主には賃金上昇と労使関係悪化をもたらしたという現実に，テイラー自身が危惧し始め，それゆえ「精神革命」を強調するようになったと解すべきなのであろう[18]。

V 科学的管理と労働組合

アメリカ下院特別委員会によって行われた一連の査問会の結果，同委員会は，1912年３月，ついに「科学的管理導入禁止の必要性はない」という結論を出すにいたる。

しかし，この判断は，労働組合にとって，到底満足のいくものではなかった。そのため，労働組合の科学的管理に対する反対運動は，一層激しくなる。具体的には，1913年および1914年のアメリカ労働総同盟の年次大会において，「科学的管理導入反対」の決議となって結実していった。

このようななかで，科学的管理に対する労働組合の反対をそのまま放置しておくわけにいかなくなり，政府の労使関係委員会（the United States Commission on Industrial Relations）もこれに対処せざるを得なくなった。

同委員会では，さらなる調査の徹底を期してシカゴ大学のホクシー（Hoxie, R.F.）を主査に，経営者代表のヴァレンタイン（Valentine, R.G.）と労働者代表のフレイ（Frey, J.P.）とを委員とする３名の小委員会（subcommittee）を設置した。この小委員会による調査報告が，「ホクシー報告書」（Hoxie's Report）といわれるものである。

この「ホクシー報告書」では，科学的管理に対する労働組合の批判ないし反対理由として，きわめて多くの論点がみられるが，ヨーダーが示すように次の４つに要約するならば，労働組合の科学的管理に対する反対理由は，明瞭に理解することができる。ヨーダーは，次のように要約している（Yoder, 1933, pp.548-554, Yoder, 1942, p.44）。

①分配の不公正

科学的管理は，労働者が能率増進によって生み出した利益のすべてを労働者に提供するものではなく，あくまで経営者の利益を増大しようとするものであって，所得の不公正な分配を意図するものである。

②労働者の機械視

科学的管理は，労働者を機械と同一視し，「生産における人間的要素」を無視する傾向をもっている。

③経営独裁主義の提唱

科学的管理では，すべての計画を経営者側が担当し，労働者は単にそれに従うにすぎない。それゆえ，科学的管理は「経営民主主義」に逆行して「経営独裁主義」を提唱するものである。

④労働組合の否定

科学的管理は，労働組合の存在理由を否定するものであり，科学的管理と労働組合との両者は両立し得ない。科学的管理論は「組合否定論」である。

以上のような科学的管理に対する反対理由は，はたして妥当なものなのであろうか。

「①分配の不公正」についてみてみると，労働組合によるこの反対理由は，労働組合側が，科学的管理とは能率増進によって生み出されたすべての利益を労働者に分配せず，わずかにその一部を分配するにすぎないと捉えていることに起因すると理解できる。

科学的管理は産業界から脚光を浴び，このような状況のなか，科学的管理の名のもとに「見せかけの科学的管理」が，いわゆる「能率屋」によって産業界に急速に導入・普及されていった。この「見せかけの科学的管理」とは，成行管理にほかならなかったわけであるが，その意味で，労働組合による「分配の不公正」という反対理由は，この「見せかけの科学的管理」に対して向けられた非難として当然なものであると理解できる。

それでは，テイラーが提唱した科学的管理も，こうした不公正な分配を意図しているであろうか。「見せかけの科学的管理」は成行管理であり，科学的管理は，成行管理に代わるものとして発案され登場してきた。テイラーは，成行管理のもとで起こっていた状況を解決するために，「差率的出来高給制度」を提唱している。事実，この「差率的出来高給制度」は，従来の賃金支払制度よりも，その支給する賃金の増加率が，労働者の能率の増加率よりも高い。しかしながら，この「差率的出来高給制度」も，利益のすべてを労働者に分配するものではなく，あくまで利益の一部を分配するにすぎなかった。それゆえ，テイラーの目指した科学的管理についても，労働組合による「分配の不公正」という非難は妥当性をもつこととなる。

また一方で，「動作研究」・「時間研究」についても，それ自体から技術的に主観性の排除は不可能であり，「科学」とまでは言い切れない[19]。さらに，「動作研究」・「時間研究」に基づく課業の設定と実施は，現実の経営の場では，経営者側の利潤追求に制約される傾向をもっている。それゆえ，現実の「動作研究」・「時間研究」は経営的に利用され，労働強化の手段となり，課業が経営側で一方的に決定されるときには，課業設定自体が標準よりも高く引き上げられる傾向が実際にはあったであろう。

したがって，「分配の不公正」という科学的管理に対する労働組合の反対理由は，主観性の入り込む余地のある「動作研究」・「時間研究」が能率増進と相まって恣意性のある労働強化へと結びつき，その結果生み出された利益であるにもかかわらず，そのすべてを労働者に分配しなかったということへの非難の表れだと捉えることができよう[20]。

「②労働者の機械視」は，科学的管理の核心に迫る重要な問題である。それは，その後，人事管理（Personnel Administration；Personnel Manage-ment）が生成していくうえで根源的な要因にもなるからである。

課業管理において，合理的な課業設定を行うためには，個々の仕事に要する標準作業時間の科学的決定が不可欠となる。ところが，「動作研究」・「時間研究」によって標準作業時間を決定するためには，その前提として「作業の標準化」が必要となる。作業の条件および方法が統一されなければ，標準作業時間の確定は不可能だからである。しかし，この「作業の標準化」は，能率増進の見地から次第に唯一最善の作業水準（one best way）の統一を求めるようになる。つまり，テイラーは，唯一最善の作業を確立することこそ，能率増進の前提と考えたからである。そこで，彼が主張したものこそ「作業の科学」であり，これによってはじめて唯一最善の作業が確定されることを信じ，多大な努力が傾注されることになる。

しかし，労働者の作業改善が，物理的な「時間研究」の方法で確立される「作業の科学」によって提供されうるとするテイラーの見解は，最善作業（the best way）とは物理的な最速作業以外のなにものでもないとする彼の理解を示すものであり，おのずから，テイラーは人間の作業を機械の作業と同一視するものだとする非難を生じさせることとなる（藻利，1958，10～11頁）。科学的管理は人間を機械と同一視し，人間的要素を無視する傾向をもつとする労働組合の非難の根幹は，ここに起因するものと理解することができ，その妥当性を認めざるを得ない。

「③経営独裁主義の提唱」という労働組合の非難は，主として「管理の機構」に対するものと捉えられる。テイラーは，「管理の機構」として，第1に標準作業時間と課業の設定を行い，課業に基づく生産計画を立案するために計画部門を設置し，第2に計画どおりに生産するために「職能的職長制度」を採用し，第3に労働者の労働意欲の向上と生産性向上のために「差率的出来高給制度」を採用している。しかし，生産計画が「科学」という名のもとに経営者によって一方的・独断的に行われ，労働者は単に命じられるままに働くにすぎないのであれば，「管理の機構」も独裁的機構に傾倒するのは否定できない。その意味で，「経営独裁主義の提唱」という労働組合からの科学的管理に対する非難の妥当性は，認めざるを得ないであろう。

しかし一方で，多数の労働者が一定の場所において協働する近代的工場経営においては，各労働者の勝手気ままな活動は許されず，必ず労働者のよるべき労働秩序が不可欠となり，それがある種の拘束労働をなすことは否定するべくもない（前掲書，15頁）。それゆえ，工場経営におけるある種の専制性ないし独裁性の存在は，科学的管理特有の問題というよりも，むしろ近代的工場経営には少なからず包摂される問題ともいえよう。

「④労働組合の否定」という非難について検討してみると，テイラーは「多くの製造業者は，労働組合を雇主および一般公衆のみならず，組合加入者にとっても百害あって一利もないもののように思っているが，私は必ずしもそうは思わない。労働組合，とくにイギリスの労働組合は労働時間を短くし，待遇を良くし，賃金労働者の労働条件を改善し，組合員ばかりでなく世界に対しても大きな貢献をなした。（Taylor, *Shop Management*, 1903, pp.185-186　邦訳，195頁）」と述べ，労働組合の存在意義を認めている。ところが，テイラーは続けて次のように述べている。

「労使間の関係を調整する諸方法のなかで，労働組合と交渉する制度は，ちょうど真ん中の位置を占めているものであると考える。

雇主がその工員をいくつかの階級に分け，同じ階級のものには同じ賃金を支払い，別に平均以上に多く働かせようともしない場合には，工員としてはただ団結するより他に方法はない。したがって雇主の不法に報いるにはストライキより他にないことになる。

こういう状態は労使双方にとって，きわめておもしろくない。私の考えによると，個人個人の価値によって賃金を支払い，それによって工員の野心を刺激する方が良い。そして各自の所属階級の平等出来高，または平均賃金の程度に制限することをやめてしまうのが良いと考える。労働組合の指導者と製造業者とが会議をして，工員全部に対する賃金その他の雇用条件を取り決める制度は，これ比べてはるかに劣っている。これは工員におよぼす道徳的影響からいっても，また労使の真の利害からいっても，良くない制度である。（*Ibid.*, p.186　邦訳，195頁）」

すなわち，一流労働者が「差率的出来高給制度」によって高い賃金を得ることが可能な科学的管理に比べて，各労働者に平均出来高，平均賃金をもたらすような労働組合による団体交渉制度は，はるかに劣ると主張しているのである。そこには，労働者個々の成果に応じて高賃金の支払いを可能にする科学的管理の方に優位性があるという認識がみられる。そして，このことがテイラーの労働組合に対する非難となって表れている。

このように，テイラーの主張は，労働組合の存在意義は一応認めるが，現実における労働組合は，生産制限的・闘争主義的傾向をもち，労働者の悪平等化，科学への不当介入をもたらし，労使繁栄の妨害となり，労使協調に反する組織になっているという点にある（森川, 2002, 114頁）。このことは，当然，科学的管理がそれに対するアンチテーゼとして，それを克服する存在となることを意味する（前掲書, 114頁）。つまり，テイラーの労働組合や団体交渉に対する認識も，結局のところ，労働組合不要論に到達することになる。しかし，科学的管理が，労働強化や利潤追求の手段となる現実の企業経営では，これは労働組合の阻止・分断策として作用することになり，労働組合側の「④労働組合の否定」という非難は，こうした実情に対して向けられたものだといえる[21]。それゆえ，科学的管理として現実の経営という場で実施された労働組合の阻止・分断策と，科学的管理論者の組合否定論との間には，なんら内面的つながりをもたないことも指摘せざるを得ない（藻利, 1958, 3～4頁）。

以上，科学的管理に対する労働組合の反対理由について検討してきた。

しかし，このような労働組合の強烈な抵抗にもかかわらず，アメリカの第1次世界大戦への参戦（1917年4月）は，特に軍需産業において科学的管理の全般的採用を余儀なくすることとなる。戦争は，一方において労働力の不足をもたらすにもかかわらず，他方において軍需生産増強を要請し，おのずから能率的生産を促進するからである。そして，ここに初めて科学的管理は，アメリカ産業界において本格的な実施の段階に入ることとなる。しかしながら，労働力の不足によってかえってその地位を高めてきた労働者ないし労働組合の納得を得たうえで科学的管理を円滑に実施するためには，経営者側は一方で労働組合運動の意義を承認するとともに，他方において科学的管理そのものに対して反省をし，その短所・問題点の改善に最大の努力を傾倒せざるを得なくなったのである（前掲書, 9頁）。

Ⅵ　現代への意義と応用

テイラーの科学的管理は，労働組合が未発達のなかで蔓延していた組織的怠業と成行管理を解決することを目的に登場した。その際，科学的管理は，労働者を「経済人モデル」（economic man model）とする認識に立脚して展開されている。

経済人モデルは,「人間とは,何よりも経済的利害によって動機づけられ,その論理的能力を利己のためにのみ使う存在」と捉える人間モデルである。それゆえ,動作研究と時間研究に基づく「課業制度」と,工場労働者の勤労意欲を向上させるために「差率的出来高給制度」を組み合わせて,生産性の向上を達成しようとした。

また,課業の設定と運営のために「計画と執行の分離」を唱え,職能的職長制度いわゆる「ファンクショナル組織」も提唱している。この課業制度・差率的出来高給制度・職能的職長制度を「管理の機構」として,「高賃金・低労務費」の実現を目指したのである。

しかし,科学的管理が広く認知され,普及するにしたがって,実際の経営の場では,労働強化の手段として利用されるという矛盾が露呈する。そのため,テイラーは,客観的な課業設定のための「作業の科学」と,協調的労使関係構築のための「精神革命」を高唱していくことになる。

このような科学的管理を構成する諸制度や要素は,経営学の各分野にも影響をあたえている(**図表1-2**)。

例えば,テイラーの提唱する職能的職長制度(ファンクショナル組織)や計画部門は,組織形態や組織設計という点で経営組織論の発展に貢献し,成行管理からの脱却として考案された課業管理は,管理概念の基礎を築いたという意味から経営管理論の生成に重要な役割を果たしている。また,課業設定のための動作研究・時間研究は,生産管理論や工業経営論における生産性向上や能率増進への有効な生産工程の設計に実践的な手法を提示している。さらに,組織的怠業や科学的管理排斥運動にみられる労働組合運動,「高賃金・低労務費」の理念,「精神革命」は,労使関係論や労使関係管理論において協調的労使関係思想の萌芽と把握されている。加えて,生産工場で固定費となる機械設備を減価償却費と捉え,適正な製品価格を検討するという側面から,原価計算論の発展にも影響をあたえている(土屋,1989,8頁.田中,2018,291~295頁)。また,差率的出来高給制度は賃金論の分野で,労働の尺度をいかに測定し,労働の対価としての賃金をどのような形態で支払っていくかといった本質的な問題を提起している。一方,科学的管理の批判点として指摘された「労働者の機械視」や「労働者の人間的側面への配慮の欠如」は,人事管理論生成や人事部門設置の端緒になったという意味で，人事管理論・人的資源管理論の領域では歴史的に重要な転換点となっている。そして，科学的管理は経営学の最初の体系的理論であるがゆえに，経営史や経営学説史の観点から，テイラーは「経営学の父」と称されているのである。

一方，現代に目を転じてみると，製造業における生産工程や生産ラインの設計，およびそのオートメーション化や機械化でも，科学的管理の動作研究・時間研究は活用されている。また，業界にかかわらず，効率的な作業手順などのマニュアルづくりにも活かされている。さらに，業界やビジネスの統合やボーダレス化によって，例えば生産工場・流通拠点・配送経路・販売店網などを一体的につなぎ合わせる総合的な管理システムの構築においても，科

図表1-2　科学的管理の経営学各分野における意義

経営学の各分野	科学的管理にみられる内容・事項・ポイント 各分野における科学的管理の意義
経営組織論	伝統的・古典的組織論 職能的職長制度（ファンクショナル組織），計画部門 組織形態・組織編成・組織設計の視点
経営管理論	伝統的・古典的管理論 成行管理からの脱却，課業管理 管理概念の確立
生産管理論 工業経営論	動作研究・時間研究，指図票制度 製造業・製造現場での生産方法と管理手法の確立
労使関係論 労使関係管理論	組織的怠業，労働組合運動（科学的管理排斥運動） 「高賃金・低労務費」，「精神革命」 協調的労使関係思想の萌芽
原価計算論 賃金論	機械設備の固定費，差率的出来高給制度 減価償却費，原価計算，賃金支払い形態の提示
人事管理論 人的資源管理論	労働者の機械視，労働者の人間的側面への配慮の欠如 人事管理論の生成，人事部門の設置
経営史 経営学説史	経営学の最初の体系的理論 テイラー＝“経営学の父”

（出所）岡田（2019, 4頁）をもとに加筆・修正

学的管理の基本的な考え方は応用されている。

他方，現在広く普及している成果主義や成果主義賃金制度については，「経済人モデル」に基づく課業制度と差率的出来高給制度への回帰あるいは再来といった批判も招いている。

このように科学的管理は伝統的・古典的理論に位置づけられているとはいえ，現在においてもなお実際の企業経営における様々な局面に作用しているといえよう。

付記：本章は，岡田（2008）をもとに，削除・加筆・修正したものである。

注

1　1890年にミッドヴェール・スチール社を退職した後のテイラーの人生は波乱に満ちたものであった。2つの会社を管理者として渡り歩くも，その成果はけっして輝かしいものではなかった。また，その間の1893年から経営コンサルタント業を開業し，1901年にはコンサルタント業から引退している。それ以後から1915年に59歳で没するまでの間，科学的管理の理論を完成させるとともに，講演や執筆，後進の指導を通じて，科学的管理の普及に専念した。また，1909年から1914年の間，創立間もないハーバード大学のビジネス・スクールで科学的管理に関する講義をしている。

　こうしたテイラーの経歴や生涯についての詳細は，中川（2012a）を参照されたい。なお，本書の記述も中川（2012a）を参考にしている。

2　森川（2002,「第5章　F.W.テイラーの労使関係思想」）では，当時の様々なデータからアメリカにおける労働組合の発展動向と組織的怠業との一連の関係について検証されている。

3　タウンの「分益制」もハルシーの「割増賃金制」もともに賃金支払制度であり，その意味で，アメリカ労務管理研究は直接的には賃金支払制度から始まったと捉えられる。

4　一方，第3要素の「日給労働者管理の最善の方法と信じられるもの」については，この論文のなかでほとんど触れられていない。唯一，「日給制度で働く労働者を管理する方法として提唱する制度は，『人に支払うのであって，地位に支払うのではない』というところが主要点である。各労働者の賃金は，できるだけ熟練の程度，その作業に尽くす努力の程度などによって決めるべきであって，占めている地位によって決めてはならない。（Taylor, 1922, pp.637-638　邦訳，4～5頁）」と述べるにとどまっている。

5　また，テイラーは，差率的出来高給制度と要素的賃率決定部門との関わりについて，以下のようにも述べている。

「労働者と管理者とが調和的協働の相互的利益を会得し，たがいに他方の権利を尊重するようになるならば，差率的出来高給制度はもはや絶対的に必要な制度ではなくなってくる。それに対して，賃率決定部門は（特に非常に多種類の作業を含む会社にとっては），絶対的に欠くことのできないものとなる。（*Ibid.*, pp.662-663　邦訳，28頁）」

6　テイラーは，怠業には自然的怠業（natural soldiering）と組織的怠業（systematic soldiering）の2種類の怠業の存在を指摘している。そして，後者の組織的怠業こそが，当時の非能率の最も重大な原因をなすものであり，労使ともに迷惑している最大の害悪だと述べている（Taylor, *Shop Management*, 1903, pp.30-32　邦訳，62〜64頁）。

7　テイラーは，すべての職種の労働について研究した結果，「一流の労働者は普通の労働者よりも2倍から4倍の仕事ができるものであるが，このことについて知る人がきわめて少ない。（*Ibid.*, p.24　邦訳，57頁）」と述べている。そのため，「各会社の目的とすべきことをまとめてみると，①各工員にはその心身の能力の許すかぎりにおいて，できるだけ最高級の仕事を各工員に与える。②自分の属する階級の一流の工員が，健康を損なうことなく，なしうる最大量の仕事を各工員にさせること。③一流の工員が果たしうる最大速度で仕事をした場合には，仕事の性質に従い，その階級の者の平均よりも30〜100%だけ多く支払うこと。（*Ibid.*, pp.28-29　邦訳，60頁）」と提示している。しかし，ここで注意すべき点は，以下のことである。

「テイラーのいわゆる最高能率（maximum），あるいは最速時間は，決して過労を強いるものではないのみならず，長時間にわたって不断に継続的に実行しうるものでなければならない。換言すれば，むしろ，こうした意味において『一流労働者の最適能率』（optimum）を課業設定の基準にしようとしたものだと解すべきであろう。テイラーをして，しばしば『最高能率』を叫ばせたものは，ひとえに，組織的怠業が横行しており，したがって，きわめて不能率な生産を結果していた当時の経営事情にほかならないと解すべきであろう。彼が，『公正な』といい，また『適正な』とよぶとき，それは一時的な『最高』ではなく，持続的な『最高』，すなわち『最適』をいい表そうとしているものだと理解しなければならない。（藻利，1965，58頁）」

8　この詳細については，廣瀬（2012）を参照されたい。

9　この詳細については，中川（2012b），廣瀬（2012）を参照されたい。

10　これは，テイラーが『科学的管理法の原理』の序文のなかで，「最善の管理は，はっきりとした法則と原理を土台とする真の科学であることを証明する。更にすすんで科学的管理の根本原理は，きわめて簡単な個人の行為から，きわめて細かな協力を必要とする大会社の仕事に至るまで，あらゆる人間の活動に応用できることを明らかにする。（Taylor, *The principles of Scientific Management*, 1911, p.7　邦訳，224〜225頁）」ことが，この論文執筆の目的の1つであると述べている。

11 テイラーは，その方法として次の５段階を示している（*Ibid.*, pp.117-118　邦訳，316頁）。

①研究しようとする仕事に，特に熟練した労働者を10人ないし15人なりをみつける。なるべく方々の会社，方々の地方から，とる方が良い。

②これらの人々が研究しようとする仕事をするために用いている一連の基本的な動作または作業ならびに彼らの用いる道具を正確に研究する。

③各基本的動作をなすに要する時間をストップウォッチで研究し，そのなかから仕事の各要素をするのに一番速い方法を選び出す。

④間違った動作，遅い動作および無駄な動作は，すべて取り除く。

⑤不要な動作をすべて取り除いてから，一番速く一番良い動作ならびに一番良い用具を集めて一系列に作り上げる。

12 詳細は，Nadworny（1955　邦訳，52～53頁）を参照されたい。

13 こうした「能率屋」については，次のような指摘もある。

「彼らは科学的管理を売物にすることによって私腹を肥やしたのであるが，しかも，それにもかかわらず，彼らは，科学的管理の本質をわきまえず，その多くは，科学的管理の名において成行管理を売り歩いたのであって，ここに成行管理と科学的管理との混同が生じ，成行管理がただちに科学的管理にほかならないとする誤解を生じ，成行管理に対する非難をそのまま科学的管理に対して放つこととなったのである。（藻利，1958，８頁）」

14 詳細は，Mckelvey（1952　邦訳，33～34頁）を参照されたい。

15 テイラーは，これに関連して次のようにも述べている。

「第１に，ある会社がわれわれの管理法を用いているというときの意味を再度明確にしておかなければなりません。まず，その会社の管理者は陳述中に長々と述べたところの精神革命をしなければなりません。それから工員も同じように精神革命を遂げなければなりません。そこで双方とも実際上の敵であったものが友だちになってしまいます。（これが私のいう革命であります。しかし，これだけではまだ科学的管理ということはできません。）すすんで管理者側がすべての事実を科学的に研究することを自分たちの義務であると認識し，その事業の各要素について科学的研究をするようにならなければなりません。会社がこれらの２つの段階を経過したとき，はじめてその会社は科学的管理を行っているということができます。それまでは科学的管理と称することはできません。（Taylor, *Taylor's Testimony*, 1912, pp.280-281　邦訳，536頁）」

16 三戸は，この２つを「対立からハーモニーへ」と「経験から科学へ」と表現している。詳細は，三戸（2002, 57頁）を参照されたい。

17 この点については，「経営共同体論」という視点からの分析もなされている。詳細については，森川（2002, 105～109頁）を参照されたい。

18 「テイラアの提案と実施とは，その当時においてすら，必ずしも一般の歓迎をうけるものではなかった。すなわち，一方においては，労働者側，ことに労働組合の不平と反抗とに悩まされたのみならず，他方においては，資本家側の疑惑と逡巡とに逢着して，当惑せざるをえなかったのがテイラアであった。彼が課業観念を放棄してしまったゆえんの一半は，こうした非難と攻撃とを回避して，科学的管理が，ひとり経営管理のみならず，あらゆる人間行動についてもまた広く妥当しうるべき普遍的原理であることを主張しようとしたことにも，帰せられるべきであろう。彼の措定する科学的管理の諸原則は，きわめて抽象的であり，それだけに，内容がきわめて曖昧であり，その解釈に多くの余地が残されていることはいうまでもないのであるが，それ自体としては，必ずしも誤りではないであろう。（藻利, 1958, 137頁）」

19 「確かに，要素時間研究によって，間違った動作，遅い動作，不必要な動作を除去して，合理的な無駄の少ない動作を見出し，それをもとに動作を標準化する可能性が開かれることは，テイラーのあげる実例が示すとおりである。しかし，どんな動作が不要な動作であるかについての判断は必ずしも明確なものではなく，表面上は無駄のように見える動作でも，全体としては決して余計なものではないこともありうる。そこには，個人の主観的判断の入る余地が多分に存在するのである。さらに要素時間の決定でも，被測定者の選択，作業条件，観測回数，さらに，測定値をもとにして行われる代表値算出の方法などどれをとっても，個人的判断を免れることはできない。また，休息，事故による遅れ，不可避の遅れなどについての余裕率も同様に，客観的，絶対的なものとして決定できるものではない。（森川, 2002, 102頁）」

20 労働組合による科学的管理に対する反対理由について，次のような見解もある。なお，（　）内は，筆者加筆。

「（②労働者の機械視と③経営独裁主義の提唱と）の反対理由は，まさに科学的管理の核心に触れるものであり，われわれはその主張の妥当性を肯定せざるをえない。もっとも，機械的生産にその端を発する近代的経営は，その程度の問題を別とすれば，当初からすでにこのような特質をもっていたものと解せられる。しかも，こうした近代的経営の合理化を志向する科学的管理が，同じ特質によって非難せられるとするならば，それは必ずしも科学的管理のみの罪ではないであろう。問題は近代的経営のすべてに関連するからである。ただ，それにもかかわらず，科学的管理においてとくにこのことが問題とせられるゆえんは，ここにおいて，それがいちじるしく強化せられたことによるものと解せざるをえないであろう。そして，このことに関して，われわれは二つの問題を理解することが出来る。その第一は，科学的管理による合理化が，労働者の作業の合理化に関して，必ずしも適切でないことに由来する問題であり，第二は，科学的管理が一般的に合理化を高度化することに由来する問題である。（藻利，1958，8～9頁）」

21 一方，次のような指摘もある。

「労働組合および団体交渉の不要論の修正は，かえってその後の労働組合の発展によってもたらされたことに注意しなければならない。すなわち，標準課業の設定や，それをもととする単価の決定に対し，労働組合は団体交渉を通じて参加・介入するようになり，しかもそこでは，テイラーの開拓した動作・時間研究は，組合が労働知識を獲得し，交渉力を高めるために利用されているのである。（森川，2002，115～116頁）」

参考文献

Mckelvey, J.T.（1952）*AFL Attitudes toward Production, 1900～1932*, New York: Cornell University.（小林康助・岡田和秀訳『経営合理化と労働組合』風媒社，1972年）

Nadworny, M.J.（1955）*Scientific Management and the Unions 1900～1930 A Historical Analysis*, Harvard University Press.（小林康助訳『科学的管理と労働組合』ミネルヴァ書房，1971年）

Taylor, F.W.（1922）"A Piece-Rate System, Being a Step Toward Partial Solution of the Labor Problem", 1895, in Thompson, C.B., ed., *Scientific Management*, Harper & Row.（上野陽一訳編『科学的管理法＜新版＞』産業能率短期大学，1969年）

Taylor, F.W.（1964）*Scientific Management, Comprising Shop Management, The Principles of Scientific Management, Testimony Before the Special House Committee, with a Foreword by Harlow S. Person*, Harper & Row.（上野陽一訳編『科学的管理法＜新版＞』産業能率短期大学，1969年）

Yoder, D.（1933）*Labor Economics and Labor Problems*, Prentice-Hall.

Yoder, D.（1942）*Personnel Management and Industrial Relations*, 2nd ed., Prentice-Hall.

井原久光（2008）『テキスト経営学［第3版］―基礎から最新の理論まで―』ミネルヴァ書房

岡田行正（2008）「第1章　科学的管理の登場」『アメリカ人事管理・人的資源管理史（新版）』同文舘出版

岡田行正（2019）「第1章　人事管理論の発展と関連諸科学」松尾洋治・山﨑敦俊・岡田行正『マネジメントの理論と系譜』同文舘出版

雲嶋良雄（1964）『経営管理学の生成　―実践論的経営学への道―』同文舘

小林康助（2001）『現代労務管理成立史論』同文舘出版

田中靖浩（2018）『会計の世界史　イタリア，イギリス，アメリカ　―500年の物語』日

本経済新聞社
土屋守章（1989）「第１章　経営理論の課題と展望」土屋守章・二村敏子編『現代経営学説の系譜〈現代経営学（４）〉』有斐閣
中川誠士（2012a）「序章　テイラーの生涯と業績」中川誠士編『経営学史叢書Ⅰ　テイラー』文眞堂
中川誠士（2012b）「終章　二一世紀のテイラリズム　―「計画と執行の分離」の行方―」中川誠士編『経営学史叢書Ⅰ　テイラー』文眞堂
廣瀬幹好（2012）「第三章　テイラーのマネジメント思想」中川誠士編『経営学史叢書Ⅰ　テイラー』文眞堂
三戸　公（2002）『管理とは何か　―テイラー，フォレット，バーナード，ドラッカーを超えて―』文眞堂
藻利重隆（1958）『労務管理の経営学』千倉書房
藻利重隆（1965）『経営管理総論（第二新訂版）』千倉書房
森川譯雄（2002）『労使関係の経営経済学　―アメリカ労使関係研究の方法と対象―』同文舘出版

第2章

ファヨールの管理論

キーワード

経営，管理，経営職能，管理的職能，テイラー，ファンクショナル組織，ライン・アンド・スタッフ組織，命令一元性の原則，管理過程学派，マネジメント・サイクル

I 考察の視点

経営学の先駆者としては，一般にアメリカのテイラー（Taylor, F.W.：1856-1915）とフランスのファヨール（Fayol, H.：1841-1925）が取り上げられる。経営学説史のなかでは，伝統的管理論ないし古典的管理論に位置づけられる二大巨頭である[1]。この2人は同時代に生き，それぞれ独自の理論を提唱している。

しかし，知名度という点では，圧倒的にテイラーに軍配が上がる。英語で執筆・出版されたテイラーの論文や著書は，フランスを含め世界に広く普及したのに対して，ファヨールの著書『産業ならびに一般の管理』（*Administration Industrielle et Générale*, 1916）は，フランス語というハンディキャップもあり，一部では評価されてはいたものの，テイラーの陰に隠れた存在にならざるを得なかったからである。また，ファヨールのフランス語による原著は，その後英語版でも出版されるが，その際，キーワードともいうべき“administration”が“management”と英訳されてしまう。これによってファヨールの真意は正確に伝わらず混乱を招き，さらにファヨールの正当な評価を遅らせることになったからである[2]（【付属資料】（本書71頁）参照）。

一方，この2人には共通点もある。いずれも学者や研究者ではなく，経営の実践の場，すなわち実業界に長く携わってきたという経歴である。テイラーは，工場の主任技師として職場における作業員たちの組織的怠業に直面し，その解決方法として科学的管理を提唱した。ファヨール[3]は，1860年に19歳でフランス中部の名門校，サン・テチエンヌ鉱山学校を卒業し，地元の大手会社に就職する。炭鉱技師として現場経験を積み，管理職から経営層へ昇進し，1888年から1918年までの30年間社長として経営の指揮をとり，1918年に退職した後も1925年の死去まで取締役として関わり続けた。彼は，経営者としての長い経験から，管理の重要性が増しているにもかか

ファヨール（1841-1925）

＊写真出所：https://commons.wikimedia.org/wiki/File:Fonds_henri_fayol.jpg

わらず，有能な管理者が不足しているという問題意識から，著書『産業ならびに一般の管理』を著したのである。

こうした実業界での経験を通して，テイラーは工場管理を主たる対象にしているのに対して，ファヨールは大規模企業の組織全体の経営，さらには行政などの公的機関も含むあらゆる種類の組織の経営を対象にしているという違いがある[4]。

本章では，ファヨールの主著『産業ならびに一般の管理』に焦点を当てて，その論点について考察していく。

Ⅱ 経営職能の分類

ファヨールは，「管理」の重要性を認識し，管理の諸要素すなわち管理過程に注目している。そのため，「管理」について言及する前段階として，「事業が単一であれ，複合であれ，小規模であれ，大規模であれ，これら6つのグループの活動または本質的職能は常に存在する。(Fayol, 1916a, p.10　邦訳，4頁)」と述べ，まず経営職能を次のように分類することから出発している (*Ibid.*, pp.9-10　邦訳，4頁)。

①技術的職能（生産・製造・加工）
②商業的職能（購買・販売・交換）
③財務的職能（資金の調達と運用）
④保全的職能（財産と従業員の保護）
⑤会計的職能（棚卸・貸借対照表・原価計算・統計など）
⑥管理的職能（計画・組織・命令・調整・統制）

実際，上記「経営」の各職能は，現代の企業組織のなかでも各部門として編成・配置されている。例えば，①技術的職能にあげられている生産・製造・加工は，現在の生産部門と捉えることができよう。また，②商業的職能の購買・販売・交換は，購買部門や販売部門・営業部門であり，③財務的職能に含まれる資金調達や運用を担う部門としては，財務部門があげられる。同様に，④保全的職能の財産と従業員の保障を担当する部署は，管財部門・総務部門や人事部門であるし，⑤会計的職能の棚卸・貸借対照表・原価計算などは，会計部門や経理部門と理解できる。つまり，現在においても企業によって部門名称に多少の違いはあるにしても，こうした５つの職能は企業組織のなかに設置され，各部門としてその役割が遂行されている。その意味で，ファヨールによって整理区分された経営の各職能は，現在にも応用・適用されているのである。

ここで注目すべきは，ファヨールは「経営」と「管理」を明確に区分している点である。この点について，次のように記している。

「経営とは，企業に委ねられているすべての資源からできるだけ多くの利益をあげるよう努力しながら企業の目的を達成するような事業を運営することである。本質的６職能の進行を確保することである。(*Ibid.*, p.14　邦訳, 10頁)」

「管理は，経営がその進行を確保せねばならない本質的６職能の１つにすぎない。しかし，それは経営者の役割のなかで，時にはこの経営者の役割がもっぱら管理的であるかのように見られるほどに大きな地位を占めている。(*Ibid.*, p.14　邦訳, 10頁)」

つまり，経営者の経歴が長かったファヨールは，⑥管理的職能を特に重要視しており，経営者としての役割が大きい職能と捉えているのである。

なお，『産業ならびに一般の管理』の翻訳者である山本安次郎は，邦訳本の巻末「解説」の箇所で，「ファヨールは管理と経営とを区別しながら経営における管理の重要性を認識し，自覚的に管理の研究に限定していることは明らかである。(邦訳, 224頁)」と指摘している。

Ⅲ 管理的職能の諸要素

それでは，管理的職能には，具体的にどのような内容が含まれるのであろうか。ファヨールは，「管理するとは，計画し，組織し，命令し，調整し，統制することである。(*Ibid.*, p.13　邦訳，9頁)」と述べ，下記のように，各々について提示している(*Ibid.*, p.13　邦訳，9頁)。

①計画するとは，将来を探求し，活動計画を作成することである。
②組織するとは，事業経営のための，物的および社会的という二重の有機体を構成することである。
③命令するとは，従業員を職能的に働かせることである。
④調整するとは，あらゆる活動，あらゆる努力を結合し，団結させ，調和を保たせることである。
⑤統制するとは，樹立された規則やあたえられた命令に一致してすべての行為が営まれるように監視することである。

こうした管理的職能の5つの要素について，ファヨールはさらに詳しく言及しており，著書『産業ならびに一般の管理』のなかでも「管理の諸要素」に関する説明に多くの頁数を割いている。以下では，それぞれの要点を考察していく(*Ibid.*, pp.59-159　邦訳，71～195頁)。

(1) 計画

「経営とは計画である」という格言は，実業界で計画がいかに重要視されているかを表している。計画が経営のすべてではないにしても，本質的要素であることに疑いの余地はない。計画とは，将来を予想すると同時に将来に備えることを意味している。計画することは，それ自体がすでに行動なのである。また，計画には無限の機会と方法があり，計画にその本質が現れる。計画の策定は，すべての事業経営のなかで最も重要であり，最も困難な活動である。計画の策定には，①人間の取り扱い方，②熱意と活力，③道徳的な勇気，④職位の安定性，⑤事業経営に関する一定の専門能力，⑥経営についての全般的経験，という条件と資質が必要とされるからである。

そして，優れた計画には，①統一性，②継続性，③弾力性，④正確性が求められる。すなわち，組織全体と各部門との計画の統一性，計画が中断されず遂行される継続性，環境変化に応じた計画変更の弾力性，未知で不確実な将来への計画を策定するための正確性が必要だからである。

(2) 組織

組織するとは，原材料・設備・資金・従業員など事業運営に必要な物的・人的・金銭的資源を構築することである。策定された計画を能率的に実行するためには，こうした組織化が管理者に求められる。

管理職能を適切に遂行するためのポイントは，①従業員や組織規模を勘案した組織形態の決定，②命令の一元性が維持できるトップマネジメント体制，③従業員の採用と育成である。

理想的な経営者とは，管理的問題・技術的問題・商業的問題・財務的問題，およびその他の問題を解決するために必要な知識をもち，交渉・命令および統制に関わるすべての責任を果たすのに足る体力と知力と実務能力を兼ね備えた人材であろう。このような経営者は，小規模事業では例外的に存在するかもしれないが，大企業には存在せず，巨大企業ではまったく存在しない。また，大規模企業の経営の複雑な任務に要請される能力と時間を有する人物も存在しない。

それゆえ，規模に応じた組織形態の決定は不可欠であり，また組織が大規模化するのに応じて，命令の一元化のために参謀制を取り入れた，いわゆるライン・アンド・スタッフ組織が有効である。参謀制とは，トップマネジメントを補佐する集団である。

また，従業員の採用は，企業で最も重要かつ困難な事項であり，企業の命運にも強い影響をあたえる。上位層の従業員採用は，一般従業員に比べて重大である。しかし，採用よりもさらに重要になるのが従業員の育成である。

(3) 命令

組織されたのち，次なる問題は組織を機能させることにある。これが，命令の使命である。命令の技術は，一定の個人資質と「管理の一般原則」の知識に基づいている。命令を発出する役目を負っている責任者は，次の事項を教訓にすべきである。

①従業員について深い認識をもつこと。
②無能力者を排除すること。
③企業と従業員を結びつけている約定について熟知しておくこと。
④自ら良い模範となること。
⑤一覧表を用いて，組織を定期的に検査すること。
⑥指揮の統一性と諸努力の集中が必要となる会議には，主要な部下を招集すること。
⑦些事末梢にこだわらないこと。
⑧従業員の間に団結，活力，創意工夫，忠誠心の気風が醸成されるように努力すること。

(4) 調整

命令が管理者と部下とのタテの関係であるのに対して，調整は部門間のヨコの関係を意味する。つまり調整とは，組織全体の共通目的を追求できるように，各部門の活動のバランスをとることである。それぞれ固有の職能を担う各部門が孤立・対立して，企業全体の利益を見失ってはならないからである。

指揮の一元性を確保し，各部門の努力を結集し，各部長から自発的な協働関係を引き出すためには，定期的な会議（毎週定例の部長会議）が有効である。各部門間の役割を共有し，分担し，適切に均衡させ，調和させることが可能になるからである。

(5) 統制

統制とは，他の4要素が，採用された計画，あたえられた命令，承認された原則に従って，適切に遂行されているかを検証することである。その意味では，監督の部類に入る。しかし，統制の業務が広範で複雑になり，負担が重くなるときには，個人ではなく1つの専門部署として設置されるべきである。効果的な統制には，適切な時機や賞罰が必要である。たとえ優れた統制が行われていたとしても，導き出されるであろう結論や結果に恐れを抱き，遂行されないとすれば，その統制は無意味になるからである。すなわち，統制の目的と諸条件を勘案すれば，優秀な統制係は有能で公正無私でなければならない。公正無私とは，公明正大な良心と被統制者からの独立性である。したがって，統制係の重要な要件には，有能性・義務感・独立心・判断力・知性などが含まれる。

以上が，ファヨールの提示する管理的職能の5つの要素とその内容である。ここで注目すべきは，次の2点である。

第1に，ファヨールの主張には，一貫して「命令の一元性」が通底している点である。

ファヨールは，テイラーが科学的管理で採用する職能的職長制度，すなわち命令や指示系統が複数並存する組織形態，いわゆるファンクショナル組織を取り上げ，その短所について指摘し，批判・否定している（*Ibid*., pp.95-101　邦訳，116～123頁）。そのうえで，「命令の一元性」の優位性を説いている。こうした「命令の一元性」へのこだわりは，後述する「管理の一般原則」のなかでも強調されている。

第2に，ファヨールによって唱えられた管理的職能の諸要素は，その後，管理プロセスとして注目される重要なきっかけとなった点である。

例えば，アーウィック（Urwick, L.F.）やギューリック（Gulick, L.），ブラウン（Brown, A.），デイヴィス（Davis, R.），ニューマン＆サマー（Newman, W.H. and Summer, C.E.），クーンツ＆オドンネル（Koontz, H. and O'Donnell,C.）など多くの研究者によって，管理プロセスに関する研究が継承・発展していく。

こうした研究系譜は，管理過程学派ないしプロセス・スクールと称されている[5]。

なかでも，ギューリックは，管理要素を細分化・精緻化し，計画（Planning）・組織（Organizing）・人事（Staffing）・指揮（Directing）・調整（Coordinating）・報告（Reporting）・予算（Budgeting）という一連のプロセスと捉えている。この頭文字をとって，一般にPOSDCORB（ポスドコーブ）といわれている。

また，ブラウンは，組織を計画（Planning）・実行（Doing）・点検（Seeing）からなる管理活動と認識し，その有効性を高めるためには，この3要素の円環的回転，すなわち循環するサイクルとして運用することが重要であると提示している。これが，現在も「マネジメント・サイクル」として広く知られる「Plan-Do-See」である。

さらに，クーンツ＆オドンネルは，管理的職能が計画（Planning）・組織（Organizing）・人事（Staffing）・指揮および指導（Directing and Leading）・統制（Controlling）から構成され，マネジメント・サイクルとしての実用性が高いと主張する。また，管理的職能は，組織内のあらゆる管理階層に普遍的にみられる現象であり，管理過程論こそが，あらゆる経営現象に適用できる普遍的理論であると高唱している（岸田，2009，44頁）。

そして，現在では，PDCAサイクルやPDSAサイクルなどがマネジメント・サイクルとして展開され，企業をはじめとする様々な営利・非営利の経営体において，業務改善の有効な手段として用いられている（池内，2011，205頁）。PDCAとは，計画（Plan），実行（Do），評価（Check），調整（Action）であり[6]，PDSAは計画（Plan），実行（Do），評価（Study），改善（Act）を指す。なお，この関係性は，**図表2-1**のように表すことができる。

それゆえ，ファヨールの示した「管理の諸要素」は，管理過程論の発展に大きな影響をあたえたことから，後にファヨールは，「管理過程論の父」「管理過程論の祖」と称されているのである。

図表2-1　ファヨール理論からPDCAサイクルへの発展

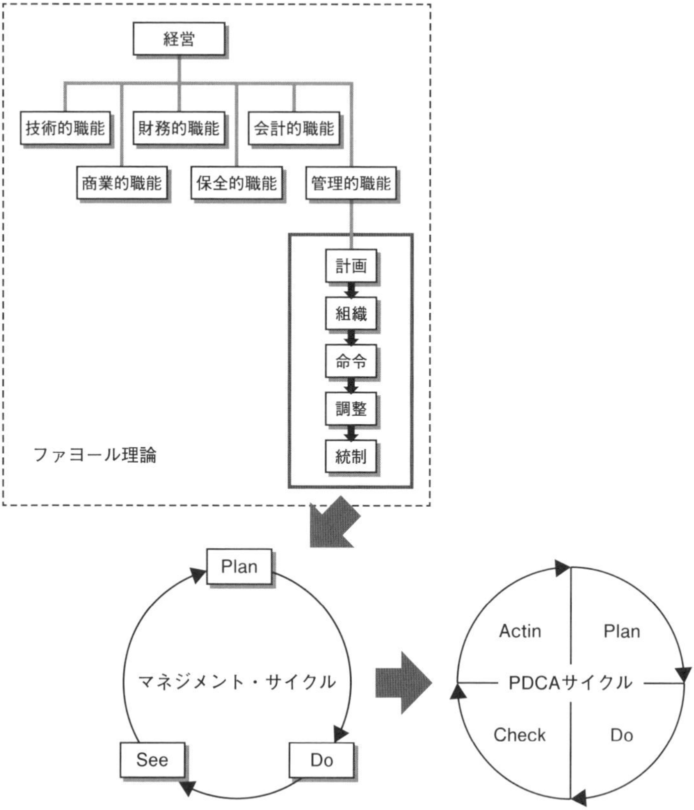

（出所）Wren（1979, p.234　邦訳（上）, 280頁）, 井原（2008, 111頁）をもとに作成

Ⅳ　管理の一般原則

ファヨールは，自身の長い経営者としての経験を踏まえた教訓を「管理の一般原則」として提示している。しかし，彼はこの「原則」に固執しているわけではない。「管理の問題には，厳密性や絶対性は存在しない。状況が多様で変化しやすいこと，人間も同様に多様で変化しやすいこと，他の多くの

要素も種々に変化することを考慮しなければならない。(Fayol, 1916a, p.27 邦訳, 30頁)」からである。

また,「管理原則の数は, 限定されるものではない。組織を強化し, その機能を促進させるすべての規則, すべての管理方法, 組織の価値を高めると確認されるものである限りは, 管理原則のなかに数えられるからである。(*Ibid.*, p.28 邦訳, 31頁)」とも述べている。

以下では, ファヨールの示した14の管理原則それぞれの要点を考察していく(*Ibid.*, pp.28-58 邦訳, 31～70頁)。

(1) 分業の原則

分業の目的は, 同じ努力でより多く, より良い生産を可能にすることである。常に同じ仕事を繰り返す労働者も, 同じ業務を絶えず処理する管理者も, 熟練・信念と正確さを取得し, 結果, それぞれの能率を増進する。職業を変えることは, そのたびに適応のための努力を必要とし, そのために生産は減退する。

分業は, 注意と努力を向ける対象の数を減少させるゆえに, 単に技術的作業に適用されるだけでなく, 大勢の人びとを使い, 様々な能力を必要とするあらゆる作業に適用される最良の手段であると理解されるようになったのである。分業は, その結果として職能の専門化と権限の分化をもたらす。

(2) 権限・責任の原則

権限とは, 命令を発出する正当な権利である。ただし, 職能に関わる公式的権限と, 知性・経験・道徳的価値・指導能力・業績などから構成される個人的権威とは区別される。なお, 優れた管理者には, この両方が必要である。

権限の行使には, 常に一定の責任がともなう。つまり, 権限と責任とは対の関係にある。権限の行使には懲罰も含まれる。この懲罰を実行するのは一般に難しく, 大企業においては特に困難を極める。懲罰は, その種類や慣行・協約の問題であるが, その判断は, その懲罰それ自体, それが実施される環境やもたらす反響なども考慮しなければならない。この判断には，倫理的価値が求められる。

責任を勇敢に引き受け，その責任に耐えるのが尊敬の源泉であり，高く評価される一種の勇気なのである。優れたトップは，自ら責任を負う勇気をもつべきであり，またその責任を負う勇気を周りに拡げていくべきである。権限の乱用とトップの弱体化を防ぐのは個人の価値であり，とりわけトップの高い道徳的価値にある。

（3）規律の原則

規律とは，服従・勤勉・活力・態度であり，経営者と従業員との間の協約によって実現される。優秀な事業経営には，必ず規律が必要であり，どんな事業も規律なくして繁栄はしない。規律を形成する協約づくりは，事業経営のトップの重要な職務の1つである。規律を作成し，これを維持する最も有効な方法は，次の通りである。

①すべての階層に優れた管理者をおくこと。
②できるだけ明確で公正な協約をつくること。
③賞罰を正しく適用すること。

（4）命令一元性の原則

すべての従業員は，ただ1人の管理者のみから命令を受けなければならない。もし，この原則が破られれば，規律は損なわれ，秩序は乱され，安定は脅かされる。なぜなら，2人の上司が，1人の部下や1つの部門や課に権限を行使すれば，不安や混乱を生じさせるからである。すなわち，人間は命令の二元性には耐えられないし，命令の二元性に適応できる組織は存在しないのである。

(5) 指揮統一性の原則

この原則は，同一の目的を目指す企業組織では，ただ１人の管理者とただ１つの計画が必要となるということである。それによってはじめて，組織内の行動の統一，諸力の調整，努力の集中が可能となる。

ただし，「指揮の統一性」（ただ１人の総括責任者，ただ１つの計画）と「命令の一元性」（従業員は，１人の管理者以外から命令を受けてはならない）とを混同してはならない。「指揮の統一性」は，組織を適切に構築することによってなしうる。他方，「命令の一元性」とは，従業員各自の行動・働きによって決まる。すなわち，「命令の一元性」は「指揮の統一性」なしには存在し得ないのである。

(6) 個人的利益の全体的利益への従属の原則

企業全体の利害は，従業員個人や一部の従業員集団の利害より優先すべきである。これは，当然のことであり，今さら想起する必要などないと思われるかもしれないが，無知・野心・利己心・人間性の感情などから，個人的利害のために組織の全体的利害の見地が見失われる場合もあるからである。そのため，個人的利害と全体的利害を調和させるように努めなければならない。その調和実現の方法は，以下の３点である。

①管理者が志操堅固で，良い手本になること。
②できるだけ公正な協約をつくること。
③注意深く監督すること。

(7) 報酬公正の原則

従業員への報酬は，勤労への対価である。そのため，報酬の支払いには次にあげる要件が重要である。

①公正な報酬を保証すること。
②有効な努力に報い，労働意欲を高揚させること。
③合理的な限界を超えて過度の報酬にならないこと。

支払方法は，日給・請負給・出来高給がある。また，労働者に企業の円滑な運営について関心をもたせるために，勤勉・能率・機械無事故・清潔などの奨励金制度を加える場合もある。また，経営者は従業員の健康・能力・教育・道徳・安定に配慮する必要がある。それゆえ，経営トップは，現物支給や福利厚生，非金銭的欲求なども含めて，あらゆる階層の従業員の勤労意欲を刺激するための報酬方法について，常に注意を払わなければならない。

(8) 権限集中の原則

権限の集中それ自体が，管理システムの良し悪しを示すものではない。権限の集中（集権）か，権限の分散（分権）かは，単なる程度の問題である。各企業によって，その選択を見極めるのが重要なのである。

例えば，小規模事業であれば，経営者の命令は直接部下に下されるので，集権化は必須である。それに対して，大規模事業になると幾重にも連なる階層が介在するため，それぞれの中間管理者を通して命令や情報は伝達される。しかし，その際，中間管理者は，各々の執行にあたって，自分の考えを多少つけ加えるものである。

それゆえ，経営トップの価値・能力・知力・経験・意思決定の速さなど経営者の活動範囲を拡大しようとするなら集権化を，逆に経営トップが全般的権限を保持しながら，部下からの助言や意見を得たり，協議の場をもったりしたいのであれば分権化を選択すべきである。すなわち，部下の役割を重視するのが分権であり，部下の役割を軽減するのが集権である。

(9) 階層組織の原則

階層組織とは，トップから末端までの上司と部下とのつながりである。命令や情報は上位者から下位者に伝達され，また情報は下位者から上位者へ伝えられる。すなわち，階層組織の垂直方向の経路を通じてコミュニケーションがとられる。この経路は，正確な情報伝達や「命令一元性の原則」からも必要不可欠とされる。

しかし，それは必ずしも最速な経路ではない。特に，超大企業では不都合なほど経路が長く，遅い場合さえある。事業の成否は迅速な意思決定によるところが大きいので，情報伝達のスピードが求められる。その場合，同じ階層レベル間での各部門や各課の枠を超えた水平方向の伝達・処理が迅速かつ確実である。実際，こうした手法は，階層組織のあらゆる段階で，ある程度実施されている。

ところが，組織によっては，全体的利益の追求のために各部課が協力し合うのを忘れ，孤立し，隔絶し，階層組織の垂直経路を遵守することしか目に入らなくなる場合がある。それは一般に，責任を負うことへの恐怖が要因になっているといわれているが，むしろ管理能力の欠乏である。水平的な伝達・処理も，各々の上司がそれを承認していれば，基本的に階層組織の秩序は守られるからである。

(10) 秩序の原則

この原則は，「適材適所」を意味する。「適材適所」には，物的秩序と社会的秩序の両者が必要となる。

物的秩序とは，物財の損失や時間の浪費を最小限にすることである。そのため，物財の整理整頓だけではなく，業務遂行上の利便性を考慮した整備・配置が求められる。

社会的秩序とは，人材の配置である。その地位が従業員に適し，従業員がその地位に適していることが要求される。事業が大規模になればなるほど，個人的利害が全体的利害を無視し，野心・身びいき・依怙贔屓，あるいは無知から，簡単に無用なポストを増やしたり，無能な人物を必要なポストに就けたりすることも起こる。そのため，社会的秩序には，事業経営と経営資源の正確な知識，そのうえでの絶えざるバランス，均衡が必要となる。

(11) 公正の原則

公正は，思いやりと正義の結合である。従業員から労働意欲を引き出し，献身さを奨励するためには，この公正さが必要である。それゆえ経営者には，常識的な知見，豊富な経験，深い善意が求められる。そして，公正と公平性は，従業員の処遇において，最も考慮すべきことである。最高経営者は，組織のすべての階層にこの公正の意識を浸透させるように努力しなければならない。

(12) 従業員安定の原則

従業員が新たな職務に配置され，必要な能力を習得し精通するには，長い時間を要する。したがって，企業の管理者層のみならず一般従業員の過度な配置転換は避けるべきである。従業員の不安定性は，組織の衰退を招くからである。

(13) 創意力の原則

計画を構想し，成功に導くことは人間にとって大きな満足感をもたらす。それは，人間行動の最も強力な刺激の１つでもある。こうした構想と実行の可能性が，創意力である。組織のどの階層でも，従業員の熱意と活力は，この創意力によって倍化される。経営者の創意力の上に全員の創意力が加えられ，必要に応じてこれを補充していけば，その創意力は事業経営にとって偉大な力となる。特に，難局に直面したときに，そのことに気づくはずである。

それゆえ，この創意力をできるだけ奨励し発展させるようにしなければならない。部下に創意力を発揮させることを知っている経営者は，これを知らない経営者よりもはるかに優れているのである。

(14) 従業員団結の原則

「団結は力なり」という諺が示すように，事業経営には従業員の調和・団結は欠かせないものである。この団結を確保するには，まず「命令一元性の原則」を遵守する必要があるが，次の2点に注意すべきである。

1つは，内部分裂は企業にとって有害であり，重大な誤りである。そのため，部下の間に不和や不安，猜疑心を招くような種があってはならない。

2つ目は，文書連絡の乱用である。業務上の命令や伝達は，いたずらに文書に依存せず，できるだけ口頭で直接伝える方が肝要である。文書による通信では，誤解や食い違いを招きやすいからである。また，敏速さや明瞭さ，調和を保つうえでも，口頭での伝達の方が有効である。

以上，14の「管理の一般原則」を提示したうえで，ファヨールは，次のように締めくくっている。

> 「上述の諸原則は，私が今まで最も頻繁に活用してきた個人的見解を端的に披露したものである。こうした諸原則は，いずれ一般公衆の討論によって，原理原則となりうるのかどうか判断されるであろう。あらゆる事業には，管理的職能があり，これを遂行するために，諸原則は証明された真理として活用されることであろう。こうした諸原則がなければ，われわれは闇夜に方向を見失い，混乱の迷路に立つようなものである。しかし，たとえ最善の原則が示されたとしても，経験や行動規範がなければ多くの困惑を招く。原則とは，航海にて進路を決定させる灯台のようなものである。灯台は，港への航路を知っている者のみに役立つのである。（*Ibid.*, pp.57-58　邦訳, 69～70頁）」

こうした管理原則に関する研究も，同じく管理過程学派（プロセス・スクール）の研究者たちによって，継承・発展していく。

特に，ムーニー＆ライリー（Mooney, J.D. and Reiley, A.C.）は，大量生産と大量流通の結合に関わる組織と管理の問題，すなわち大規模企業における分権化と集権化や，株式会社制度のもとでの所有者集団・経営者集団・従業員集団といった利害対立など大企業が直面する諸問題を，「調整」（coordination）を主軸にした統合が可能であるとする管理原則を展開している（角野，2011b, 121～123頁）。

また，クーンツ＆オドンネルは，管理的職能の分析とともに，管理諸原則の普遍化と理論化を試み，著書『経営管理の原則』（*Principles of Management: An Analysis of Managerial Functions*, 1955）を著している。この著書は，経営学の代表的なテキストとして改訂を重ね，20年以上の長きにわたり公刊された。それゆえ，クーンツ＆オドンネルはファヨール理論の普及に大いに貢献すると同時に，管理過程学派を形成する中心ともなり，管理過程論の代表的な継承者としても位置づけられている（角野，2011c, 172頁）。

このような管理過程学派の研究を経て，現在広く知られている「管理原則」，例えば「階層の原則」「命令一元性の原則」「例外の原則」「委譲の原則」「統制範囲の原則」「専門化の原則」などに収斂されてきたのである。したがって，こうした「管理原則」もファヨールの「管理の一般原則」をルーツに発展してきたということができる。

V　現代への意義と応用

ファヨール理論を伝統的・古典的管理論として積極的に評価したのは，山本安次郎（1904-1994）と佐々木恒男（1938-）であり，ファヨール研究の第一人者と位置づけられている。ここでは，山本と佐々木の指摘を手がかりに，ファヨール理論の現代への意義と応用について考察していく。

第1に，ファヨールは「経営」と「管理」を峻別し，「経営」が包摂する職能を6つに分類し，そのなかの1つである管理的職能の構成要素，すなわち管理過程を解明しようとした点である。

「経営」は“administration”であり，「管理」は“management”である[7]。それゆえ，“administration”は，“management”の上位にある概念であり，ファヨールもこのように把握したうえで，管理的職能の重要性に注目している。しかし，この2つの用語の概念区分は，現在においても明確に意識されることなく曖昧なまま使われているケースも散見される。これは，先述したように，ファヨールのフランス語版原著が英語版に翻訳された際，“administration”が“management”と英訳されたことにも象徴的に表れている。他方，ファヨール自身による「経営」と「管理」の概念規定の不十分さに起因しているという側面も否定できない。

つまり，部分的機能である「管理」と全体的機能の「経営」が厳密に区分されておらず，さらに組織内階層での上昇にともなって担当する職務が「管理」から「経営」に移行していくという重要な論点が不明確なままになっているからである（佐々木，2011，57頁）。また，ファヨール理論を継承・発展させた管理過程学派（プロセス・スクルール）の研究者たちでさえ，この点には注目せず修正されていないからである（前掲書，57頁）。

しかしながら，このような問題はあるにせよ，「経営」と「管理」の関係性，そして管理職能の構成要素を歴史上初めて解明しようとしたファヨールの試みが，経営学の発展に重要な役割を果たしたのは明らかである。事実，その後，管理過程論が発展し，現在のマネジメント・サイクルにまで昇華されている。

第2に，ファヨールの示した「管理の一般原則」には，経営学の草創期にもかかわらず，すでに従業員の人間問題が意識的に取り上げられている点である（佐々木，1972，222頁）。

例えば，「10．秩序の原則」では適材適所や人員の配置，「12．従業員安定の原則」では従業員の技能習得や配置転換，「13．創意力の原則」では事業経営にとっての従業員の創意力の不可欠性を説いており，従業員のモラールやモチベーション向上の視点も含まれている。また，「11．公正の原則」では，公正や公平性，それを貫くための正義に加えて，思いやりという用語が使われている。さらに，「14．従業員団結の原則」では，従業員の調和・団結のために，口頭によるコミュニケーションの大切さを高唱している。

こうした主張から明らかなのは，ファヨールが，「かくあるべし」といった規範論ではなく，実践と体験に基づいた実証的経営から，組織を人びとによって構成される集合体・有機体とする認識が基盤になっていることである

（佐々木, 2011, 53頁）。

それゆえ，ファヨールの「経営」の6つ職能には，人事管理職能が独立して取り上げられていないとはいえ，管理的職能の5要素の「3．命令」には，「①従業員について深い認識をもつこと。」「⑧従業員の間に団結，活力，創意工夫，忠誠心の気風が醸成されるように努力すること。」といった具体的事項があげられており，人事管理に関する認識は潜在的に強くもっていたと理解できる[8]。

これは，同時代に広く普及していたテイラーの科学的管理が，従業員を「経済人モデル」とする認識に基づいて展開されていたのとは対照的である。人間関係論が生成する以前ゆえ，ファヨールはもちろん「社会人モデル」という用語は使っていない。しかし，少なくとも「経済人モデル」ではもはや通用しないと認識しており，この点でテイラーより先行していたと考えられる[9]。ここには，テイラーが工場管理における現場労働者を主対象にしていたのに対して，ファヨールは大企業での経営者としての経歴が長かったゆえに対象とした従業員階層も幅広かったことが少なからず関係していると思われる[10]。

第3に，ファヨール理論では，私企業のみならず公企業や行政機関なども含むあらゆる組織を対象にしている点である。

こうした認識は，晩年のファヨールが数々の講演や論文のなかで，公企業や公共事業・公共機関における管理問題や管理手法などに主眼を移していったことにも表れている（山本, 1955, 201～202頁）。現代の社会情勢を鑑みると，公的サービスや企業だけでは対応しきれない数多くの問題が浮上しており，それを補完するうえでもNGOやNPOの果たす役割がクローズアップされ，期待が寄せられている。それゆえ，今日では非営利組織の経営学も注目されており，ファヨールのあらゆる組織を対象とした管理的視点は，その源流にもなっていると捉えることもできよう。

現在の日本の経営学研究が「アメリカ一辺倒」と指摘される現状のなかにあって[11]，「経営とは何か」「管理とは何か」そして「経営学とは何か」という基本問題も含め，改めてファヨール理論を検証し直すことが求められている[12]。

注

1　この点については，以下のような指摘もある。なお，以下文中の「フェイヨル」は「ファヨール」のことである。

「産業革命は動力革命であり，機械革命と考えられる。ところが，それと同時に労働革命であり，管理革命であったのである。そして，この労働革命，管理革命を完成し，或はそれへの第一歩を踏み出したものはテイラーであり，フェイヨルであったのである。…（中略）…そして，かかる意味にて，労働革命，管理革命を遂行し，近代的工場制度に労働を適応せしめたところに，テイラーの貢献があり，またフェイヨルの業績が認められるのである。（山本，1955，189～190頁）」

2　フランス語版から英語版への英訳の経緯については，本書【付属資料】（本書71頁），山本（1985）の邦訳『産業ならびに一般の管理』巻末「解説」や，佐々木（2011）を参照されたい。

3　ファヨールの個人史や家族，彼が生涯の大部分関わったコマンボール社や，同社でのファヨールのとった経営戦略や意思決定などの詳細は，佐々木（1984）を参照されたい。なお，本書の記述も佐々木（1984）を参考にしている。

4　こうしたテイラーとファヨールの対象の違いは，次のようにも表現されている。

「テイラーは組織の低い段階に於ける労働組織に努力を捧げ，フェイヨルはこれに反して組織の高い段階に於ける経営指導に貢献した。（山本，1955，198頁）」

5　管理過程論，すなわちプロセス・スクールは，古典理論・近代理論・学際理論に分類される。詳細は，二村（2002），角野（2011a）を参照されたい。

6　PDCAサイクルは，一般にデミング（Deming, E.）が提唱したといわれているが，経営学説史や管理過程論学派に取り上げられることはあまりない。また，このPDCAサイクルの内容や，日本でどのようにして普及していったかという経緯についても諸説紛々である。

7　一般に，“administration”は，企業だけでなく公的機関や教育機関などを含むあらゆる組織において，組織全体の大枠の方針や目標設定，すなわち「経営」を意味する用語として使用されている。

他方，“management”は，“administration”によって決定された組織全体の方針や計画を実行に移すための活動，つまり，組織全体の決定事項を執行する組織の中間層や各部門が担う役割である。それゆえ，「管理」を意味する用語として使われている。

8　ファヨール理論は，一般に管理論や組織論の側面から評価される場合が多いが，人事管理論の側面から評価している先行研究も少数ながらある。例えば，以下の指摘である。

「とくに，人事の問題，組織の問題，管理の問題，命令や統制などの問題，要するに経営に於ける人的要素の問題こそ特にフェイヨルの努力せるところであり，ゲッグはフェイヨリスムを人間統御の学とさえいい，その経営社会学的側面を強調するほどであって，経営に於ける人間の問題が見直されなければならない現在，フェイヨル復活の気運を見るのも，実はそれが経営管理問題のクラシックたるがために外ならない。（山本，1955，18頁）」

9 この点について，山本は次のように指摘している。

「近時わが国においてもいろいろな形で問題となるに至った人間関係論（human relations）—それはテイラー・システムやフォード・システムなどによって示される労働過程の機械化や形式化，非人間化，一般に制度学派の基礎となるアメリカ機械化文明の制度化傾向に対する反動であり，反省であり，行き詰まりの打開策ともいえよう—の如きも，ゲッグが既に指摘せる如く，既にフェイヨルの学説のうちに考慮せられているのであって，この点のみからいってもフェイヨルの復活の気運を見るのは当然といわなくてはならない。（前掲書，15頁）」

10 この点について，次のような指摘もある。

「このように，炭鉱技師という低い地位から，フランスで最も有力な且つ最も調和のとれた企業の一たるこの会社機構のピラミッドの頂点にまで真直ぐに昇進したのがその経歴である。以上が，フェイヨルの経歴の概要であるが，このような彼の経歴，換言すれば，学問成立の地盤としての基礎経験がその経営管理論の性格を決定する一要因であることを見逃してはならない。何人も知る如く，テイラーは身を一職工より起こして遂に技師長にまで昇進したのであって，彼がその管理研究の中心問題を主として生産過程に於ける個々の労働者の賃銀問題や能率増進の問題に見出したのは，その経歴から見れば，蓋し当然といわなければならない。然るにフェイヨルは初めから管理者としてやがて経営者として働いたのであるから，彼がその中心問題を経営に於ける人間の問題特に指揮系統の問題に見出したこともまた当然といわなければならない。この故に，人は上述の如く，ゲッグに従ってフェイヨルの管理論を『指揮に関する学』ともいうことが出来る。要するに，テイラリズムとフェイヨリスムとはその精神に於いては等しいのであるが，その経歴の相違の故に，その問題と行き方とを異にするというべきである。（前掲書，25頁）」

11 詳細については，三戸（2009）を参照されたい。

12 この点について，佐々木は，次のように指摘している。

「ファヨール理論がもつ現代的意義は，まず『経営学とは何か』を厳しく問い続けているところにある。われわれは日常的に『アドミニストレーション－経営』と『マネジメント－管理』を概念的に峻別せずに使っており，折衷的に『経営管理』なる用語まで作り出し，あるいは近年では『マネジメント』なる用語で経営や管理を便宜的に使い分けしようとしてさえいる。経営と管理という経営学の基本概念の曖昧さや不明確さは，経営学の科学としての未熟さを表している。経営学が実践的有効性を強く意識する余り，概念の厳密な規定という科学としての最低限のルールを等閑にし，しかも経営学研究に携わる研究者の多くがそのような致命的欠陥をほとんど自覚してもいないのである。…（中略）…経営（者）は何を，どこまで問題とし，管理（者）もまた何を，どこまで問題とするのか，このような視点での経営と管理の概念的区分と相互関係が明確にされ，用語が使用されなければならない。このような経営学方法論の基本問題を，ファヨール理論は今日もなお提起し続けているのである。(佐々木，2011，54頁)」

この指摘に関連するものとして，さらに，佐々木（2011，62～63頁），池内（2011），三戸（2009），山本（1955，217頁）を参照されたい。

参考文献

Fayol, H.（1916a）*Administration Industrielle et Générale*, Saint-Etienne: Siège de la Société, Dunod, 1931.（山本安次郎訳『産業ならびに一般の管理』ダイヤモンド社，1985年）

Fayol, H.（1916b）*Industrial and General Administration*, Translated from The French for the International Management Institute by Coubrough, J.A., Sir Isaac Pitman & sons, LTD, 1930.

Fayol, H.（1916c）*General and Industrial Management*, Translated from The French by Storrs, C., Sir Isaac Pitman & sons, LTD, 1949.

Fayol, H.（1916d）*General and Industrial Management*, revised by Gray, I, Pitman, 1988, c1984.

Wren, D.A.（1979）*The Evolution of the Management Thoughts*, 2nd.ed., John Wiley & Sons, Inc, New York（車戸　實監訳『現代経営管理思想　—その進化の系譜—（上）・（下）』マグロウヒル社，1984年）

池内秀己（2011）「エピローグ　伝統的管理論の現代的意義」佐々木恒男編『経営学史叢書Ⅱ　ファヨール　—ファヨール理論とその継承者たち—』文眞堂

井原久光（2008）『テキスト経営学［第３版］—基礎から最新の理論まで—』ミネルヴァ書房

角野信夫（2011a）「第四章　ファヨール理論の継承・発展」佐々木恒男編『経営学史叢書Ⅱ　ファヨール　—ファヨール理論とその継承者たち—』文眞堂

角野信夫（2011b）「第五章　プロセス・スクールの古典理論　第四節　ムーニー／ライリーの理論　」佐々木恒男編『経営学史叢書Ⅱ　ファヨール　—ファヨール理論とそ

の継承者たち―』文眞堂
角野信夫（2011c）「第六章　プロセス・スクールの近代理論　第二節　クーンツ／オドンネルの理論　」佐々木恒男編『経営学史叢書II　ファヨール　―ファヨール理論とその継承者たち―』文眞堂
岸田民樹（2009）「第2章　古典的経営管理論と管理原則の導入」岸田民樹・田中政光『経営学説史』有斐閣
佐々木恒男（1972）「II　科学的管理論の基礎　フェイヨール，H.」岩尾裕純編『講座経営理論II　科学的管理の経営学』中央経済社
佐々木恒男（1984）『アンリ・ファヨール　―その人と経営戦略，そして経営の理論―』文眞堂
佐々木恒男（2011）「第三章　ファヨール理論の現代的意義」佐々木恒男編『経営学史叢書II　ファヨール　―ファヨール理論とその継承者たち―』文眞堂
二村敏子（2002）「管理過程論の形成と発展」経営学史学会編『経営学史事典［第2版］』文眞堂
三戸公（2009）「日本の経営学，その過去と現在，そして」『中京経営研究』（中京大学経営学会）第19巻第1号
山本安次郎（1955）『フェイヨル管理論研究』有斐閣

付属資料

ファヨールの原著と古林喜樂

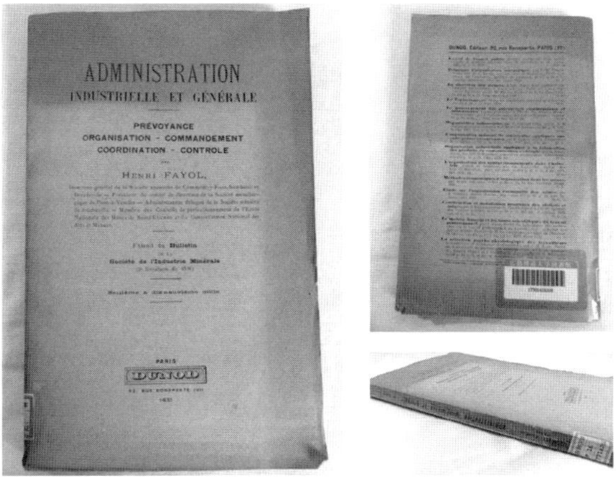

ファヨールの原著（広島修道大学図書館「古林文庫」所蔵）

写真は，ファヨール（Fayol, H.）『産業ならびに一般の管理』のフランス語版原著（*Administration Industrielle et Générale*, 1916）の1931年リプリント版である。日本全国の大学図書館でも，現存数が極めて少ない希少本である。

なお，同書が所蔵されている「古林文庫」は，広島修道大学学長を務めた故・古林喜樂先生が，広島修道大学図書館に寄贈された個人蔵書であり，経営学を中心とする約2,500冊からなる。

このファヨールのフランス語版原著からは，翻訳者が異なる以下の３種類の英語版が出版されている。（この３冊も同大学図書館に所蔵されている。）

①Fayol, H.（1916）*Industrial and General Administration*, Translated from The French for the International Management Institute by Coubrough, J.A., Sir Isaac Pitman & sons, LTD, 1930.（古林文庫所蔵）

②Fayol, H.（1916）*General and Industrial Management*, Translated from The French by Storrs, C., Sir Isaac Pitman & sons, LTD, 1949.

③Fayol, H.（1916）*General and Industrial Management*, revised by Gray, I., Pitman, 1988, c1984.

タイトルからも分かる通り，①のクーブロー（Coubrough, J.A.）によって英訳された英語版は，フランス語原著タイトルのまま“administration”と表記されている。

ところが，②ストーズ（Storrs, C.）により再度英語版が出版されたとき，タイトルは“management”と英訳される。その後に出版された③グレー（Gray, I.）版でも，このストーズ版が踏襲され，“management”のままで今日に至っている。

このように“management”へと英訳されたことによって，ファヨールの真意は正確に伝わらず混乱を招き，ファヨールの正当な評価が遅れたともいわれている。

古林喜樂［こばやし・よしもと］(1902-1977)

古林喜樂学長　1972(昭和47)年入学式
〔写真提供：広島修道大学〕

「経営労務論」「経営学方法論」のパイオニア
1953年に「賃銀形態の研究」で，経営学博士（神戸大学）取得（日本で4人目の経営学博士)。
日本経営学会理事長（1966-1974）などを歴任。
1972年に叙勲2等旭日重光章の授与。

【略　歴】

1902年　岩手県西磐井郡一関町(現在の一関市)に生まれる
1924年　神戸高等商業学校（現・神戸大学）修了
1927年　京都帝国大学（現・京都大学）経済学部卒業
　　　　その後，神戸大学経営学部教授，神戸大学学長（1953-1959年）を経て，
1966年　定年退官（神戸大学名誉教授）
　　　　関西学院大学商学部教授（1966-1971年)，
1971年　広島修道大学学長（1971-1973年)，広島修道大学商学部教授（1971-1977年)。
　　　　(なお，広島修道大学大学院商学研究科博士課程増設の審査にともない学長を任期半ばで退任し，同博士課程の認可後に大学院商学研究科長に就任)
1977年　逝去（享年74歳)。

〈主著〉

『経営労務論』東洋出版社，1940年
『戦時労働と経営』甲文堂書店，1943年
『経営経済学』三笠書房，1950年
『賃銀形態論』森山書店，1953年
『教授・学長・学生』日本評論社，1967年
『経営労働論序説』ミネルヴァ書房，1967年

『古林喜楽著作集』全9巻，千倉書房
　第1巻　経営学原論　1978年
　第2巻　経営労務論　1979年
　第3巻　ドイツ経営経済学　1980年
　第4巻　経営経済学　1980年
　第5巻　経営学の進展　1981年
　第6巻　経営学の思い出　1983年
　第7巻　労務論論稿　1984年
　第8巻　労使関係論　1985年
　第9巻　賃銀論　1986年

参考文献

海道　進（1977）「第二章　古林喜楽　―経営学方法論の特徴―」古林喜樂編『日本経営学史　―人と学説　第2巻』千倉書房
上林憲雄・庭本佳子（2021）「第11章　人間と経営　―経営労務・人的資源管理―」上林憲雄・清水泰洋・平野恭平編『経営学の開拓者たち　―神戸大学経営学部の軌跡と挑戦』中央経済社
喜樂会編（1992）『古林喜樂』千倉書房
西村　剛（2017）「古林喜樂の経営学方法論に関する一考察」『商学論究』（関西学院大学商学研究会）第64巻第3号
広島修道大学五十周年記念事業出版委員会（2010）『広島修道大学五十年史』広島修道大学

第 3 章

バーナードの組織論

キーワード

個人，組織，協働システム，共通目的，協働意欲，コミュニケーション，組織の有効性，組織の能率，組織均衡，誘因，貢献，内的均衡，外的均衡，全人仮説

I 考察の視点

テイラー（Taylor, F.W.）やファヨール（Fayol, H.）の伝統的組織論に対して，バーナード（Barnard, C.I.）は新たに近代組織論の礎を築いたという点で，経営学の発展に大きな役割を果たした人物と評価されている。

この3人は，いずれも学者や研究者ではなく実業界で活躍した人物である。また，偶然というべきか必然というべきか，この3人の著書や論文は，経営学の歴史のなかでも重要な転換点となっているという意味でも共通している。

バーナード[1]は，1906年にハーバード大学に入学して経済学を専攻し，経済的事情から3年次を終了した時点で退学する。その後，AT&T社に入社し実業界での経験を積み，1922年にAT&T社の関連会社の副社長に就任以後は，経営者としてのキャリアを歩んでいくことになる[2]。その経営者時代にハーバード大学のヘンダーソン（Henderson, L.J.）やメイヨー（Mayo, G.E.）などの学者たちと交流をもったことが，その後，近代組織論の礎を構築したと称されることになる主著『経営者の役割』（*The Functions of the Executive*, 1938）の出版へとつながっていく。

この著書発行のきっかけとなったのが，1937年にバーナードが招聘されたハーバード大学ローウェル研究所のローウェル講座である。ローウェル講座とは，1839年から続く歴史と由緒のある公開講座であり，そこでバーナードが講義したテーマこそ，まさに「経営者の役割」であった。人間関係論を確立したメイヨーなどハーバード大学教授たちからの勧めもあり，この講演内容を拡大・修正して，1938年にハーバード大学出版部から上梓されたのが，講義と同名の著書『経営者の役割』である。

この著書は，出版直後からハーバード大学の学者たちを中心に大きな反響を呼び，その後も様々な研究領域に広く影響をあたえながら今日にいたっている。

バーナード（1886-1961）

＊写真出所：https://rockfound.rockarch.org/digital-library-listing/-/asset_publisher/yYxpQfel4W8N/content/portrait-of-chester-i-barnard

以下では，彼の代表的著作である『経営者の役割』をもとに，バーナード理論の主要な論点について考察していく。

Ⅱ 協働システムと公式組織

バーナードが登場する以前にも，経営学では「組織」が研究対象として扱われてきた。しかし，その場合の「組織」とは，企業組織における経営職能や部門編成などの組織編成や分業システムに焦点が当てられる場合や，大量生産産業すなわち製造業が念頭におかれる際には，機械設備や作業工程などの工場組織を，また従業員からなる人間組織を，あるいは工場や物的設備そして従業員もひとまとめにして「組織」と論じるなど多種多様であった。

このような状況について，バーナードは，それぞれ「企業」や「工場」,「事業」,「営業部門」といった概念を使う方がより適切であると指摘し，物理的システムや物的環境，技術的システムは「組織」の概念から捨象している(Barnard,1938, pp.66-67　邦訳, 69頁)。

また，伝統的に「組織」を「ヒトの集団」と捉える立場，例えば，経営組織であれば，経営者と従業員からなる集団とする考え方もある。これについても，バーナードは「組織」を「ヒトの集団」とする捉え方は，組織概念の曖昧さと混乱・矛盾を招くと主張し，次のように指摘している。

第１に,「産業組織での集団は通常，役員と従業員からなるものを考えられるが，ある観点からは，集団への参加の条件が根本的に異なる株主も含まれる。また他の見方からは，債権者，供給者，顧客も含められるべきである。(*Ibid.*, p.69　邦訳, 71～72頁)」と述べており，組織構成員という側面から，産業組織に限って考えても「集団」の意味は様々である。

第２に，個人は特定の組織への参加のみならず，他にも複数の組織に参加している。

例えば，個別企業の社員として働きながら，社内・社外でのクラブやサークルなどの活動に参加しているケースである。また身近な例では，大学生として特定の大学に所属すると同時に，その大学の当該学部さらにゼミナールに属し，学内外での部活・サークル，地域活動やボランティアに加入・参加，さらにアルバイトなどにも従事し，もちろん家族の一員でもあるというケースなどもあげられよう（**図表3-1**）。

このように「同時に多くの組織に所属していない者を見出すことはほとんど不可能であり，さらに，ある特定の行為が同時に2つ以上の組織の内容の一部を構成していることもよくある。（*Ibid.*, p.71　邦訳，73頁）」からである。すなわち，1人の個人は所属する多数の組織の接点に立っており，組織を「ヒトの集団」と規定していては，組織の本質を明確にすることはできない（占部，1974，25～26頁）。なぜなら，実際の「組織」は人間の相互作用からなるが，「集団」という用語は人間の協働による相互作用ではなく，人びとそのものを意味して使われる場合が多いからである（Barnard, 1938, p.70　邦訳，73頁）。

このような観点から，バーナードは，「組織を2人以上の人びとの協働的活動のシステム（*Ibid.*, p.75　邦訳，77～78頁）」と定義し，「協働システム（a cooperative system）とは，少なくとも1つの明確な目的のために2人以上の人びとが協働することによって，特殊な体系的関係あるいは物的，生物的，個人的，社会的構成要素の複合体である。（Barnard, 1938, p.65　邦訳，67頁）」としている。

さらに，バーナードは，協働システムを分析する最も有効な概念として公

図表3-1　個人が所属する組織のイメージ

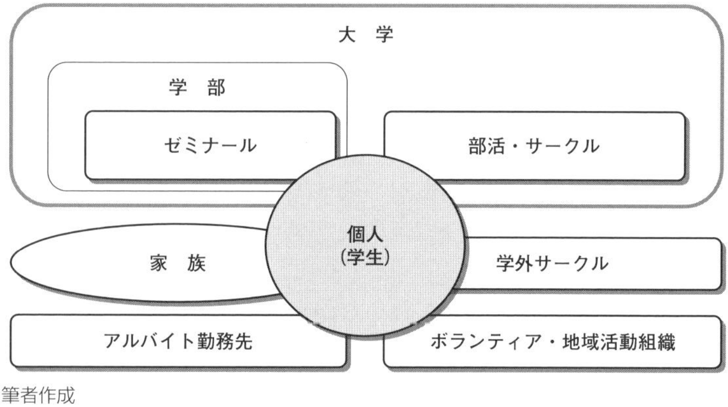

（出所）筆者作成

式組織に着目し，「公式組織とは，２人以上の人びとの意識的に調整された諸活動または諸力のシステム（*Ibid.*, p.73　邦訳，76頁）」と定義している。協働システムには，公式組織のみならず，様々な人間関係，すなわち非公式な人間関係の結合である非公式組織も含まれるからである。それゆえ，「２人以上の人びとの意識的に調整された活動」という側面に焦点を当てるために，あえて公式組織を対象としたのである。

それではなぜ，バーナードは「協働システム」と「公式組織」という２つの概念を区別したのであろうか。

その理由は，「現実の企業とか官庁をみたとき，それらは現象的には単一の範疇で割り切ることができない種々様々な要素を複雑に含みすぎていることにあるといえよう。現実の企業などの存在は，人間が何らかの目的を達成するために集まっている人間の集団である。だが，そこに集まっている人間は，協働していても，それぞれの個人は様々な生物的，心理的要因をもっている存在である。そして協働の目的のためには，物的手段を用いるのが普通である。その意味で，企業などは人間と機械のシステムと捉えることもできる。このように，現実の人間の集団としての企業などの存在は，極めて複雑な要素，体系の複合体であるといえるのである。そして，この現実の人間集団の複雑性にこそ，これらを協働システムと規定した理由ある。しかし，協働システムのままでは，複雑な現実をそのまま含んでいるため，理論的考察が困難であり，より抽象化された組織の概念が必要とされることになる。（高柳・岩尾，1974，392～393頁）」とバーナードは考えたからである。

さらに，協働システムに含まれる種々の側面のうち，公式組織を取り上げ，抽象化した理由として，「それが，現実の企業，軍隊，官庁，教会，政党といったあらゆる協働システムのほとんどに共通する側面だったからである。つまり，２人以上の人間が協働して活動している状態は，これら組織と呼ばれている協働システムに必ず生じる現象である。しかし，それは共通の特質というだけではない。協働システムが形成された目的と深く関連している側面である。ある目的を達するために，２人以上の人間が協働する必要が生まれ，そこでこのような協働システムが形成されたと考えられるからである。したがって，協働システムのなかでも，協働目的と深く関わり合っている側面，あるいは要素（前掲書，392～393頁）」に公式組織を取り上げ，注目する意味を説いている。

以上のように，バーナードの主張する「組織」とは，集団でも非公式組織でもなく意図して公式組織を扱っており，「共通目的のために2人以上の人びとが協働する相互作用のシステム」と捉えられている。

Ⅲ 組織成立の基本要素

バーナードは，組織が成立するためには，①共通目的（a common purpose），②協働意欲（willingness to cooperate）[3]，③コミュニケーション（communication）[4]の3つの要素が必要かつ十分条件であると述べている（Barnard, 1938, p.82　邦訳，85頁）。以下，この基本3要素について考察する（**図表3-2**）。

図表3-2　組織の基本3要素の関係性

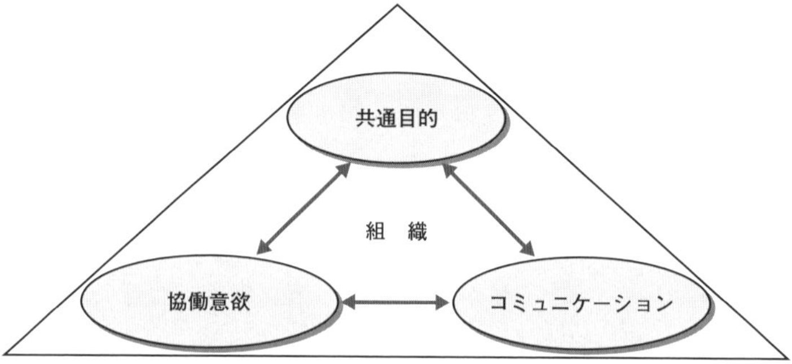

（出所）占部（1974, 37頁）をもとに加筆・修正

1 共通目的

目的がなくては，協働は起こり得ない。明確な目的がなければ，組織においてどの程度，個々人の行動や努力が求められるのか，また各個人がどのよ

うな満足を期待しているのかの把握も予想も不可能である。それゆえ，バーナードは，目的が必要なのは自明であり，「体系」「調整」「協働」という用語のなかにも含意されているという（*Ibid.*, p.86　邦訳, 89頁）。

「企業経営の組織においては，その協働システムは，労働者，出資者，企業者ならびに顧客や供給者等によって形成されてくる。その場合，これらの人びとの活動は自動的に協働を形成しうるものではなく，共通の組織目的に向けての調整が行われることによって，はじめて可能になる。その意味では，その参加者によって受け入れられない目的に向けての協働は不可能であり，協働システムとして組織は成り立ちえない。（吉田, 2001, 109〜110頁）」ことになる。したがって，協働システムとして組織が成立し存続するためには，その組織のステークホルダー（stakeholder：利害関係者）に受容されうる「共通目的」の探究が基本条件となる。

しかし，組織目的と個人動機とは本来一致するものではない（Barnard, 1938, pp.88-89　邦訳, 92頁）。それゆえ，組織を考える場合には，共通目的と個人動機は乖離しているという前提に立ち，それをいかに克服していくかが，バーナード理論の基本的な命題となり，本章Ⅴで扱う「組織均衡」につながっていくのである。

また，組織の成立には，「共通目的」は不可欠な要素であるが不変ではない。外部環境や状況の変化に対応して組織が存続していくためには，組織の目的は常に変更を余儀なくされるからである。この時，組織目的をいかに具体化し適応させていくかの意思決定こそが経営者の重要な役割であり，ここに管理職能の重要性が内包されているとバーナードは高唱している（*Ibid.*, p.89　邦訳, 93頁）。

2 協働意欲

人間を離れて組織は存在しえない。しかし，組織を構成するものとして扱うべきは人間ではなくて人びとの用役，行為，行動，または影響力である（*Ibid.*, p.83　邦訳, 87頁）。それゆえ，協働システムとしての組織に対して貢献しようとする人びとの意欲が不可欠であり，組織が成立するうえで，協働意欲が基本要素の１つとしてあがってくる。

ところが，協働意欲の程度は，個人によって異なる。強い協働意欲をもつ者から低い者，ゼロから反抗や憎悪感をもつ者まで様々だからである（*Ibid*., pp.83-84　邦訳，87～88頁）。また，個人の協働意欲は常に一定かつ不変ではなく，必ず断続的・変動的なものだからである（*Ibid*., p.84　邦訳，88頁）。

すなわち，組織に対して個人の協働意欲が生じるのは，自身の犠牲と自身が得られる満足感とのバランスを比較し，協働する方が自分にとってプラスに作用すると考えられるときなのである。

したがって，組織は個人の動機とそれを満たす諸誘因に依存することになるわけであるが（*Ibid*., p.86　邦訳，89頁），ここでもまた，バーナードの唱える「誘因（inducements）と貢献（contributions）」のバランス，すなわち「組織均衡」が関係してくる。さらに，組織の前提概念として個人を合理主義的・論理的思考をもつ自由な意思決定者と捉えているところに，バーナード理論の基本的な特徴がみられる（占部，1974，37頁）。

3　コミュニケーション

バーナードによれば，「共通目的達成の可能性と協働意欲をもつ個人の存在とは，組織の両極に位置する。この潜在的な両極を結びつけ，ダイナミックな活動にするものがコミュニケーションである。（Barnard, 1938, p.89　邦訳，93頁）」という。

そもそも，コミュニケーションがなければ，必要な情報が入手できず，合理的な意思決定もできず，組織における共通目的の策定も合意形成も不可能である。また，コミュニケーションなしでは，組織の共通目的をメンバーに知らせることもできず，それを遂行・達成するための具体的内容も理解してもらえない。ましてメンバーの諸活動を共通目的のもとに調整することもできないからである。

バーナードは，「組織の構造，広さ，範囲は，ほとんどまったくコミュニケーション技術によって決定されるから，組織の理論をつきつめてゆくと，コミュニケーションが中心的地位を占める。（*Ibid*., p.91　邦訳，95頁）」と述べている[5]。

一方，コミュニケーションの具体的手法について，「口頭や書面による言葉を用いる方法が一般的ではあるが，一見してはっきりと意味が通じる動作や行為，合図や信号のような手法も協働活動におけるコミュニケーションの方法である。（*Ibid*., pp.89-90　邦訳，93頁）」と記しており，明確なコミュニケーションの手法については規定していない。

しかしながら，コミュニケーションの具体的手法や内容ではなく，組織論研究においてコミュニケーションを組織成立の基本要素の1つにあげ，従前まであまり意識されてこなかったコミュニケーションの側面を重視した点にこそ，バーナード理論の意義を見出すことができる[6]。

Ⅳ 組織の基本原理

前記したように，バーナードによれば，組織の成立には，共通目的，協働意欲，コミュニケーションの3つの基本要素が必要であるが，加えて組織が存続するためには，「組織の有効性（effectiveness）」と「組織の能率（efficiency）」の2つの基本原理が必要であるという。

1 組織の有効性

まず，注意すべきは，バーナードのいう「組織の有効性」とは，「組織の目的の達成度」（二村，1977，79頁），あるいは「組織目的達成の度合い」を意味している点である。

これに関連して，バーナードは，「組織は，その目的を達成できない場合には崩壊するに違いないが，また目的を達成することによって自ら解体する。したがって，たいていの維持的組織は，新しい目的を繰り返して採用する必要がある。（Barnard, 1938, p.91　邦訳，95頁）」と記している。

すなわち，組織の目的が達成できなければ組織は存続できないため，「組織の有効性」は組織存続の不可欠な条件となり，1つ目の基本原理になるというわけである（占部，1974，39頁）。しかし一方で，組織は目的を達成した場合でも，次なる新たな目的を設定しなければ衰退していく。それゆえ，環境変化に応じて組織目的を変更し，新たな目的の設定が求められる[7]。

2 組織の能率

もう1つの基本原理としてあげられているのが，「組織の能率」である。バーナードは，「組織の能率」について，「協働システムに必要な個人的貢献の確保に関する能率（Barnard, 1938, p.92　邦訳，96頁）」としている。

「組織の有効性」と同様，ここでもバーナード特有の用語の定義がなされているが，「組織の能率」とは，「個人の動機の満足度」（二村，1977，79頁），あるいは「組織メンバーの個人的な満足を充足させる度合い」と換言できる。組織は，組織メンバーに効果的な誘因をあたえ，組織目的を達成するために必要な協働意欲や貢献を引き出し，組織を維持・存続していかなければならないからである。それゆえ，組織の存続には，バーナードのいうところの「組織の能率」が，2つ目の基本原理にあがってくるのである。

V 組織均衡

組織が存続するためには，組織の「内的均衡」と「外的均衡」が必要となる。

「内的均衡」とは「組織の能率」，すなわち組織と個人との関係のなかで「組織メンバーの個人的な満足を充実させる度合い」に関わる「誘因と貢献」のバランスが主たるテーマとなる。一方，「外的均衡」とは「組織の有効性」，つまり「組織目的達成の度合い」ゆえに，組織とそれをとりまく外部環境との関係のなかで，どのような組織目的を設定するかの意思決定が問題となる。以下では，この両者について検討する（**図表3-3**）。

図表3-3　組織の基本原理と組織均衡

組織の基本原理
①組織の有効性…組織目的達成の度合い ②組織の能率　…組織メンバーの個人的な満足を充足させる度合い
組織均衡
①内的均衡（組織の能率：組織が個人にあたえる「**誘因**」，個人が組織にあたえる「**貢献**」） ②外的均衡（組織の有効性：組織の外部環境への適応）

（出所）筆者作成

1　内的均衡

すでに述べてきたように，組織目的を達成するのに必要な協働を得るため，組織はメンバーである個人に効果的な誘因をあたえなければならない。個人の動機を組織が充足させなければ，彼らは貢献する努力をやめ，組織は存続できなくなるからである。その意味で，「誘因と貢献」のバランスの維持が不可欠になる。

もちろん，組織に貢献を提供する個人には，経営者や従業員だけなく，消費者となる顧客や出資者である株主も含まれる（占部，1974，107頁）。バーナードのいう組織の内的均衡とは，組織に関わるすべての人びと，すなわち組織のステークホルダーに適用されるからである（**図表3-4**）。

しかし，バーナードによれば，組織の立場からみたときの効果的な誘因には，積極的誘因と消極的誘因の2つの側面があるという（Barnard, 1938, pp.140-141　邦訳，146～147頁）。

積極的誘因とは，賃金増額などの昇給，職位・地位の昇進などステイタスの付与，福利厚生や教育訓練制度の整備・充実，雇用保障といった雇用条件を魅力的にすることである。一方，消極的誘因とは，必要な作業の軽減や就業時間の短縮といった作業条件や作業環境の改善によって，従業員負担を緩和し取り除くことである[8]。

この時，最も重要かつ強調されるべき点は，個々の従業員が抱く客観性と主観性の両面を勘案し，積極的誘因と消極的誘因の2つを組み合わせた適切

図表3-4　現代企業における組織均衡

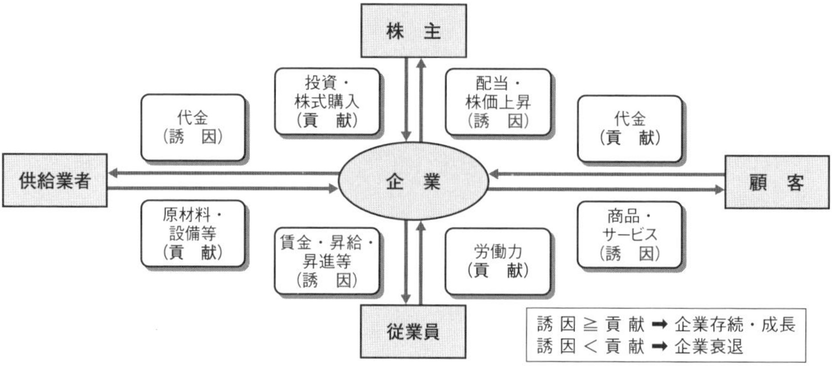

（出所）桑田（2004, 21頁）をもとに加筆・修正

な誘因の提供にある，とバーナードは指摘している（*Ibid*., pp.140-142　邦訳，145～148頁）。

このような組織均衡，とりわけ内的均衡における「誘因と貢献」の関係[9]は，次のような式で表すことができる（占部，1974, 101頁．占部，1989．飯野，1978, 123,130頁）。

誘　因　≧　貢　献　➡　組織の存続と成長
誘　因　＜　貢　献　➡　組織の衰退

2　外的均衡

前述したように，「組織の有効性」とは「組織目的達成の度合い」である。それは一方において組織の内的均衡に，他方において組織の外的均衡に大きく影響される。

組織をとりまく外部環境[10]が変われば，組織はその変化の状況を正確に把握し，的確に即応することによって，はじめて組織の外的均衡は維持され，「組織目的達成の度合い」が高まるからである（占部，1989）。逆に，組織が環境変化への適応に怠り遅れをとると，たちまち組織の外的均衡は失われ，「組織の有効性」は低下し，組織の存続すら危うくなる（占部, 1989）。

このように組織をとりまく外部環境との関わりのなかで，組織の目的をどのように設定するか，当初の目的をどのように見直し変更するか，といった意思決定が重要になってくる。「組織目的は，環境に即してのみ決定しうるもの（Barnard, 1938, p.196　邦訳, 205頁）」だからである。

こうした意思決定のもとで，組織成立の基本要素である共通目的の設定がなされ，それが協働意欲やコミュニケーションに作用していくことになる。その意味で，組織の外的均衡の問題は，意思決定を担う経営者や管理者層の管理職能，さらにはアンゾフ（Ansoff, H.I.）などにみられる戦略的意思決定論として展開していく。したがって，バーナードの組織論は，1960年代から登場する経営戦略論のルーツとも捉えられるのである。

Ⅵ　現代への意義と応用

テイラーの科学的管理やファヨールの管理過程論などにみられる伝統的組織論に対して，バーナードは新たに近代組織論の礎を築いたという点で，経営学の歴史のなかで重要な功績を残した人物と評価されている。それまでの伝統的組織論が組織の内部管理のみを対象にしていたのに対して，バーナードは組織を外部からの影響を受けるオープンシステムと捉え，経営学に外部環境への適応の視点を加えた最初の人物だったからである（庭本, 2006, 5頁）。それゆえ，「バーナードの理論は，経営管理論，経営組織論の発展に，これまでにかつてなかった多大の寄与をなしたという意味で，『バーナード革命』といわれることがある。（二村, 1977, 78～79頁）」といった指摘や，「今日存在する主要な組織論の理論的な輪郭を最初に築き上げたのはチェスター・バーナードであった。（Perrow, C., 1972　邦訳, 105頁）」との評価がなされている。

こうしたバーナードの組織観や人間観は，彼の経営者としての長い経験はもとより，人間関係論を確立したメイヨーやレスリスバーガー（Roethlisberger, F.J.），ホワイトヘッド（Whitehead, T.N.）との交流が強く影響している。それは，公式組織と同時に非公式組織の存在を認識したうえであえて公式組織を対象にしている点や，人間とは「様々な欲求をもち，自己の行動について，一定の選択力，自由意志および責任を備える存在であり，そのような人間が組織を作り，管理されるもの（飯野，1984，37頁）」という認識に基づいて理論展開されているからである。すなわち，ここに，従来の伝統的組織論に通底する「経済人モデル」に代わり，「人間とは，物的・生物的・社会的要因によって規制を受けつつも自由意志をもち，選択力を行使することによって目的を達成しようとする存在」と把握するバーナード特有の「全人仮説[11]」が提示されているといわれる理由がある。

しかし，彼の著書『経営者の役割』は，哲学的かつ抽象的な記述が多く，非常に難解であり，この点は多くの研究者からも指摘されている。しかしながら，「こうした表現そのものは極めて難解ではあるが，歴史性と現実性そして人間性溢れる生きた理論となって私たちに接近してくるはずである。（河辺，2011，35頁）」との見解を証明するように，バーナード理論は，経営組織論分野のみならず経営学の様々な分野，例えば経営管理理論，意思決定論，経営者論，リーダーシップ論，経営倫理学や社会的責任論，労務管理理論，経営戦略論などにも多大な影響をあたえている。それゆえ，『経営者の役割』は今なお世代を超えて読み継がれ，さらに一度ならず何度も繰り返し読み続けられているのである。

注

1　バーナードの経歴や生涯についての詳細は，岩田（2011）を参照されたい。なお，本書の記述も岩田（2011）を参考にしている。

2　バーナードは，1929年の世界恐慌の際，危機的な経済不況下においても従業員の整理解雇を行わず，それが従業員の会社への忠誠心を高めたといわれている。こうした意思決定と行動が社会的評価を高め，その後，バーナードに様々な公職や公的活動が各方面から要請されていく。詳しくは，岩田（2011）を参照されたい。

3　“willingness to cooperate”は，翻訳者や論者によって，「協働的意思」，「協働意思」，「貢献意欲」など様々な用語で使われているが，本章では使用頻度の高い「協働意欲」という用語に統一している。

4　“communication”は，翻訳者や論者によって，「伝達」，「意思疎通」といった用語で使われているが，本書では使用頻度も高く，カタカナ表記で一般化している「コミュニケーション」という用語に統一している。

5　この点について，占部は，次のように述べている。

「この立言，組織論の将来の発展動向にたいして，示唆に富んだ貴重な発言である，とわれわれは解釈しなくてはならない。組織の形態，専門化の態様や分権管理の態様は，コミュニケーションの技術によって決定される部面を多くもつからである。（占部，1974, 38頁）」

6　この点について，以下のように指摘されている。

「伝統的組織論において理論的な認識をえていなかったコミュニケーションの概念がバーナードにおいてはじめて組織の要素としてとりあげられた意義は大きい。（前掲書，38頁）」

「コミュニケーション概念は，バーナード理論において非常に重要視されているが，見方によれば，バーナード理論はコミュニケーション・アプローチのもとに，伝統的組織論を再編成したものともいえなくもない。いずにしても，バーナードはコミュニケーションを重要視した最初の経営理論家の1人であった。なお，ここで気をつけておかなければならないのは，コミュニケーションが抽象組織のレベルで抽出された場合，その具体的内容が問われたのではなく，コミュニケーションという視点ないしはコミュニケーションの存在そのものが認知されたということである。（庭本，1979, 60頁）」

7　この「組織の能率」に関して，占部は，環境適応に対する経営者の戦略的意思決定の職能を重要視している点にも，バーナード理論の特色が表れていると指摘している（占部，1974, 40頁）。

8　バーナードのこの指摘には，現代の日本企業が直面する労働問題についても重要な示唆が含まれている。雇用条件（賃金格差や雇用保障），作業条件，労働環境，ハラスメント（とりわけパワーハラスメント）などの労働問題や労働紛争にも，つながってくるからである。

9　バーナードの組織均衡論にみられる「誘因と貢献」の関係は，各研究者によって次のような評価がなされている。

「誘因と貢献の均衡理論は，組織の存続と成長の理論であり，その意味で，中核的な重要性をもつ。（前掲書，104頁）」

「バーナードによって展開された『誘因—貢献—均衡』のテーゼは，組織理論における行動科学的アプローチの発展に対して，1つの決定的な思考として大きな影響を及ぼすことになった。（吉田，2001, 112頁）」

10　外部環境とは，例えば，景気の流動性や業界他社の動向，新たな法制度と法改正だけではなく，グローバル化や情報通信の技術革新などによるボーダレス化や高スピード化，地球温暖化や自然災害の多発，感染症蔓延のリスク，先進諸国を中心とした少子高齢化，企業による組織ぐるみの不祥事や犯罪，それにともなう事故・災害，世界規模での貿易摩擦や紛争など，考えられるだけでも多岐にわたる。

11 「全人仮説」については，三戸（1997）・三戸（2002）で詳細な論考がなされている。

参考文献

Barnard, C.I.（1938）*The Functions of the Executive*: 30th anniversary ed., Cambridge, Mass: Harvard University Press, c1968.（山本安次郎・田杉　競・飯野春樹共訳『新訳　経営者の役割』ダイヤモンド社, 1968年）

Perrow, C.（1972）Complex Organizations: A Critical Essay, Glenview.（佐藤慶幸監訳『現代組織論批判』早稲田大学出版部, 1978年）

飯野春樹（1978）『バーナード研究』文眞堂

飯野春樹（1984）「伝統理論と近代理論　―組織の道徳側面と中心に―」『経済論叢』（京都大学経済学会）第133巻第３号

岩田　浩（2011）「第一章　バーナード　―その人と生きた時代―」藤井一弘編『経営学史叢書Ⅵ　バーナード』文眞堂

占部都美（1974）『近代組織論（Ⅰ）　―バーナード＝サイモン―』白桃書房

占部都美（1989）「組織均衡論」神戸大学経営学研究室編『経営学大辞典』中央経済社

河辺　純（2011）「第二章　バーナードの協働論と公式組織論」藤井一弘編『経営学史叢書Ⅵ　バーナード』文眞堂

桑田耕太郎（2004）「第１章　組織均衡とミクロ組織論」二村敏子編『現代ミクロ組織論』有斐閣

河野大機（1980）『バーナード理論の経営学的研究』千倉書房

高柳　暁・岩尾裕純（1974）「Ｖ　行動科学的組織論の展開意思決定の組織理論　バーナード, C.I.」岩尾裕純編『講座経営理論Ⅲ　マネジメント・サイエンスの経営学』中央経済社

庭本佳和（1979）「Ⅱ　協働と組織の理論」飯野春樹編『バーナード　経営者の役割』有斐閣

庭本佳和（2006）『バーナード経営学の展開　―意味と生命を求めて―』文眞堂

二村敏子（1977）「第３章　システム性の追求」北野利信編『経営学説入門』有斐閣

吉田　修（2001）『経営学の基礎理論（第２版）』中央経済社

真野　脩（1987）『バーナードの経営理論』文眞堂

三戸　公（1997）『現代の学としての経営学』文眞堂

三戸　公（2002）『管理とは何か　―テイラー，フォレット，バーナード，ドラッカーを超えて―』文眞堂

第 **4** 章

サイモンの意思決定論

キーワード

意思決定，価値前提，事実前提，所与，制約された合理性，経済人モデル，管理人モデル，意思決定プロセス，最適化意思決定，満足化意思決定，定型的意思決定，非定型的意思決定

I 考察の視点

サイモン（Simon, H.A.）の主著『新版　経営行動』（*Administrative Behavior: A Study of Decision-Making Processes in Administrative Organization*, 4th ed., 1997）の翻訳本の冒頭「訳者まえがき」には，次のように記されている。

> 「サイモンは，1978年にノーベル経済学賞を受賞している。受賞理由は，当時のプレスリリースによると，「経済組織における意思決定過程の先駆的研究」であった。『経営行動』は，このタイトルが示すように，経営行動の分析ともいえるが，そこでは人間行動は行為そのものではなく，行為に先立つ選択，すなわち「意思決定」としてとらえられているのである。決定的な特質である。サイモン自身，『経営行動』は組織の意思決定過程の観点から組織がどう理解できるかを示そうとしており，意思決定過程こそ組織の理解にとって鍵だと考えてきた，と指摘している。（二村ほか，2009，ii頁）」

つまり，サイモン理論の特徴は，「意思決定」（decision making）を管理の本質として把握し，意思決定プロセスを組織論の中心に据えて，組織における現象を分析しようと試みている点にある。なぜなら，組織とは，情報のやりとり，すなわち情報の授受を媒介とする意思決定のシステムだからである。

以下では，サイモンの著作のなかから，『経営行動』（*Administrative Behavior: A Study of Decision-Making Processes in Administrative Organization*, 3rd ed., 1945）を中心に，『オーガニゼーションズ』（*Organi-zations*, 2nd ed., 1958），『意思決定の科学』（*The New Science of Management Decision*, 1960）を出版年順に取り上げ，その主要な視点や論点について考察していく。

サイモン（1916-2001）

＊写真出所：http://www.cs.cmu.edu/simon/bio.html

Ⅱ 意思決定と2つの前提

1 意思決定とは

サイモンは，実際の管理活動には「行為」と「決定」の両方が含まれるが，従来の管理理論では，「行為の過程」と同様に「決定の過程」について，一般に認識されてこなかった，という問題意識から出発している。「行為の過程」の前段階には，どのような「行為」を選ぶのかといった「決定の過程」が必然的に介在するからである。

つまり，「人間は，行動するものであるが，行動するのに際して，意識的・無意識的に関わらず意思決定をともなっている。人間の活動には，必ず『行為』とともに，その中核に『意思決定』が含まれている。したがって，この人間の意思決定を分析することが，人間行動の結果である組織活動を分析する唯一最良の方法である（高柳，1974，411頁）」と考えたからである。

それゆえ，サイモンは，「行為」に先立つ選択としての「決定」，すなわち「意思決定」に注目しているのである。

それでは，意思決定は，どのように行われるのであろうか。サイモンは，意思決定するうえで，「価値前提」（value premise）と「事実前提」（factual premise）の2つの側面に注目している。

2 価値前提と事実前提

「価値前提」とは，どのような目的を設定するかといった価値観や倫理観などを含む価値判断であり，「そうあるべきである」「好ましい」「望ましい」「よい」というような言葉で表現されるものである（Simon,1945, pp.45-47 邦訳，56～57頁）。こうした価値的かつ倫理的な判断は，経験的にも合理的にも判別できうる方法はないし，まして「正しい」「正しくない」と客観的に検証するのも不可能である。

他方，「事実前提」とは，あたえられた目的を達成するために，どのような行動が最適であるかといった判断である。そのため，状況を事実認識し，多くの代替案や選択肢のなかから既定の目的を達成するために有効であるかどうかといった客観的な裏付けが必要となる事実判断が求められる。「これは真実である」「これは虚偽である」などと表現され，客観的な真実に基づき，その妥当性が判断・検証できる（*Ibid.*, pp.45-47　邦訳，56～57頁）。

サイモンは，こうした「価値前提」と「事実前提」の特性を勘案し，意識的に価値判断に関わる「価値前提」を排除している。何を目的にするのかといった「価値前提」は重要ではあるが，その目的を所与すれば，手段の選択については検証が可能だからである。

換言すれば，「価値前提」をともなう「目的の合理性」は追求せず，あえて「事実前提」に関わる「手段の合理性」のみを追求するというわけである。その意味で，サイモンは，検証可能な事実を重視し，論理的実証主義（logical positivism）に立脚しているといえる。

Ⅲ 合理性の要件と限界

1 合理性の要件

それでは，手段としての意思決定について合理性を確保するためには，何が必要なのであろうか。これについて，サイモンは，「合理性とは，行動の諸結果を評価できるようなある価値体系によって，望ましい代替的行動を選択することに関係がある。（*Ibid.*, p.75　邦訳，95頁）」と述べ，「所与の状況のもとにおいて所与の価値を極大にするための正しい行動であるならば，その決定は『客観的に』合理的であるといえるだろう。（*Ibid.*, p.76　邦訳，96頁）」と続けている。

そのうえで，客観的な意思決定の合理性のためには，以下の３つ要件の確保が必要だと指摘している（*Ibid.*, p.80　邦訳，102頁）。

①すべての代替的行動を列挙すること

②代替的行動すべてについて，それぞれから生ずる諸結果のすべてを把握すること
③すべての諸結果を順位づけるために比較評価し，全代替的行動のなかから最適な１つを選択すること

2 制約された合理性

しかし，サイモンは，上記の３要件の必要性を指摘しつつも，実際の意思決定には，合理性の限界が包摂される点について言及している。

まず，「合理性の限界は，人間がある単一の意思決定をするとき，その決定に関係ある価値，知識，および行動のすべての側面を集中的に考慮することは人間の心にとって不可能であることから導き出された。人間の選択の型は，代替的選択肢のなかからの選択というよりも，刺激反応の型に近いことが多い。人間の合理性は，心理的な環境の範囲内で働くにすぎない。この環境は，個人が意思決定する際に基礎とする要素の選択を『与件』として，その個人に課すのである。しかし，意思決定の刺激それ自体は，より大きな目的に役立つように統制されうるものであり，個人の一連の意思決定は，十分に練られた計画へと統合されうるものである。（*Ibid.*, pp.108-109　邦訳，137頁）」と述べている。

また，「合理性の限界を個人の立場からみたとき，その限界は３つの範疇に当てはまる。すなわち，個人の合理性は，まず無意識的な技能，習慣，および反射作用によって制限されている。次いで，組織の目標とは相違する個人の価値観と目的の認識によって，合理性を制限されている。第３に，個人の知識および情報の程度によって，合理性を制限されている。個人は，彼がある特定の行為コースをたどることができ，行為の目標を正しく認識し，また彼の行為をとりまいている諸条件を正しく知っている範囲でのみ，組織の目標から見て合理的となりうる。これら３つの要因によって決められた限界内で，彼の選択は合理的—すなわち，目的志向的—となる。（*Ibid.*, p.241　邦訳，304～305頁）」とも指摘している。

つまり，実際の意思決定では，個人レベルにおいても様々な側面から合理

性の確保に制限がともなうというのである。

さらに，客観的合理性が制約される原因について，知識の不完全性，予測の困難性，行動可能性の範囲という3つをあげて，それぞれ以下のように説明している（*Ibid.*, pp.81-84　邦訳,103～107頁）。

①知識の不完全性（incompleteness of knowledge）

各選択の諸結果について，完全な知識と予測を必要とする。しかし，実際には結果に関わる知識や予測は完全ではなく，常に部分的なものにすぎない。

②予測の困難性（difficulties of anticipation）

諸結果はあくまでも将来のことであるため，それらの諸結果を価値づける際，経験的な感覚や想像によって補わなければならない。しかし，価値は不完全にしか予測できない。

③行動可能性の範囲（the scope of behavior possibilities）

可能な代替的行動をすべて予測し，そのなかから選択することが求められる。しかし，実際には，2～3の代替的行動しか想起されない。

このように，現実での合理性とは，限定された状況のもとでの意思決定にならざるを得ないことから，サイモンは，これを「制約された合理性」(bounded rationality)，すなわち「限定合理性」と称している。

IV 意思決定における人間モデル

「事実前提」然り，「制約された合理性」という考察アプローチは，サイモンの認識する人間観にも関係している。つまり，意思決定の主体である人間をどのような存在と捉えるかといった人間観＝人間モデルが，そこには底流しているからである。

上述したように，意思決定の主体である人間は，「制約された合理性」のもとで意思決定しているにすぎない。それゆえ，サイモンは，従前の「経済人モデル」（economic man model）に代えて「管理人モデル」（administrative man model）[1]を現実的な人間モデルとして認識している。

「経済人モデル」では，先に示した「合理性の3要件」，①すべての代替的行動を列挙でき，②代替的行動すべてについて，それぞれから生ずる諸結果のすべてを把握し，③すべての諸結果を順位づけるために比較評価し，全代替的行動のなかから最適な1つを選択すること，という要件がすべて満たされた意思決定が可能となる。このように意思決定の合理性を達成した状態を，「最適化意思決定モデル」という（大月ほか, 2008, 169頁）。

しかし，現実にはこのような合理性の確保が不可能なのは，先に述べた通りである。したがって，この「最適化意思決定モデル」は現実的ではなく，理念的なモデルにすぎないといえよう。

他方,「制約された合理性」のもとでは，最適化意思決定が困難であるがゆえに，満足行動を志向する「管理人モデル」が妥当なものとして採用される。こうした満足化原理に基づく意思決定を「満足化意思決定モデル」という（前掲書, 169頁）。

「最適化意思決定」と「満足化意思決定」については，以下のように説明されている。

> 「満足化意思決定モデルでは，すべての代替案を探索する必要がなく，代替案はその予測が満足基準を上回っているかどうかで判定され，もし上回っていれば，それが選択されるのである。最適化意思決定は，すべての代替案のなかから最適なものを選ぶことが特質なのに対して，満足化意思決定の場合は，代替案を逐次的に探索していくうちに満足基準を上回るものがあれば，それで探索活動を終了し，選択へと移るのである。このモデルは，人間の能力の限界から当然でてきてしかるべきものである。また，もし満足基準以上のものが無さそうならば基準を下げたり，またそれが低すぎると感じるときには上げたりして，経験適応的に意思決定がなされるのも，この意思決定の1つの特徴になっている。（前掲書, 169頁）」

すなわち，サイモンは，現実の人間を「管理人モデル」と認識し，「制約された合理性」のもと満足基準に則した「満足化意思決定」しか，とり得ないと考えているのである。なお，上記，意思決定における２つの人間モデルをあえて図示すれば，**図表4-1**のように示すことができる。

図表4-1　意思決定における人間モデル

	経済人モデル	管理人モデル
情報収集	すべての代替案を収集・考案	一部の代替案のみ取得
結果予測	すべての代替案の結果を正確に予測	部分的な結果の推測に終始
意思決定	最適な代替案を選択 「最適化意思決定」	満足基準に則して代替案を選択 「満足化意思決定」
合 理 性	客観的合理性	主観的合理性

（出所）井原（2008, 159頁）をもとに加筆・修正

V　意思決定プロセスと２つの意思決定

1　意思決定プロセス

以上のことを踏まえ，「事実前提」に基づく合理的な意思決定のために，サイモンは，著書『経営行動』に続き，マーチ（March, J.G.）との共著『オーガニゼーションズ』のなかで，**図表4-2**のような意思決定プロセスを提示している。

さらに，その後に出版された著書『意思決定の科学』では，「意思決定とは，４つの主要な局面から成り立っている。すなわち，決定のための機会を見出すこと，可能な行為の代替案を見出すこと，行為の代替案の中から選択を行うこと，および過去の選択を再検討すること等がこれである。（Simon,1960, p.40　邦訳,55頁）」と述べ，意思決定プロセスを以下のように簡略化して示している（*Ibid.*, p.40　邦訳, 55～56頁）。

図表4-2　意思決定プロセス

①目的の設定： 　経営理念や社是のようなものを打ち出し，組織行動の判断基準を決定する。 ②情報の収集と分析： 　解決しようとする問題を明確に定め，それに関する情報を集めて分析する。 ③代替案の探求： 　「問題中心的探索」を行い，様々な代替案をみつける。 ④結果の予測： 　各々の代替案の結果を正確に予想するために，確率，重要性，期待値などの概念を用いて数値計算を行う。 ⑤代替案の選択： 　限界探索成果の逓減と限界探索コストの逓減を考慮して，満足基準を用いて逐次的探索を行うのが，最も能率的な方法である。 ⑥代替案の実施と統制： 　選んだ代替案を実施に移し，その案が計画通りに実施されるように努力する。 ⑦フィードバック： 　実施過程において情報の収集と分析を行い，目的達成の可能性を基準にして計画進行の継続性や方向性変更の必要性を検討する。

（出所）March and Simon（1958, p.212　邦訳，291頁）より作成

第 1 局面：情報活動
意思決定が必要となる条件を見きわめるための環境を探索すること
第 2 局面：設計活動
可能な行為の代替案を発見し，開発し，分析すること
第 3 局面：選択活動
利用可能な行為の代替案のうちから，ある特定のものを選択すること
第 4 局面：再検討活動
過去の選択を再検討すること

こうした意思決定プロセスは，ファヨール（Fayol, H.）の管理過程論やマネジメント・サイクルにも依拠していると捉えられる[2]。しかしながら，こ

こでも依然として「制約された合理性」の問題は解決されていない。

2 定型的意思決定と非定型的意思決定

サイモンは，さらに「プログラム化できる意思決定」(programmed decision) と「プログラム化できない意思決定」(nonprogrammed decision) の2つについても言及している (**図表4-3**)。意思決定は，個人レベルのみならず組織レベルでも行われており，直面する問題がどのような特質や性格をもった課題なのか，どのような状況でとられるのかによって区分できると考えたからである。

「プログラム化できる意思決定」とは，反復的なルーティン化した意思決定である。日常的に起こる課題に対する意思決定は，経験的にも定式化あるいはマニュアル化されている場合も多い。それゆえ「プログラム化できる意

図表4-3　意思決定における伝統的技法と現代的技法

意思決定の種類	意思決定技術	
	伝統的	現代的
プログラム化しうるもの： 日常反復的決定 （これらを処理するために特別な処理規定が定められる）	（1）習慣 （2）事務上の慣例： 標準的な処理手続 （3）組織構造： 共通の期待 下位目標の体系 よく定義された情報網	（1）オペレーション・リサーチ： 数学解析 モデル コンピュータ・シミュレーション （2）電子計算機によるデータ処理
プログラム化し得ないもの： 一度きりの構造化しにくい例外的な方針決定 （これらは一般的な問題解決過程によって処理される）	（1）判断，直観，創造力 （2）目の子算 （3）経営者の選抜と訓練	発見的問題解決 （これは以下のものに適用される） （a）人間という意思決定者への訓練 （b）発見的なコンピュータ・プログラムの作成

（出所）Simon（1977, p.48　邦訳, 66頁）

思決定」であり,「定型的意思決定」ともいわれる。

他方，今まで経験したことがないような問題や課題に直面した際，意思決定者は，その解決のために，定式化されていない非定型的な一連の意思決定プロセスによって対処する以外に方法はない。この場合，過去にとられた意思決定のケースが蓄積されていないのでプログラム化するのが難しいことから「プログラム化できない意思決定」，あるいは「非定型的意思決定」と称される。例えば，新規事業展開や新製品開発をはじめ，突発的・偶発的な事故や事件，さらには自然災害や原発事故，感染症拡大など未曾有の危機への対応といった意思決定も含まれるであろう。

ただし,「定型的意思決定」と「非定型的意思決定」を考察する際には[3]，次のような視点も重要である。

「厳密な意味での意思決定は，すべて非定型的意思決定を指すといえるが，定型的意思決定もこれまでに積み重ねられてきた意思決定の結果，そうなったといえるので，一連のプロセスを実際に経ていないからといって，意思決定からはずすことにはならない。ところで，このような定型－非定型の区別は，明確にできるといったものではない。それは，両者を両極端のモデルとする見方によるものであり，現実の意思決定は，この両端のいずれかに近いパターンとして行われる。(大月ほか, 2008, 170頁)」

なお，**図表4-3**からもうかがえるように，その後，サイモンは，経営学のみならず隣接分野としての認知心理学やコンピュータ・サイエンス，さらに人工知能へと研究や活動の領域を広げていく (田中, 2011, 2頁)。

VI 現代への意義と応用

サイモンは，バーナード (Barnard, C.I.) の到達点から出発して，意思決定論を中心とした組織論・管理論を展開した。意思決定を人間の行為の中核と捉え，意思決定そのものを分析し，その合理性と限界を解明することによって，管理論のさらなる展開を目指したのである（池内，2007，139頁）。その際，「価値前提」と「事実前提」のうち前者を除外して，人間の行為としての意思決定が包含する特性を追究した。

こうしたサイモンによる意思決定論は，その後，コンティンジェンシー理論として展開し，企業をとりまく環境と組織維持の関連から外部環境と組織構造との関係性を調査・分析する研究へと発展していく。さらに，組織文化論や自己組織性論が生まれ，環境をいかに認識し，有効な意思決定につなげるかといった観点から，組織認識論や知識創造論などが登場する（前掲書，139頁）。また，サイモンが取り残した「価値前提」に関わる問題も，経営理念や経営倫理，企業の行動基準や行動規範，社会的責任といった経営学の重要課題として注目され，研究が進展しつつある（喬，2011，217頁）。その意味で，サイモンの意思決定論は，現代の組織論・管理論を方向づけたということができる。

現代に生きる我々は，情報化やグルーバル化・ボーダレス化，少子高齢化，地球温暖化や自然災害，災厄などを含め，様々な環境変化にさらされている。また，近年を振り返っただけでも，「100年に一度の」「未曽有の」「今までに経験したことのない」「想定外の」といった修飾語がともなう出来事が多発し，そのたびにあらゆる組織がその対応に翻弄され続けている。

個人の意思決定が組織におよぼす影響，一方で意思決定に作用する組織内部の諸要素についても，改めて考えてみる必要がある。また，「事実前提」や「限定合理性」の問題，組織の存在意義や組織目的・使命などを含めた「価値前提」，これらを踏まえたうえでの意思決定のあり方，とりわけ「非定型的意思決定」など，サイモンが我々に突きつけている課題はあまりにも大きい。しかし，サイモンの理論には，それに対する重要な示唆も同時に含まれていると思われる。

注

1 「管理人モデル」は，単に「管理人」と表記される場合もあるし，「経営人モデル」や「経営人」といわれる場合もある。

2 しかし一方で，サイモンは，ファヨールに代表される伝統的管理論に基づく管理の諸原則について，痛烈に批判している。「専門化の原則」「命令統一の原則」「統制範囲の原則」などが，その例である。つまり，サイモンは，伝統的な管理原則に対する批判から出発して，組織において各人がどのように意思決定を行っているのか，組織は各人の意思決定にどのような影響をおよぼしているのかという視点から，意思決定プロセスに注目しているのである。詳細については，占部（1974, 139～142頁）や高柳（1974, 414～415頁），岸田（2009, 49頁）を参照されたい。

3　定型的意思決定や非定型的意思決定については，管理原則に取り上げられる「例外の原則」や，それに付随する「委譲の原則」ないし「権限委譲の原則」とも関わってくる。

一般に，「例外の原則」とは，「上位の管理者が，日常反復的に発生する経常的業務や定型的な意思決定を下位者に委譲し，自らはもっぱら例外的・偶発的事項や非定型的な意思決定の処理にあたるべきである」という管理原則である。

また，これに関連して「委譲の原則」あるいは「権限委譲の原則」とは，「管理者が自己の負担を軽くするために自己の『職務』の一部と，それを遂行するために必要な『権限』を部下に委譲し，その遂行結果に対する『責任』は委譲した側の管理者自らが負う」ことを意味する。

参考文献

March, J.G. and H.A.Simon（1958）*Organizations*, 2nd ed., MA: Black-well Publishers.（土屋守章訳『オーガニゼーションズ』ダイヤモンド社, 1977年）

Simon, H.A.（1945）*Administrative Behavior: A Study of Decision-Making Processes in Administrative Organization*, 3rd ed., NY: The Free Press.（松田武彦・高柳暁・二村敏子訳『経営行動　―経営組織における意思決定プロセスの研究―』ダイヤモンド社, 1989年）

Simon, H.A.（1960）*The New Science of Management Decision*, revised edition, Englewood Cliffs, New Jersey: Prentice-Hall, 1977.（稲葉元吉・倉井武夫訳『意思決定の科学』産業能率大学出版部, 1979年）

Simon, H.A.（1983）*Reason in Human Affairs*, Stanford University Press.（佐々木恒男・吉原正彦訳『意思決定と合理性』筑摩書房, 2016年）

Simon, H.A.（1997）*Administrative Behavior: A Study of Decision-Making Processes in Administrative Organization*, 4th ed., NY: The Free Press.（二村敏子・桑田耕太郎・高尾義明・西脇暢子・高柳美香訳『新版　経営行動　―経営組織における意思決定過程の研究―』ダイヤモンド社, 2009年）

池内秀己（2007）「Ⅲ　組織と環境　サイモン」中野裕治・貞松茂・勝部伸夫・嵯峨一郎

編『はじめて学ぶ経営学 人物との対話』ミネルヴァ書房
井原久光（2008）『テキスト経営学［第3版］―基礎から最新の理論まで―』ミネルヴァ書房
占部都美（1974）『近代組織論（Ⅰ）―バーナード＝サイモン―』白桃書房
占部都美（1975）『近代組織論（Ⅱ）―マーチ＝サイモン―』白桃書房
大月博司・高橋正泰・山口善昭（2008）『経営学 ―理論と体系―（第三版）』同文舘出版
岸田民樹（2009）「第2章 古典的経営管理論と管理原則の導入」岸田民樹・田中政光『経営学説史』有斐閣
喬 晋建（2011）『経営学の開拓者たち：その人物と思想』日本評論社
高柳 暁（1974）「Ⅴ 行動科学的組織論の展開 ―意思決定の組織理論 サイモン，H.A.」岩尾裕純編『講座経営理論Ⅲ マネジメント・サイエンスの経営学』中央経済社
田中政光（2011）「序章 パラダイム転換者としてのサイモン」田中政光編『経営学史叢書Ⅶ サイモン』文眞堂
二村敏子（1977）「第3章 システム性の追求」北野利信編『経営学説入門』有斐閣
松田武彦（1956）「サイモンの組織理論」馬場敬治編『経営学全集第3巻 米国経営学（上）』東洋経済新報社

第 II 部

組織と人間

第5章

ティード&メトカーフの人事管理論

キーワード

1920年，人事部門設立の過程，人事管理の定義，パーソナリティ概念，パーソネル，労働力管理，労使関係，人事管理論，人的資源管理論，戦略的人的資源管理論，タレントマネジメント論

I 考察の視点

アメリカにおける人事管理（Personnel Management, Personnel Administration）の成立には，テイラーの科学的管理に対する労働組合の強い批判と抵抗が大きく影響している[1]。それは，第1次世界大戦後の労働組合の飛躍的な発展を背景に，科学的管理を導入した多くの企業に対する労働組合からの非難，すなわちストップウォッチを用いた動作・時間研究などは「労働者を機械と同一視している」証左であるという批判を無視できなくなったからである。また，産業心理学の発達も労働者の人間的側面への配慮が欠如していることを露呈させ，これによって新たに労働者の人間的取り扱いを基本理念とした人事管理が，科学的管理の新展開として成立していくことになる。

一方，当時の巨大化した企業における大量生産方式の現場は，大量の半熟練・不熟練労働者によって支えられていたが，劣悪な労働環境と雇用環境への不満は労働組合運動となって現れ，さらに福祉運動と結びついて企業内に福祉係が設置されるようになった。この福祉係は，その後，福利厚生部門となり，産業民主主義の普及を背景に労働者を「人間的存在」と捉える新たな認識と，これを裏付ける産業心理学によって，全人的な意味を包摂するパーソネル（personnel）という新たな概念のもとにすべての人事労務諸施策が統合されていく。そのため，福利厚生部門は雇用部門に統合され，労働者の保有する「労働力管理」を主要職能とする人事部門（personnel department）が，初めて独立した一部門として組織されていった。

ティード（1891-1973）

こうしたなかで，最初の体系的・包括的な人事管理論であるティード＆メトカーフ（Tead, O. and Metcalf, H.C.）の著書『人事管理』（Personnel Administration: its principles and practice, 1920）が著され，ここに近代的人事管理研究の基礎が確立されたのである[2]。

本章では，ティード＆メトカーフの理論を取り上

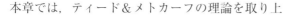

＊写真出所：https://www.graduateschool.edu/anniversary/our-instructors

げ，心理学に基づくパーソナリティ（personality）概念と人事管理に対する認識および人事管理制度との関わりを考察しながら，理論の特質や意義について考察していく。

II 人事管理の認識

ティード&メトカーフは，まずその著書『人事管理』の序文冒頭において，「本書は産業における健全な人間的諸関係（human relations）を促進し，自発的な人間的協働（human cooperation）・興味（interest）・創造力（creative power）に基づいて生産性を確保することに関心をもっている人びと（Tead and Metcalf, 1920, p.vii）」を対象にすると明記している。これは，当時のアメリカ産業社会において「管理の科学」（the science of administration）の1部門が急速に発展するにしたがって，管理の焦点が「人間的要素」（the human element）や「個人としての人間」（the individual person），「労働者」（the worker）に当てられ，次第に人間労働（human labor）を適用する際の効率性に対する論理的必要性が注目され，人間的協働や労働者の興味・好意（goodwill）の確保が生産における最重要問題として浮上してきたことと密接に関わり合っている（*Ibid.*, p.1）。また，ティード&メトカーフは「労働問題の大部分は，管理の科学の観点からすると，管理者とその部下との間に満足のゆく効果的な協働関係（working entente）を確立することである。（*Ibid.*, p.8）」と述べている。

一方，彼らは，産業の発展，とりわけ産業管理（industrial administra-tion）には「人事管理の科学と技術」（the science and art of personnel administration）について定義し研究することが必要であり，満足に足る産業関係を維持するためには，この科学と技術の応用を探究することが緊要であるものの（*Ibid.*, p.1），現実には「安定かつ公正な産業秩序の確立にむけての管理，特に労働者に直接関わる果たすべき諸業務の管理が，あまりにも長い間無視されてきた。（*Ibid.*, p.2）」とも指摘している。

このような状況を背景に，ティード&メトカーフは，人事管理によって究極的には生産性向上を目指し，それを自発的な人間的協働・興味・創造力によって達成することを目的にしているのである。その際，生産性は能率（efficiency）と密接な関係にあることから，生産能率向上のためには労働者の同意，特に積極的・自発的同意（an active and voluntary consent）が不可欠になると高唱している（*Ibid.*, p.224）。この自発的同意こそが労働者の仕事あるいは企業に対する関心の指標であり，同時に労使協調も実現できると考えているからである（*Ibid.*, p.224）。つまり，彼らは，生産能率向上を基本的に目指しながら，より具体的には，それを労働者の仕事への関心・自発的同意・積極的協調によって達成する原理・原則の解明を試みているといえよう。

上記にみられる問題意識は，1910年代以降に顕著に現れた労使対立はもとより，人事部門の形成要因に関する彼らの分析および認識に基づいている。

彼らは，まず第1に，機械化による作業の分割と細分化が，労働者から仕事への興味や意義をかなりの程度奪い去る傾向をもたらしたと述べている（*Ibid.*, p.23）。また，機械化にともなう単調作業によって，労働者が本来有する操作し（manipulative），建設し（constructive），創造する（creative）といった衝動が奪われ，仕事における生活の実現や関心（interest and fulfillment of life in work）が見出せなくなったとも指摘している（*Ibid.*, p.199）。これは，彼らの理論に底流するパーソナリティ概念，すなわち心理学的視点からの人間的諸特性に関する理解に拠っている。

第2に，企業組織の巨大化，いわゆる株式会社形態の管理が普及するのに応じて，異なった階層の労働者間において没人格主義（impersonalism）が促進される傾向にあり，とりわけ最下位の労働者層で仕事に対する無関心が拡大していると強調している（*Ibid.*, p.24）。そのため，彼らは，組織のすべての労働者の間に個人的協同感（a sense of personal association）を回復させる目的のもと，それに特化した独立の管理部門として人事部門が形成されたと把握するのである（*Ibid.*, p.25）。

ティード＆メトカーフは，こうした現状認識から，独自の人事管理論を展開するわけであるが，その際，次の点を問題意識として指摘している。

第1に，「人事管理の諸原則は，雇用者と被雇用者，管理する者と管理される者との関係が存在するところでは，産業の諸組織だけでなく，病院，研究所，学校，行政機関などどのような組織でも，かなりの程度適用できる（*Ibid.*, pp.7-8）」と考えている点である。「管理者と被管理者との関係の諸側面のうち大部分が，産業の所有問題から独立した問題として存在（*Ibid.*, p.8）」するとしており，「指揮する者とされる者との関係は，人間的接触（human contact），協力（association），組織（organization）における問題を生み出しているが，それは固有かつ永久・普遍なもの（*Ibid.*, p.8）」と理解しているからである。しかし，前述したように，彼らは労働者の仕事への関心の喪失が機械化による疎外と無関係ではないことも認めている。

第２に，「創造的衝動（the creative impulse）を基本的な人間的性質（human nature）（*Ibid.*, p.14）」と重視している点である。それは，「労働者とは，内的衝動を自ら充足するために怠惰よりも活動を好み，また自発的に行動する存在である（*Ibid.*, pp.14-15）」と認識しているからである。これは，テイラーが人事管理の対象となる労働者を自己の能力を最大限発揮せず，主として外的強制や物質的・金銭的刺激によってのみ働く存在とする労働者観と大きく異なっている。つまり，ティード＆メトカーフは，労働者を内的・創造的衝動をもつ存在と捉え，現実の経営の場ではこの人間的欲求が抑圧されているところに人事管理上の様々な問題が生じていると把握しているのである。それゆえ，彼らは「管理者とは人間—パーソナリティ（personality）—を取り扱っており，その内的趨勢や衝動，特徴的な反応，希望や要望は人間行動（human behavior）の研究によって次第に明らかにされている。（*Ibid.*, p.vii）」と指摘し，心理学の諸成果を人事管理に応用することによって，労働者の仕事への関心・自発的同意・積極的強調を確保しようとしているのである。

以上のような現状認識と問題意識に基づきながら，ティード＆メトカーフは人事管理自体について以下のように定義づけている。

> 「人事管理とは，最小限の努力・対立（a minimum effort and friction）と労働者の真の福祉（the genuine well-being of the workers）への適切な考慮によって，必要最大限の生産を確保するために，その組織の人間的諸関係を指揮・調整することである。（*Ibid.*, p.2）」

この定義のなかで，彼らが特に注記している部分は次の２点である。

第１に「最小限の努力・対立」という規定である。これには「人間のエネルギーを機械や原料に適用する方法と，好意・理解・相互信頼をつくりだす方法との意識的研究（*Ibid.*, p.7）」という意味が内包されており，「管理者の直接的な義務の１つとして，個人的・集団的な不適応，不満，摩擦を減少させること（*Ibid.*, p.7）」などが指摘されている。

第２は，「労働者の真の福祉への適切な考慮」という規定である。彼らによれば，この部分が「定義の他のいかなる文言よりもこの部門を他の管理職能と区別する（*Ibid.*, p.7）」規定であり，「労働者の真の福祉への適切な考慮」がなされるために「人事管理者は，人間の本性や人間福祉の本質的内容を知らなければならないし，可能な限り労働者の人間的性質と人間的諸関係の科学者であることが求められる。（*Ibid.*, p.7）」と主張している。つまり，ここに心理学に基づいた彼らのパーソナリティ概念が強く反映されており，人間を不変な生得的・本能的諸欲求をもつ存在と捉え，この欲求の充足こそが「労働者の真の福祉」につながると考える彼らの基本姿勢を見出すことができる。

このように彼らは，人事管理の最終的な目的を最大限の生産確保に求め，それを労働力の能率的利用[3]によって達成するために労働者＝人間的性質を有する心理的な存在と解し，人間労働への心理学的接近を試みているといえる。それは，彼らが「テイラーの職務研究の考え方は，客観性の側面を重視しすぎるという過ちを犯している。労働者の態度・意見・希望・恐怖といった主観的要素が十分に考慮されておらず，人間人格（personality）としての労働者への仕事の影響にも十分な配慮がない。（*Ibid.*, p.256）」と批判していることからも明らかである。

一方，この定義は人事部門形成当初において物的要素から区別された「経営における人的要素」（human factor in business）を重視するとともに，「組織の人間的諸関係を指揮・調整する」という点に人事管理の特徴を強調したものと捉えられる[4]。また他方，実際の経営という場においては，労働力の能率的利用を労働者の仕事への関心・自発的同意・積極的協調によって達成する目的のもと，「労働者の真の福祉」を向上させるものとして人事管理を規定しているところにティード＆メトカーフ理論の現実的意義があるともいえよう。

Ⅲ パーソナリティ概念

ティード&メトカーフは，人事管理が既述のように「組織における人間的諸関係を指揮・調整する」ものである以上，定義内における「労働者の真の福祉」を明確にすることが不可欠であると考え，人間的特性・人間的性質について究明している。この心理学的観点に基づいたパーソナリティ概念が，彼らの理論の根幹に大きく作用しているのである[5]。

ティード&メトカーフは，まず「人間的特性や人間的性質は変わるものではない」（"Human characteristics unchanging" および "You can't change human nature"）と述べ，ここに重要な意味があると指摘している（*Ibid.*, p.12）。それは，「人間とは服装・言語・社会的地位・肌の色などに関わらず，誰でも同じ基本的欲求や要望をもつ（*Ibid.*, pp.12-13）」こと，「性格や内面的特質が似通っていなくても，同じアピールや方法が同種の反応を誘引する（*Ibid.*, p.13）」こと，「人間とは本質的に同じ欲求によって動かされ，同じ活動で満足を得るがゆえに，基本的に訴求力のある理念・目的・抱負が普遍的に人の心を揺り動かす力をもつ（*Ibid.*, p.13）」ことが認識されているからである。

そのうえで，彼らは普遍的かつ基本的な人間の諸特性として，①肉体的完全性（bodily integrity），②家族愛（love of family），③創造的衝動（the creative impulse），④所有への欲求（the desire of posses），⑤好奇心（the value of curiosity），⑥交際への欲求（the desire for association），⑦承認への欲求（the desire for approval），⑧正義への欲求（the desire for justice），⑨美への愛（love of beauty），⑩善への愛（love of goodness）をあげ，これら諸要素が相互に作用し人間的性質が形成されるとしている（*Ibid.*, pp.13-19）。これら諸要素および諸欲求は相対立することがあるものの，人間には生得的にこれらを統合し組織化しようとするパーソナリティが備わっており，なかでも家族愛・交際への欲求・創造的衝動・承認への欲求といった積極的特性が主導的に作用するからである（*Ibid.*, pp.19-20）。それゆえ，人間のパーソナリティとは相対立する諸欲求の葛藤の場ではなく，各欲求間のバランスを保持し全体的統合性を維持・形成する概念であると把握されている（*Ibid.*, p.20）。

このような認識に基づいて，彼らは「パーソナリティ概念には，人間の生きる目的（purpose）についての示唆が含まれている。（*Ibid.*, p.20）」と指摘している。すなわち，「パーソナリティ自体は個人生活の完全性とその最大限の質的改善とを正当な不変的目的としているがゆえに，パーソナリティの遂行（fulfillment）とは個々人の生得的な資質を自由かつ活動的・精力的に解放し，自己の発展さらには社会の発展といった２つの側面に寄与する。（*Ibid.*, p.20）」と捉えているからである。したがって，「パーソナリティとは本質的に社会的産物（a social product）であり，個人の実現（realization）は人生における重要かつ高尚な目的である。（*Ibid.*, p.20）」としている。

一方，「人生の中核的価値をしめる人間のパーソナリティの復権は，産業においても無視できない重要性をもつ。（*Ibid.*, p.21）」として，パーソナリティを産業という観点からも考察している。彼らは，「パーソナリティが人生の中核に位置づけられるならば，それは産業においてもそうあるべきである。管理者や労働者は，よもや産業のために仕事を続けているわけではない。産業とは，そこに従事しそこでの勤務を必要としている人びとのために営まれるものである。（*Ibid.*, p.21）」と主張しながらも，「いままで産業界において，人間生活の価値はそれ自体が目的としてほとんど受け入れられてこなかったところに，混乱・悪意・争議の原因がある。（*Ibid.*, p.513）」と分析している。「人間的諸問題の管理に関する標準が産業界には欠如しているだけでなく，産業におけるすべての混乱・苦労・心配が何のためのものであるのかについての明確な合意（agreement）や，その努力を評価しうる基準（criterion）も欠いている。（*Ibid.*, pp.513-514）」からである。それゆえ，「現時点における労働問題や現在の人間的特性に関する知識と照らし合わせてみると，工場手続（factory procedure）の標準についての再定義（re-definition）や産業における目的の新たな声明（statement）が必要なことは明白である。（*Ibid.*, p.21）」と述べるとともに，「産業の目的とは必要な財貨を十分な量と適正なコストで作り出すことであるが，より基本的には，産業の目的は人間の幸福（human happiness）を高めることにある。（*Ibid.*, p.21）」と高唱するのである。

実際，この２つの産業の目的を達成するうえで，彼らは「専門的管理者，とりわけ人事部門に従事する人間には，世界的な経済生活の中核としてこの人間的価値に本来的かつ実際的な重要性が内包されていることを認識しておくという重大な職務がある。(*Ibid*., p.21)」と管理者の責任について言及している。また,「産業とはサービス(service)のためのものであり,このサービスは個々人のパーソナリティの発展に寄与する方法で執行されなければならない。(*Ibid*., p.514)」とも述べている。つまり,産業におけるサービスと個々人のパーソナリティとは相互補完的な関係にあり,この関係の形成にむけて努力がなされないところに混乱や対立が発現すると考えているのである。そのため,彼らは「産業の管理者が,自らこれら2つの目的を調和させるまでは,管理者とその部下との間のみならず管理者自身の心中においても対立と誤解は存在し続けるであろう。…(中略)…しかしそれは,パーソナリティとは人生における最高価値であるという認識が広まる場合にのみ可能となる。(*Ibid*., p.21)」と補足している。

以上にみられる彼らの見解は,次のように整理・要約することできる[6]。

第1に,人間は普遍的かつ基本的な諸特性を有するとともに,これらの人間的諸特性を生得的に統合しようとするパーソナリティを備えている。

第2に,パーソナリティは個々人の人生において中核的な価値として位置づけられ,人間はこのパーソナリティの遂行によって自己の発展,さらには社会の発展に貢献する。

第3に,人事管理上の問題の多くは,産業界において人間的生活に関する価値が認められてこなかったこと,また実際の経営の場において目的と手続き・評価の標準についての合意が形成されてこなかったことに起因しており,これが混乱や対立を生み出している。

第4に,それゆえ産業におけるサービスと労働者個々人のパーソナリティとの相互補完関係を維持・形成することが,パーソナリティの発展に寄与する。

第5に,したがって人事部門の管理者の責務は,労働者の人間的価値を重視し,産業の目的であるサービスと人間のパーソナリティの遂行とを調和・統合させることにある。

上記の内容からなるパーソナリティ概念は,一貫して彼らの理論に貫かれている。それは,彼らがもともと人事管理の定義における「労働者の真の福祉への適切な考慮」のために,労働者の有する人間的諸特性や人間的価値を心理学に拠りつつ究明し，パーソナリティという新たな価値基準を提示していることからも明らかであろう。また，こうした価値基準に基づき，彼らは産業におけるサービスとパーソナリティとの相互補完関係を確立することによって，定義内の「最小限の努力・対立」を可能にし，「組織の人間的諸関係を指揮・調整」しようとしている。したがって，パーソナリティ概念は，彼らの理論を根底から支えながら，労使の合意や積極的協調の確保，労働者の仕事への関心を高揚させることによって当時の企業が直面していた生産能率向上と労使対立緩和といった課題を解決しようしているところに現実的・客観的意義を見出すことができる。

IV 人事管理の諸機能

ティード＆メトカーフの著書『人事管理』は，**図表5-1**のような章構成になっている。

彼らの理論は，最大限の生産確保を人事管理の究極的な目的に据えながら，労働力の能率的利用のためのあらゆる分野を網羅して体系化されている。

また，人事管理をあくまでも管理目的（administrative purposes）という観点から，①雇用（Employment），②健康と安全（Health and Safety），③教育（Education），④調査（Research），⑤サービス（Service），⑥調整と共同関係（Adjustment and Joint Relations）といった機能に論理的区分（logical division）しており（*Ibid.*, p.31），この分類と内容との対応関係は**図表5-2**のようにまとめている。つまり，彼らは人事管理を6つの主要機能から構成される総合的な管理制度と捉えているのである。

①雇用

能動的かつ効果的な労働力を確保するために必要な一連の活動を意味しており，労働者の募集・選考・採用・配置などが中心的職能として取り上げられている[7]。「労働者が自己の発展を必要な程度達成できるかどうかは，大部分仕事を選択する際の判断にかかっている。（*Ibid.*, p.49）」こと，一方「管

図表5-1　ティード＆メトカーフ：『人事管理』の章構成

Ⅰ．序論 　1．人事管理の分野 　2．産業における人間的価値 Ⅱ．人事管理 　3．人事部門設置の理由 　4．人事部門の諸機能 Ⅲ．雇用方法 　5．労働力供給源 　6．選考・配置の方法 Ⅳ．健康と安全 　7．労働時間 　8．労働者の健康 　9．安全プログラム 　10．物的作業条件 Ⅴ．教育 　11．管理者訓練 　12．職長問題 　13．従業員訓練 　14．社内報 　15．仕事に対する関心の喚起 　16．配置転換と昇進 　17．職場規律，苦情，解雇	Ⅵ．調査 　18．職務分析と職務明細書 　19．職務分析の管理・監督 　20．労働移動の測定 　21．工場労働分析の方法 　22．労務監査 Ⅶ．報償 　23．賃金決定要素 　24．賃金支払方式 　25．保険と年金 Ⅷ．経営管理上の諸関係 　26．スタッフ部門の調整 　27．雇用安定のための諸部門の調整 Ⅸ．共同関係 　28．工場委員会組織の原理 　29．工場委員会組織の運営方法 　30．従業員団体 　31．団体交渉の経営的価値 　32．団体交渉の経営的価値（続） 　33．使用者団体 　34．全国産業協議会 　35．産業統治の目的

（出所）Tead and Metcalf（1920, pp.xi-xii）

図表5-2　ティード＆メトカーフによる人事管理機能の「論理的区分」

①雇　　　用	能動的・効果的な労働力を確保するために必要なすべての業務活動
②健康と安全	労働者の健康と肉体的安全とを維持・改善する一切の業務活動
③教　　　育	工場内におけるすべての教育訓練活動
④調　　　査	雇用条件の決定に必要な基礎的事実を得るための職務分析，職務明細書，労務監査，賃率の研究などを含む諸活動
⑤サービス	レクリエーション・共同購入などの多種多様な業務活動（生産問題との関連性という点では，選考や教育訓練ほど直接的ではない）
⑥調整と 　共同関係	労働協約の決定に際して生じる様々な問題を調整するための苦情処理，工場委員会，会社組合，団体交渉などを含むすべての活動

（出所）Tead and Metcalf（1920, pp.32-35）

理者特有の関心も，単に十分な人手（hands）を確保することではなく，人間的意思による協働，持続的で知的な協働を獲得することにある。（*Ibid.*, p.49）」からである。それゆえ，彼らは「従業員関係（personnel relations）には，基本的に労働者の選考における科学的かつ人間的な思いやりのある手続きが必要である。（*Ibid.*, p.49）」と述べている。

②健康と安全

労働時間管理も含めて労働者の健康と肉体的安全とを維持・改善するためのあらゆる活動とされている。しかし，これらの諸事項は労働者の働く工場の事情や状況に応じて議論を進めなければならないことや，労働時間については職務分析（job analysis）や契約交渉（bargaining discussion）に拠るところが大きく，「労働条件」（working conditions）としての意味合いが強いことから，いくつかの具体的な事例が紹介されている（*Ibid.*, p.67）。そのうえで，「作業時間・作業強度・生産性の関係から，短縮された労働時間においても労働者から集中的な努力を引き出せるように管理能力の向上が求められている。（*Ibid.*, p.83）」，「工場内での安全を最も保証するのは，労働者の注意深さと慎重さである。これは実体のない存在であるが，事故を減少させるだけでなく経済的な効果もおよぼしているため，安全プログラムは人事管理全体のプログラムから切り離すことができない。（*Ibid.*, p.107）」と指摘している。

③教育

管理者訓練・職長訓練・従業員訓練など工場内でのすべての教育訓練活動が含まれるが，ティード＆メトカーフはそのなかでも特に「職長問題」（the problem of foremanship）に注目している。それは，従前まで典型的であった「万能的職長」（all-around line foreman）が比較的小規模な工場においてみられるだけになり，科学的管理の概念である「職能的職長制度」（functional foremanship）へと大きく変動し始めているからである（*Ibid.*, p.155）。それゆえ，「管理手法が進歩した現時点では，職能化の程度はまったく明確でなく，職長の職務も具体的なものでないため，職長訓練について的確な回答を示すことはできないが，現場における職長の職務の大部分は熟練労働者との関係を構築することに注がれている。（*Ibid.*, p.155）」と述べている。

④調査

雇用条件の決定に必要な基礎的事実を得るための活動全般であり，職務分析・職務明細書（job specifications）・労務監査・賃率の研究などが含まれる。これは，彼らが当時の産業界における激しい労働移動（labor turnover）の問題を重視し，その原因を「あまりにもぞんざいな選考」（cannot be too carefully chosen）にあると捉えていることによる（*Ibid.*, p.50）。実際，彼らは「労働移動の測定」（The Measurement of Labor Turnover）もこの調査機能のなかに位置づけ，この問題の解決に向けて職務分析に基づいた職務明細書や各種の選抜テストの活用を高唱している（*Ibid.*, pp.281-290）。

⑤サービス

従業員に対する広範な福利厚生活動を内容としながらも，選考や教育訓練ほど直接的に生産性に関係するものとは捉えられていない。しかし，このような福利厚生の強調は「厚生資本主義[8]」として特徴づけられている1920年代の企業の労働対策の特色を示すものであり，長期的・持続的な労働力の有効利用と従業員の企業意識の高揚を図るために，この従業員へのサービスも人事管理制度の主要な一機能と位置づけられている（森川，1996，134頁）。

⑥調整と共同関係

苦情処理（handling of grievances and com-plaints），工場委員会（shop committees），会社組合（company union），従業員団体（employees' association），使用者団体（employers' association），団体交渉（collective bargaining）など主に労使関係にまつわる職能が取り上げられている（Tead and Metcalf, 1920, pp.31-35）。ここには，「個別的アプローチ」ないし「個別的関係」による労使問題処理だけでは，もはや労働組合の発展，労働争議の頻発に対応できなくなり，工場委員会，団体交渉などの「集団的関係」としての労使関係処理の問題を人事管理機能の一部として取り入れざるを得なかった彼らの認識が強く反映されている（森川，1996，134頁）。

以上のように，ティード&メトカーフの唱える人事管理制度は，当時の様々な人事管理上の問題を従業員サービスなどの「個人的関係」によって緩和し，労働者の仕事への関心・自発的同意・積極的協調を確保することによって生産能率の向上を図ろうとしたものと捉えられる（前掲書，143頁）。また，それは心理学の諸成果を応用した職務分析・職務明細書などによる雇用管理や教育訓練の実施によって，能動的で効果的な労働力を確保しようとすることにも貫かれている。

一方，組合員数や労働争議の増大などによって労使間の対立が激化するなかで，「集団的関係」処理として工場委員会・従業員団体・団体交渉などを取り入れて，労使協調を達成しようとしている（前掲書，143頁）。

このように，彼らは最大限の生産確保のための労働力管理を中心として，「個人的アプローチ」を基調としながら，「集団的関係」手法を補完的に導入することによって労働者の自発的同意・積極的協調を獲得し，労使の協調・協働関係を実現しようとしている。それゆえ，彼らは人事管理を専門に担う人事部門の果たすべき役割について次のように象徴的に明記している。

> 「労働者の監督に職務上直接関与しないすべての活動（activities）を管理するのが人事管理の理想であるといわれている。そのため，人事部門は，労働者との直接的かつ本質的な接触が求められる個人的接触の部門である。また，人事部門は，労働者＝人間であるという事実をすべての管理思考の中心に保持し続ける責任をもつ管理部門（the branch of the management）でもある。それゆえ，知識（intelligence）・洞察力（in-sight）・忍耐（patience）と思いやり（sympathy）に特化する管理部門，つまり主として労働者の好意と労働意欲（working morale）の維持に関与する管理部門なのである。（Tead and Metcalf, 1920, p.35）」

V 現代への意義と応用

1910年代以降のアメリカ産業界は，労働組合の急速な発展による労働争議の頻発，生産の機械化・大規模化にともなう労働者の仕事への関心の欠如や労働意欲の低下，激しい労働移動など様々な深刻な問題に直面していた。こうした現実を背景に，ティード＆メトカーフは心理学の諸成果を人事管理に応用し，労働者の仕事への関心・自発的同意・積極的協調を確保することによって，労働にまつわる諸問題を解決しようとしたのである。

そのため，従来のテイラーの科学的管理法が労働者を機械と同一視し，人間的要素を無視する傾向をもつと批判されたのに対して，彼らはまず労働者を人間的存在と解する認識から出発している。すなわち，心理学的観点から人間のもつ普遍的かつ基本的な諸特性を分析することによって，この諸特性を生得的に統合する人間的性質としてパーソナリティを規定しているのである。また，人間の究極的な目的とは，パーソナリティの遂行による自己の発展，さらには社会の発展への寄与にあると認識し，産業自体もパーソナリティの発展に貢献するという意味で正当化されている。

このようなパーソナリティ概念に基づきながら，彼らは「人事管理とは，最小限の努力・対立と労働者の真の福祉への適切な考慮によって，必要最大限の生産を確保するために，その組織の人間的諸関係を指揮・調整することである。(*Ibid.*, p.20)」と定義し，この「労働者の真の福祉」を適切に考慮するところに他の管理と区別する人事管理の特徴を求めている。そのため，彼らは労働者との「個人的アプローチ」を基調とした人事管理制度を重視しながらも，工場委員会・従業員団体・団体交渉などの「集団的関係」処理を補完的に取り入れて労使協調や協働関係を構築しようとしている。

一方，こうした人間労働への心理学的接近は，それ自体に一定の限界があるとも指摘されている。それは，ティード&メトカーフ自身も述べているように，「組織がその構成員に対して長期の雇用保障やそれがない場合の補償をしない限り，彼らの関心・忠誠心・熱意の獲得への真の解決にはならない。(*Ibid.*, p.396)」からである。つまり，労働者の生活を維持する賃金の保障・雇用安定・労働時間短縮・単調労働自体を不要にする機械化の促進・生涯生活の保障・労働者の社会的地位の向上などの諸問題は，労働者にとってきわめて重要であるものの，心理学的分析だけでは解決し得ない問題だからである（奥林, 1975, 122～123頁）。

しかし，科学的管理の「科学」の不十分さと人間的側面への配慮の欠如といった批判を端緒とした人事管理研究にあって，彼らは労働者を人間的存在と捉え，パーソナリティ概念に基づいた制度を導入することによって，当時の企業が直面していた生産能率向上と労使対立緩和といった課題を克服しようとしており，その意味で近代的人事管理研究の基礎を確立した最初の体系的理論として位置づけられているのである。

その後，人事管理研究は，人間関係論的人事管理論，行動科学的人事管理論，人的資源管理論そして戦略的人的資源管理論へと発展し，2000年代にはタレントマネジメント論の登場へとつながっていく[9]。

とりわけ，1970年代以降，人事管理論が人的資源管理論，戦略的人的資源管理論へと進展していくなかで，従業員は「投資価値のある経済的資源」と把握され，さらに「戦略実行のための経済的資源」という認識のもと理論展開されている（岡田，2019，11～13頁）。その後，登場するタレントマネジメント論では，企業に高い競争優位性をもたらす優れたタレントを保有する人的資源のみを管理の対象として選抜し，採用・配置・能力開発を行おうとする選抜的・選別的思考が基盤となっている（守屋，2014，36～37頁）。

こうした動きのなかで，ティード＆メトカーフ理論に底流する「労働者の真の福祉への適切な考慮」という基本理念は少なからず脱落する傾向がみられる。それは，人的資源管理論や戦略的人的資源管理論においては，労働組合や労使関係にまつわる事項が軽視される徴候として現れ，タレントマネジメント論においては完全に捨象されていくことからも明らかであろう。企業戦略重視の側面から人的資源の位置づけが強化される一方，その他の従業員は物的視される傾向を強めており，様々な矛盾を抱えたまま雇用にまつわる二極化が顕著に進行している。労働の場における人間性と雇用保障など生活者としての労働者の視点から，今後の推移を注意深く見つめていく必要がある。

付記：本章は，岡田（2008）をもとに，削除・加筆・修正したものである。

注

1　労働組合による科学的管理に対する批判理由としては，①分配の不公正，②労働者の機械視，③経営独裁主義の提唱，④労働組合の否定の４点があげられている（Yoder, 1942, p.44.）。

2　一般に人事管理が1920年に成立したとされる場合，この著書（Tead and Metcalf,

1920）の発行年がその所以の1つとされている。また，アメリカ人事管理の形成時期を1920年代とするわが国の研究者による諸説については，田島（1981）で詳細に検討されている。

3　アメリカにおける初期の人事管理論は，「労働力有効利用説」とも特徴づけられている（森，1976，68～69頁）。

4　ティード＆メトカーフの『人事管理』（1920年版）における認識上の要点とは，①専門スタッフとして労務部が担い手となり，②心理学的存在として従業員をその対象として，③心理学と生理学の知識を応用した従業員の人間的取り扱いを通じて，④彼らの保有する労働力の最大発揮を目的としている，と整理できると指摘されている（岩出，1989，28頁）。

5　ティード＆メトカーフ理論に底流するパーソナリティ概念の詳細な分析は，（奥林，1975，95～109頁）を参照のこと。

6　パーソナリティ概念については，以下のように要約されている。（なお，下記引用文中の「個性」は，本章で用いている「パーソナリティ」と同義である。）

「ティードは，まず第1に人間性の本質として『個性』なる概念を定立し（それは，心理学によって論拠づけられる），この個性の実現こそ人生の最高価値であるとする。第2に，当時の産業問題，労働問題の原因を，産業実践における目的と手続きの標準についての社会的合意の欠如にもとめ，新しい目的として，サービスとならんで人間性＝個性の実現という価値基準を提示する。第3に，このサービスと個性の実現という2大目的の同時的，調和的達成こそ，管理者の責任であるとする。（浪江，1977，20頁）」

また，ティード＆メトカーフの著書『人事管理』の1920年版（初版）ではパーソナリティ概念と人事管理とを結合させる論理が「参加原理」にあるのに対して，1933年版（第3版）では「目的統合原理」にあると指摘されている（奥林，1975，100～114頁）。

7　ティード＆メトカーフの「雇用」概念に関連して，次のように指摘されている。

「雇用管理（employment management）について注意すべきことは，1910年代において，この語は労使関係職能を除いたすべての労務諸活動を包括する広義な内容をもつものであったが，ここでは，労働者の募集・選抜・採用・配置などを中心とする限定的な職能内容を意味するものに変わっていることである。そしてこれ以降，この雇用管理の概念は定着していくことになる。（岩出，1989，29頁）」

8　厚生資本主義（welfare capitalism）については，次のように説明されている。

「ウェルフェア・キャピタリズムとは，歴史的には第1次大戦直後からニュー ディール労働法制確立期までの時期に，主として経営者が反労働組合主義を堅持した1920年代アメリカにおいて，電機・鉄鋼・石油・自動車・化学・ゴム・農機具など当時の新興産業に属する大量生産型の製造業大企業を中心に展開された，旧来の強権的あるいは単純な温情主義とは異なる「洗練された」労務政策である。それは企業がその従業員を企業内「市民」として認知するとともに，その生活基盤の安定に責任をもつという新たな理念に基づいた労務政策であった。具体的には，工場・職場レベルでの従業員の発言権や参加権を公認すると同時に労使間コミュニケーションの促進・円滑化を意図した従業員代表制の設置，安定的雇用（雇用保障），相対的な高賃金，良好な労働条件による従業員の安定した生活基盤の保障，従業員の企業帰属意識の高揚や長期勤続を奨励する企業年金，有給休暇，従業員持株制，健康・生命保険，失業保険，持家制度など「新型あるいは金銭的」な福利厚生制度の提供などが特徴的な施策である。ウェルフェア・キャピタリズムは，企業に労働組合（運動）を寄せつけない，労働組合の回避・無用化という反組合思想を色濃く体現したものである点では伝統的なアメリカ経営者の思想と共通するものであるが，上記のような施策が従業員のモラールを高め，企業内労使 関係の安定化と協調思想のもとで従業員の積極的な協力を取りつけるという明確な意図をもって展開されたところにその特徴がある。（百田・堀，2004，138頁）」

9　詳細は，岡田（2019）を参照されたい。

参考文献

Tead, O. and Metcalf, H.C.（1920）*Personnel Administration: its principles and practices*, McGraw-Hill.

Tead, O. and Metcalf, H.C.（1926）*Personnel Administration: its principles and practice*, 2nd ed., McGraw-Hill.

Tead, O. and Metcalf, H.C.（1933）*Personnel Administration: its principles and practice*, 3rd ed., McGraw-Hill.（高田琴三郎監訳補『人事管理（上）』厳松堂，1950年）

Yoder, D.（1942）*Personnel Management and Industrial Relations*, 2nd ed., Prentice-Hall.

岩出　博（1989）『アメリカ労務管理論史』三嶺書房

岡田行正（2008）「第７章　ティード＆メトカーフの人事管理論」『アメリカ人事管理・人的資源管理史（新版）』同文舘出版

岡田行正（2019）「第１章　人事管理論の発展と関連諸科学」松尾洋治・山﨑敦俊・岡田行正『マネジメントの理論と系譜』同文舘出版

奥林康司（1975）『人事管理学説の研究』有斐閣

菊野一雄（1974）「第10章　人事管理論史」長谷川　廣編『人事管理論』日本評論社

田島司郎（1981）『アメリカ労務管理形成史』ミネルヴァ書房

津田眞澂（1977）『人事労務管理の思想』有斐閣
浪江　巌（1977）「ティード・メトカーフ『人事管理論』の論理構造」『大阪産業大学論集（社会科学編）』（大阪産業大学学会）45号
百田義治・堀　龍二（2004）「ウェルフェア・キャピタリズムと戦後アメリカ労使関係の特質」『経済学論集』（駒澤大学経済学会）第36巻第1号
森川譯雄（1996）『アメリカ労使関係論』同文舘
森　五郎（1976）『新訂　労務管理概論』泉文堂
守屋貴司（2014）「タレントマネジメント論（Talent Managements）に関する一考察」『立命館経営学』（立命館大学経営学会）第53巻第2・3号

第6章

メイヨー&レスリスバーガーの人間関係論

キーワード

照明実験，ホーソン実験，能率の論理，費用の論理，感情の論理，公式組織，非公式組織，社会人モデル，人間関係管理，労働管理，労働力管理，労働者管理

I 考察の視点

テイラー（Taylor, F.W.）は，科学的管理（Scientific Management）の本質の1つを労使双方の「完全な精神革命」（a complete mental revolution）に求め，協調的な労使関係の構築と労使協働の重要性を高唱した。その後，1920年に初めて人事管理論が生成し，企業においても人事部門が設置されていく。しかし，「労働力管理」を主眼に，労働者の人間的取り扱いと人間的側面を配慮した初期の人事管理（Personnel Management）が登場したとはいえ，そこで基盤とされていたのは従来と変わらない「経済人モデル」であった。それゆえ，現実の経営の場では，生産性向上や能率増進の点で，再び多くの問題が露呈していくことになる。

こうしたなか，実際の企業現場では人事管理の様々な諸制度・手法によって労働者の勤労意欲を喚起し，企業への一体感を高めることが重視されるようになる。このような状況を背景に登場したのが，人間関係論（Human Relations）である。人間関係論は，ホーソン実験（Hawthorne Experi-ments）を契機として，この実験に携わったメイヨー（Mayo, G.E.）やレスリスバーガー（Roethlisberger, F.J.）によって体系化された。

そこで本章では，人間関係論形成の契機となった照明実験およびホーソン実験と，その実験結果に基づいて展開されるメイヨーとレスリスバーガーの理論を取り上げる。そのため，まず人間関係論が生成し，それが注目されるにいたった当時の社会・経済的背景の推移を概観しながら，人間関係論を多面的に理解するために，人間関係論に対する様々な問題と批判を取り上げて検討していく。また，人間関係論の応

メイヨー（1880-1949）

レスリスバーガー（1898-1974）

＊写真出所：https://www.alumni.hbs.edu/stories/Pages/story-bulletin.aspx?num=768

用として実践の企業経営の場で具体化された人間関係管理と人間関係論の意義と限界についても考察していく。

II 人間関係論生成の背景

第1次世界大戦後のアメリカにおける無駄排除運動（waste-elimination movement）に象徴される産業合理化要請は，フォード・システム（Ford System）を典型とした生産方法・作業方式の変革となって具体化する。それは，ベルトコンベアと流れ作業組織とを基盤に実施された作業工程の分割と大量生産方式の導入に表れている。しかし，こうした生産方法・作業方式のもとでは，労働者の作業は細分化・単純化・標準化された単調反復にならざるを得ず，流れ作業方式の速度への適応も労働者の労働自体を強制的・他律的に強めていった。このようにして誘引された労働強化は，職場における労働者の不平・不満，労働移動，労働者の疾病・傷害の発生率を増大させただけでなく，労働者の間に単調感や疲労を増幅させ，著しい生産性・作業能率の低下を引き起こすこととなった。

一方，生産工程の機械化は，労働者を機械と同一視する傾向をより一層強めると同時に，大量の失業者を輩出し，これが雇用を求める労働者間の競争を激化させ，さらには賃金の低下に拍車をかけたのである（木元，1977，46～47頁）。こうした労働市場における大量失業者の顕在化および労働環境の悪化傾向は，労働組合運動の高揚と発展に大きく作用していくことになる[1]。

また，第1次世界大戦時の技術革新による機械・設備の大型化や，第1次世界大戦後の企業統合・合併の進行は，企業規模の巨大化，製品の多様化，市場の拡大化を推し進め，これによって管理職能を含めたあらゆる職能の細分化・専門化や組織内の階層化が一段と進展した。これは，経営管理や意思決定の合理化を実現する一方で，企業内で働く人びとの間に相互意思疎通や人間的接触の希薄化を導き，労働者の孤立感や労働者間の軋轢の増幅，さらにはモラールや協働意欲の喪失を招くといった結果をもたらした。

以上のように，多くの深刻な問題が当時の企業に直面することによって，産業界では「自発的協働関係の維持」（maintenance of spontaneous cooperation）の重要性が改めて認識されるようになる。そして，これらの問題解決に対する科学的基盤を提供するものとして産業心理学が注目されることになったのである。

もともと産業心理学は1910年代に確立され，第1次世界大戦中の兵員の適性検査・心理テストによって，その有効性が実証されていた。そのため，産業界で広く利用・促進することを目的として，1916年に国立科学アカデミー全国学術研究協議会（The National Research Council of the National Acad-emy of Science）が設立され，この機関を中心にアメリカにおける数多くの大企業で産業心理学に基づく実験・調査が実施されたのである。このような情勢のなか，ウェスタン・エレクトリック社ホーソン工場で行われた照明実験とホーソン実験が，その後の人間関係論の生成に大きな影響をあたえることになる。

III 照明実験

人間関係論生成の直接的契機となったのは，1924年からシカゴ郊外のウェスタン・エレクトリック社のホーソン工場で実施された作業能率向上に関する一連の実験であった。当時，この会社では約30,000人の労働者が雇用されており，主として電話機や電信機器などの通信機器関連製品が製造されていた。同社は，当時としては進歩的な年金制度，健康保険制度，協議制度，レクリエーション施設などをすでに完備しており，まさに近代的な会社であったにもかかわらず，労働者の間には不満が蔓延し，彼らの作業能率も極度に低下するという状態に陥っていたのである（Miller and Form, 1964, p.4）。

そのため，労働者の作業能率の低下を防止し，労働者から最大の作業量を引き出すことが，当時の経営者にとってまさに急務とされた。このような情勢を受けて，同社ホーソン工場では1924年11月から1927年4月までの期間，国立科学アカデミー全国学術研究協議会の協力を得て，照明の質と量とが作業能率におよぼす影響を明らかにするための「照明実験」（Illumination Experiments）が実施されることになったのである[2]。

当初，最適な照明は疲労を少なくし生産高を増大させるとされており，この実験はこれまでの仮説に対する検証を目的として，次のように行われた（Roethlisberger, 1941, pp.9-11　邦訳，11～14頁）。

まず，この実験にあたって，まったく同一の作業に従事する同数の作業者からなるコントロール・グループ（control group）とテスト・グループ（test group）との2つの作業者グループが編成された。前者には一定の照明度のもとで作業を継続させ，後者には漸次照明度を増していきながら作業をさせて両者を比較したのである。その結果，テスト・グループでは照明度が増せば増すほど，それに応じて生産高は増大していった。これは当初から予期された通りの結果であったが，一方のコントロール・グループでも，まったく照明度に変化を加えなかったにもかかわらず，生産高は減少するどころか漸次増大していったのである。これは，まったく予想外の結果であった。

次に，コントロール・グループには以前と同様に一定の照明度のもとで作業をさせ，テスト・グループには照明度を次第に切り下げて作業させてみた。しかし，テスト・グループの生産高は減少するどころか，ますます増大していったのである。ちなみに，これとは無関係に，コントロール・グループの生産高も上昇を示した。

この実験から明らかになったことは，照明度に関わりなく生産高に一般的上昇がみられたことであった。これは，実験開始当初の目的，つまり照明と作業能率との関係を確認するという点からみると，明らかに実験の失敗を意味していた。このことから，実験に参加した研究者たちは次の2点を確認した（*Ibid.*, p.10　邦訳，12～13頁）。

①照明は，作業者の生産高に影響する要因として大して重要なものではないこと。
②作業者の活動におよぼす1つの要因の効果だけを明らかにすることは，不可能であること。

つまり，照明実験は，作業能率が物理的な照明以外の別の諸要因に影響されている点を明らかにしたという意味で一定の役割を果たしたのである。これによって，作業環境における一定の物理的な条件の変化と作業者の反応との間に単純な因果関係があるとする当時の一般的認識に疑問が示された。

IV ホーソン実験

照明実験の結果を受けて，ロックフェラー財団（Rockefeller Found-ation）の財政的支援のもと，ハーバード大学からメイヨー，レスリスバーガーおよびホワイトヘッド（Whitehead, T.N.）が，またウェスタン・エレクトリック社からは雇用関係主任であったディクソン（Dickson, W.J.）と人事調査主任であったライト（Wrigtht, H.A.）が参加し，ウェスタン・エレクトリック社のホーソン工場における一大調査団が結成されることになる[3]。この一連の実験が，ホーソン実験と呼ばれるものである。

ホーソン実験は，1927年から1932年までの間，「継電器組立作業実験」（The Reply Assembly Test），「第２次継電器組立作業実験」（The Second Reply Assembly Test），「雲母剥取作業実験」（The Mica Splitting Test），「面接計画」（Interviewing Program），「バンク配線作業観察」（The Bank Wiring Observation）の５つの実験観察を内容として実施された。

1 継電器組立作業実験（1927年４月～1929年６月）

この実験は，1927年４月から1932年に全実験が終結するまでの５年間（全23期）にわたって実施されたが，主要な実験結果は1929年６月の第13期までに明らかにされている（Roethlisberger and Dickson, 1939, pp.19-89）。実験の目的は，継電器組立工（女子作業員）を隔離された実験室に移し，一定の期間をおいて様々に作業条件を変化させながら，作業員の生産高との関係を測定し，作業員の作業態度を観察する，という点におかれた[4]。実験によって導入された作業条件の変化と生産高の推移は，**図表6-1**の通りである。この実験からは，以下の点が確認された（Mayo, 1933, pp.65-67　邦訳，70～72頁）。

①休憩時間の導入，作業時間の短縮，軽食の提供といった特定の物理的作業条件の変化とは無関係に，実験室では生産高の増加がみられたこと。
②実験室の作業に従業員たちが満足感を表していたこと。
③従業員１人ひとりが孤立した個人ではなく，物的・社会的意味をもった作業集団の一員であるという自覚をもち，共通の感情・集団忠誠心によって結びついた仲間集団としての意識をもつにいたったこと。

図表6-1　継電器組立作業実験における作業条件と生産高の変化

実験期（週）		作業条件	作業時間	週平均生産高
第１期	約1	今後の実験に用いる基礎データをとるために，現場とまったく同一の作業条件とし，普通の作業室で被験者に知らせずに生産記録をとる。休憩なし。	48	約2400
第２期	5	この期より実験室を移動。休憩なし。	48	2400弱
第３期	8	この期より５名１組をグループとした集団出来高給制（group for piece-rate payment）を導入。	48	2500弱
第４期	5	午前10時，午後２時に各々５分間の休憩。	47：05	2500弱
第５期	4	午前10時，午後２時に各々10分間の休憩。	46：10	約2550
第６期	4	午前，午後に各々３回ずつ５分間の休憩。	45：10	約2500
第７期	11	午前９時30分に15分間，午後２時30分に10分間の休憩。休憩時間中に午前は軽食，午後は茶菓を会社負担で支給する。	45：40	2500強
第８期	7	休憩時間・軽食・茶菓は第７期のままで，午後５時終業を午後４時30分終業に繰り上げる。	43：10	2600強
第９期	4	終業時間をさらに午後４時まで繰り上げる。	40：40	約2600
第10期	12	第７期と同じ作業条件に戻す。つまり終業時間を午後５時までに延長。	45：40	2800強
第11期	9	第７・10期と同じ作業条件で，土曜日を休日とする。	41：40	約2600
第12期	12	第３期と同じ作業条件に戻す。休憩時間および会社支給の軽食・茶菓も一切中止。	48	2900強
第13期	31	第７・10期と同じ作業条件。ただし，軽食は自弁にする。	45：40	3000

（出所）Roethlisberger and Dickson（1939, pp.19-89），Mayo（1933, pp.56-64　邦訳，61～70頁）より作成

つまり，この実験結果から，休憩や作業時間の短縮は作業員の疲労感や単調感を軽減し，それによって作業能率が高まるであろうという従来の仮説は実証されず，実験室作業集団に第３期より適用された集団出来高給制（グループ単位での生産高に応じて賃金を支払う）という経済的要因の生産高上昇におよぼす影響が注目されることになったのである。この問題意識が，次の「第２次継電器組立作業実験」と「雲母剥取作業実験」へとつながっていく。

2 第２次継電器組立作業実験（1928年８月～1929年３月）と雲母剥取作業実験（1928年８月～1930年９月）

生産高上昇に対する経済的要因すなわち賃金の影響力を吟味するために，２つの実験が試みられた。それが，「第２次継電器組立作業実験」と「雲母剥取作業実験」である（Roethlisberger and Dickson, 1939, pp.128-160）。前者では，通常の職場と同じ作業条件で５名の女子作業員のみを対象に集団出来高給制を適用し，後者では，賃金支払方法は通常の職場と同じにして作業条件だけを「継電器組立作業実験」と同様に変化させて実施したのである。この両集団にみられる生産高の推移を測定し，賃金という経済的要因のもつ効果を明らかにしようとしたのである。しかし，この２つの実験結果からも，集団出来高給制の導入つまり経済的要因による生産高の増加は十分に説明できず，経済的要因は生産高にまったく影響しないとはいえないまでも，決定的なものではないと確認された。

これによって，生産高の増加は，通常の職場とは異なる実験室の監督スタイルに起因するという仮説が注目されることになる。すなわち，通常の職場での作業は職長の監督下で行われるのに対して，一連の実験では実験開始当初から実験室に配置された観察者によって監督機能が代行されていたからである。そのため，実験室では通常の職場と比べて次のような変化が生じたものと考えられた（Mayo, 1933, p.78　邦訳，85頁）。

①実験室は，非公式ながら通常の職場とは異なる独立した一部門といった様相をもつにいたったこと。

②通常の職場は，決められた手順・規則の遵守によって部門能率の維持を

目指す，いわゆる能率志向型監督スタイルであったのに対して，実験室では作業員の協力確保を目指す従業員志向型監督スタイルであったこと。

このことから，次に実験室の状況と監督スタイルとの両側面から，実験全データと女子作業員たちの私的な会話までも分析した結果，以下のような特徴が見受けられたのである（Roethlisberger, 1941, pp.11-15　邦訳，14～18頁）。

①被実験者の選択方法から，女子作業員たちの友好関係＝ヨコの人間関係が形成されたこと。
②その結果，なんらかの理由で女子作業員のうち誰かが疲れると，他の者が作業速度を上げて生産高の不足分を補っていたこと。
③実験に際して，女子作業員たちは重役室で実験の内容と目的を説明され，協力を依頼されたことによって，彼女たちが重要な問題解決に協力しているという誇りをもったこと。
④実験中，作業条件を新たに変更しようとする場合，女子作業員たちはその目的を説明され意見を求められたうえ，彼女たちの同意しない変更は導入されなかったことで，彼女たち自身が自分たちの仕事の価値と存在価値が認められたという印象を強め，責任感と満足感をもったこと。
⑤実験室には通常の職場のような監督者はおらず，女子作業員たちの協力を保持し，記録を担当する観察者が配置されており，女子作業員たちと観察者との良好なタテの人間関係が形成されていたこと。

以上のことが検討された結果，作業能率の増進および生産高の増加には，どんな物的な作業条件の変化よりも，作業員の相互関係や作業員個々の態度・感情など人間の内面的・心理的な要因が強く作用しているのではないか，と考えられるようになった（Mayo, 1933, pp.77-78　邦訳，81～82頁）。それゆえ，研究者たちの関心も，実験室から通常の職場へと移行していったのである。そこで，通常の職場での監督スタイルの実態と，それに対する従業員の態度や感情を明らかにするため，次なる「面接計画」が実施されることになった。

3 面接計画（1928年9月～1930年5月）

「面接計画」は，監督スタイル改善の効果を一般化し，監督者訓練用の素材収集を目的として始められた。この「面接計画」は，1928年9月からホーソン工場の検査部門の従業員1,600名に対して個別的に実施された（Roethlisberger and Dickson, 1939, pp.270-291）。

この時の面接では，あらかじめ用意された事項（仕事・作業条件・監督スタイル）について，「好き・嫌い」もしくは「イエス・ノー」で答える直接的質問法が用いられた。これは，従業員にもそれまで心のなかに押し込めていた自分たちの意見を表明できる機会だと好意的に受けとめられたため，当初から好評であった。しかし，面接が進むにつれて，面接者は従業員が型通りの質問以外の事柄についても話したがっていることに気づき，メイヨーの提案から非指示的面接法に変更された（Mayo, 1933, p.85　邦訳，92～93頁）。非指示的面接法とは，面接者は被面接者が話し始めた事柄について追随して相槌を打ち，自分もそれに興味を示し，被面接者が話し続ける話題を変えず聞き役に徹することによって，被面接者の精神的な態度や感情を吐露させ，把握しようとするものである。この非指示的面接法は，1929年7月には製造部門に，1930年にはさらに他の部門にも実施され，面接を受けた従業員数は総計21,126名にもおよんだ（*Ibid*., p.83　邦訳，90～91頁）。

もともと，この「面接計画」は，面接によって得られた従業員の不満要因に基づき従業員政策・作業条件・作業員と監督者の関係などを改善することを意図していた。しかし実際には，従業員の表した不平や不満の原因を取り除いても，彼らの不平・不満は解消されるどころか一向に消滅しないという実態が明らかにされた。こうした状況から，研究者たちは面接結果を再度吟味し，従業員の態度や行動に関して次の点を確認したのである（Roethlisberger, 1941, pp.19-20　邦訳，24頁）。

①人間の行動は，感情から切り離して理解できないこと。
②人間の感情は，容易に偽装されるものであること。
③感情の表現は，その人間をとりまく全体的情況のなかで理解されなけれ

ばならないこと。

ここでいう全体的情況とは，その人間の「社会的位置づけ」や「個人的来歴」，「職場情況」によって規定される。「個人的来歴」とは，従業員個々がそれまでの社会生活のなかで形成してきた感情（希望・欲求・期待・価値観）であり，「職場情況」とは，職場における同僚や上司との人間的な相互作用から形成される。

つまり，この「面接計画」によって，作業能率に影響をあたえる組織における人間行動を決定する最大の要因とは，従業員１人ひとりの精神的「態度」や「感情」であり，それは社会的集団を通じて形成される，という新たな見解が見出されたのである。

しかし，この「面接計画」だけでは，従業員がどのような職場情況のなかで作業しているのか，とりわけ従業員がつくり出す全体的情況を詳細に把握するのは不可能であった。そこで次に，作業集団の実態と集団構成員の社会的関連とを明らかにするため，ホーソン工場での最後の実験となる「バンク配線作業観察」が実施された。

4 バンク配線作業観察（1931年11月〜1932年５月）

「バンク配線作業観察」は，1931年から実施された（Roethlisberger and Dickson, 1939, pp.379-548）。まず，小規模な作業集団を観察室に隔離することから始められた。観察室内の作業集団は，配線工９名，ハンダ付工３名，検査工２名の計14名の男子工員からなり，40歳の検査工を除いては20歳代で３年以上の勤務経験をもつ者がほとんどであった。また，作業条件および集団出来高給制も現業部門と同じ環境下で実施され，作業員たちが全体として総生産高をどのようにして増大させるかという点に焦点が当てられた。ここでいう集団出来高給制とは，各人の作業能率，経験年数に基づく個人別時間賃率に作業時間をかけた基本給が支給されるほか，集団全体の生産高に対応する割増給が追加されるものである。そのため，作業員各々の賃金は基本給とは別に作業集団全体の総生産高にも影響されることから，彼らはお互いに協力して総生産高を上げるに違いない，と予想されたのである。しかし，観察の結果，作業員たちは総生産高を増大させることに関心を示さないばかりか，生産高をできるだけ一定に保とうとしていることが判明した[5]。

この結果を受けて，研究者たちは，作業員たちが上述のように集団行動を規制している要因の解明に努めた。その結果，以下の諸点が確認されたのである（Roethlisberger, 1941, p.22　邦訳，26頁）。

第１に，バンク配線作業では，まずハンダ付作業が単位に分割され，３人の配線工と１名のハンダ付工から構成された。しかし，作業員たちは通常の職場から観察室に移されるとまもなく，仕事の相互援助・友情関係などを通じて，この作業集団内に複数のクリーク（clique）を形成した（**図表6-2**）。

第２に，これらのクリークは，それぞれ成員として守るべき次のような集団基準（掟・規範）をもっていた。

①仕事に精を出しすぎてはならない。それをやるのは「賃率破り」（rate buster）である。というのは，より多くの作業ができると分かれば，経営者は標準作業量を上げるであろうし，そうなれば従来と同じ賃金を得るためには余分に働かなければならなくなるからである。
②仕事を怠けすぎてもならない。それは「さぼり屋」（chiseler）である。というのは，仕事をやりもしないで集団出来高給制の下で割高の賃金をもらうことになるからである。
③仲間の誰かが迷惑するようなことを監督者に話してはならない。それをする者は「裏切り者」（squealer）である。
④集団の各人は，あまりお節介をしてはならない。例えば，検査工は検査工ぶってはならない。

クリークは，このような集団基準を堅持しており，そこには２つの機能が作用していた。１つは，対内的機能である。これは，クリークの成員に対して集団基準遵守のための様々な圧力（例えば，冷やかしや皮肉をいうという行為）を加えることによって，成員が集団から逸脱するのを防止しようとするものである。もう１つは，対外的機能であり，外からの干渉に対してクリークを

図表6-2　バンク配線室の公式・非公式組織

〈公式組織〉

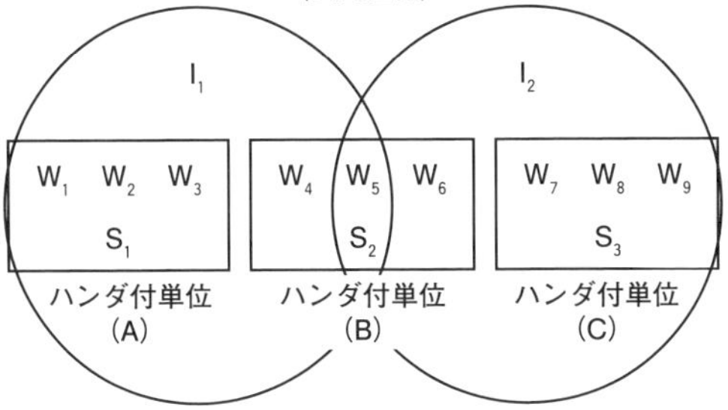

(注) W：配線工，S：ハンダ付工，I：検査工。なお，S_3はS_4と，I_2はI_3と実験開始直後に交代した。

〈非公式組織〉

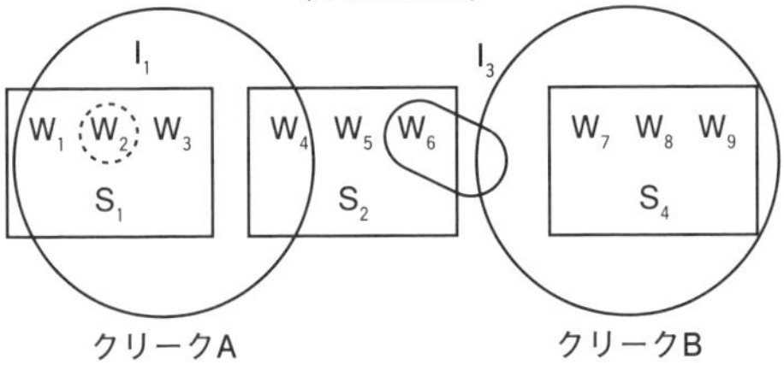

(注) S_2は言語障害，W_2は独立独行で順応性がなく，W_5は会社の方針に違反した集団の行動を職長に密告したことで，I_3は自身の仕事を非常に真面目に行ったという理由でクリークから締め出されていた。

(出所) Roethlisberger and Dickson（1939, p.504, 509）をもとに加筆・修正

守るというものである。例えば，集団のもつ規範・慣例に影響をおよぼす監督者や技術者によって導入される様々な変化に対抗する行動がそれである。

こうした「バンク配線作業観察」から，会社内には会社の定めた公式組織（formal organization）とは別に，自然発生的な，しかも組織図からは見出せない非公式組織（informal organization）が存在するという事実が確認された。非公式組織は，組織集団内における個々人の行動を規制する一方[6]，集団成員にはその集団に所属していることによる安定感・帰属感・一体感をもたらし，さらには集団にもちこまれるあらゆる変化に抵抗するという性向を有している。したがって，当初この作業集団の観察でみられた生産高制限といった作業員たちによる不可解な行動も，こうした非公式組織のもつ集団規範が

強く作用したためであるという結論がこの実験から導き出されたのである。

以上，照明実験も含めると７年半にもおよぶホーソン工場における一連の実験経緯は，次のように要約できる（石井，1992，150～151頁）。

実験当初，研究者たちは，労働者の周囲に生じた物理的諸条件の変化とそれに対する労働者の反応との間には単純かつ直接的な関係が存在するという仮説〔Ｉ〕に立脚していた。しかし，「継電器組立作業実験」を続けるなかで仮説〔Ｉ〕の誤りが明らかになり，物理的諸条件の変化に対する労働者の反応は，変化に対する労働者の意味づけ，つまり態度（感情）を通して現れることが確認された（仮説〔Ⅱ〕）。しかしながら，おもてに現れる態度・感情の多くは，個人の過去の社会生活である来歴や現在の職場情況といった社会的脈絡のなかでのみ理解しうるものであり，とりわけ労働者の行動は，現在の労働生活の場である職場の社会関係から大きな影響を受けていることが明らかにされた（仮説〔Ⅲ〕）。さらに，職場作業集団をより詳しく観察することによって，労働者間に自然発生的に形成されるインフォーマルな集団の存在とその役割・作用の重要性が確認されたのである。このインフォーマルな仲間集団の発見こそが，ホーソン工場における一連の実験の中核をなすものだったのである（**図表6-3**）。

これまで考察してきたように，ホーソン実験は，企業組織における労働者行動の誘因や，企業内で労働者によって形成される社会的集団の構造と機能について明らかにしている。それは，次のように整理することができよう。

①労働者１人ひとりの行動を決定する最大の要因は，従業員１人ひとりの精神的態度や感情であり，それは社会的集団を通じて形成される。
②社会的集団の内部では，労働者間の相互作用によって自然発生的な非公式組織が形成される。
③非公式組織における集団基準が社会的規制力（social control）として作用し，労働者１人ひとりの作業能率を規定する。
④社会的集団の全体的情況のあり方は，監督者の働きかけから大きな影響を受ける。

図表6-3　ホーソン実験における人間行動の諸要因に関する仮説の変遷

仮説〔Ⅰ〕照明実験と継電器組立作業実験における当初の仮説

仮説〔Ⅱ〕継電器組立作業実験の結果に基づく仮説

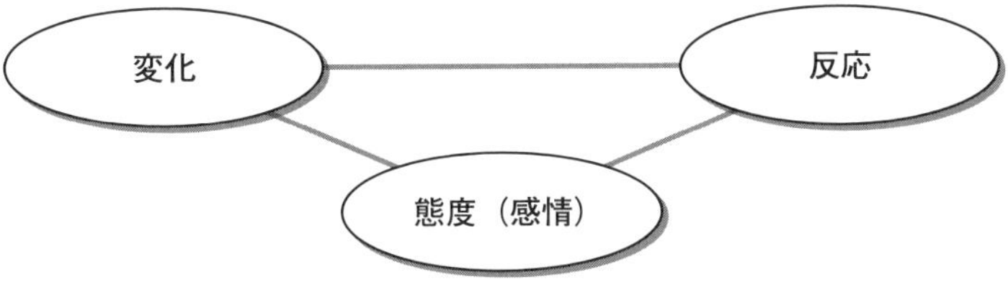

仮説〔Ⅲ〕面接計画の成果をふまえた仮説

（出所）Roethlisberger（1941, p.21　邦訳, 24頁）

このようにホーソン実験は，作業能率に対する労働者の精神的態度や感情の影響，社会的集団と個人との関係，さらに監督者のリーダーシップのあり方など，組織における人間問題の重要性を実証に基づき提示している。その後，ホーソン実験を指導したメイヨーやレスリスバーガーによって，この実験結果に基づいた人間協働（human collaboration）に関する独自の理論が体系化され，これが人間関係論の潮流を生成することになったのである（渡辺，2000, 181頁）。

V メイヨーの理論

メイヨーは，人間関係論の思想的内容を構築した研究者であり，その主著としては，『産業文明における人間問題 ―ホーソン実験とその展開―』（*The Human Problems of an Industrial Civilization*, 1933）と『アメリカ文明と労働』（*The Social Problems of an Industrial Civilization: with an appendix on the political problem*, 1945）があげられる。

メイヨーの理論は，人間問題・社会問題・政治問題など広範にわたって展開されており，読み解くのは難解である。しかし，その基本的問題意識は現代の産業文明社会批判から出発し，人間の協働維持能力の回復によって「適応的社会」（adaptive society）の実現を追求する点におかれている。

まず，メイヨーは，現代産業文明社会のもつ社会解体現象に着目し，その徴候として次の２点を指摘している（Mayo, 1933, pp.117-137 邦訳，130～151頁）。１つは，精神病・自殺・犯罪・孤独にとりつかれた不幸な個人の増大であり，もう１つは，科学・技術・産業の発展のなかで進行した家族の結びつきや社会的一体感の喪失，仕事に対する満足の欠落に起因する協働意欲の喪失や敵対感・不信感の増大である。

メイヨーによれば，こうした社会解体徴候の根源は，技術的・物的側面を過度に重視し，社会的・人間協働的局面を軽視する現代産業文明社会に根ざしていると批判している。

このように従来の人間観や仮説を否定する彼の視点は，直接的にはホーソン工場での面接計画から得られた不満分析の結果に基づくものである。すなわち，現実の産業社会では，ホーソン実験の「バンク配線作業観察」でみられたような「仲間の者によく思われたいという欲望，つまり他の人びとと協働するなかで自らの欲求・願望を充足していこうとする，いわゆる人類の協働的本能（human instinct of association）（Mayo, 1945, pp.38-39 邦訳，58頁）」の発露の場が欠落しており，「我々が現実に最も必要とするのは，有効な人間の協働を取り戻すことなのである。（Mayo, 1933, p.175 邦訳，197頁）」と高唱している。

そのため，彼は「確立社会」（established society）と「適応的社会」といった概念を提示し，次の２つの技能の獲得と均衡によってこれら２つの社会を実現すべきであると主張している（Mayo, 1945 p.9　邦訳, 11頁）。

①「技術的技能」（technical skill）＝物質的・経済的な必要を充足させるための能力
②「社会的技能」（social skill）＝組織を通じて自発的協働関係を維持するための能力

彼によれば，原始共同社会や中世徒弟制社会は，「技術的技能」と「社会的技能」の両方がともに発展し，無意識的・本能的に調和・均衡していた安定的な社会であり，成員も社会的安定感と帰属感を保有することができた理想的な「確立社会」であった。しかし，科学技術が急速に進展する現代の産業文明社会では，「技術的技能」と「社会的技能」との間に不均衡が生じ，人びとの人的結合も不断に流動し変化せざるを得ず，それが人間関係における様々な弊害やひずみを生み出す原因となっている，と説明されている（*Ibid*., pp.11-12　邦訳, 16頁）。

つまり，これまで人間は物質的・経済的な必要を充足させるための能力，すなわち「技術的技能」を発展させ，産業文明社会のもとでこれをさらに進展させてきた。これに対して，自発的協働関係を維持するための能力，すなわち「社会的技能」は大きく立ち遅れ，この両者の不均衡が現代産業文明社会の病理を誘引する根源となっている。それゆえ，社会解体の徴候は，この「社会的技能」を発達させて，「技術的技能」との均衡を回復させることによってはじめて克服できる，とメイヨーは主張する（*Ibid*., pp.11-12　邦訳, 16頁）。この社会解体徴候を克服する過程で展望される社会が，彼のいう「適応的社会」であり，科学的・技術的変化や人的結合の流動性に意識的に対応しつつ均衡を維持していく社会を意味している（石井, 1992, 156～157頁）。

一方，メイヨーは，「適応的社会」を実現し，社会的均衡を維持していくうえで，経営者や管理者にも一定の役割を求めている。つまり，現代産業文明社会における社会解体の徴候には，誤った人間観に基づく管理問題と，自発的協働関係維持に必要な「社会的技能」の欠落をまったく自覚・認識していない経営者や管理者たちの無知が密接に影響していると考えているからである（Mayo, 1933, p.165　邦訳，185～186頁）。そして，その解決に向けてメイヨーが提起したものこそ，「協働する存在」としての人間観なのである。

以上の思想が，メイヨーの人間関係論の基盤になっている。こうした彼の主張は，1929年の世界恐慌によるアメリカ社会の混乱のなかで，管理者とりわけ社会的信用の失墜した企業経営者に対して，社会的混乱収束の主体としての役割を明示し，それまで看過されてきた人間協働維持能力の回復による社会的均衡の実現に向けて，ある一定の方向性を示唆したものといえよう。

Ⅵ　レスリスバーガーの理論

メイヨーとレスリスバーガーは，いわば師弟関係にあり，レスリスバーガーは師であるメイヨーの理論とホーソン実験結果を踏まえながら，人間協働についての研究を理論的に体系化している。その主著が，『経営と勤労意欲』（*Management and Morale*, 1941）である。

彼は，企業組織における人間協働の確保・維持のためには，まず次の２つの基本認識が不可欠であると主張する。第１に「人間的情況（human situation）を把握するうえで，人びとの行動とは感情に動機づけられるものであると認識すること（Roethlisberger, 1941, p.26　邦訳，31頁）」，第２に「企業を１つの社会システム（social system）として捉えること（Roethlisberger and Dickson, 1939, p.551）」である。

このような認識を基本前提にして，彼は労働者を社会的動物（social animal）と把握することから論を展開している。ここには，「労働者とは，けっして個々に孤立したアトム的個人ではなく，１つの集団ないしいくつかの集団に所属する成員（Roethlisberger, 1941, p.22　邦訳，26頁）」であり，「厳密な意味において単なる論理のみにしたがって行動するのではなく（*Ibid*., p.30　邦訳，36頁）」，感情によって動機づけられる存在であるという意味合いが含まれている。

すなわち，従来の「経済人モデル」（economic man model）を否定し，新たに「人間とは，集団への帰属や所属集団からの承認・評価を望む社会的存在」と捉える「社会人モデル」（social man model）を提示しているのである[7]。

ところで，レスリスバーガーは，労働者の行動を動機づける感情について，労働者が集団成員であることと関連して次のように述べている。

「ほとんどすべての人間行動は，論理的（logical）でもなければ不合理（irrational）でもない。いわば没論理的（non-logical）である。つまり，人間の行動とは感情によって動機づけられるものなのである。（*Ibid.*, p.30　邦訳, 36頁）」

ここでいう没論理的行動とは，自己が所属集団の一員として逸脱しないように，集団内に作用する共通の感情によって動機づけられる社会的行動（social behavior）を意味している（*Ibid.*, p.47　邦訳, 56頁）。したがって，彼は労働者の行動動機の没論理性を重視し，労働者を「全体的情況」のなかで捉えることを強調しているのである。こうした認識は，「経営組織とは，社会システムとして理解されるべきである。（Roethlisberger and Dickson, 1939, p.551）」という主張とも密接に結びつくことになる。

彼は，「システム」という概念について「各部分は，他のそれぞれの部分と相互依存的な関係にあることから，全体として考察されなければならない。（*Ibid.*, p.551）」と述べ，具体的に社会システムとしての経営組織の概念的枠組みを**図表6-4**のように示している（*Ibid.*, pp.565-575）。

レスリスバーガーによれば，経営組織は，技術的生産を合理的に遂行するための組織，すなわち労働工程の物的生産機構を中心とした「技術的組織」（technical organization）と，組織目標達成のために協働する個人の複合体である「人間的組織」（human organization）とから構成される。この両者は相互依存関係にあるため，単純に切り離して考えることはできないが，彼は企業における人間関係や社会規範を捉えるうえで，特に「人間的組織」を重視している。

また，「人間的組織」は，「個人」（individual）と「社会的組織」（social

organization）とに区分されている。「個人」とは，個人的・文化的背景をもつ具体的な経営組織の構成単位，つまり性別・年齢・生活様式・家庭の事情・教育の程度・企業外の社会での経験および来歴によって，それぞれ行動を異にする具体的な存在である。一方，「社会的組織」は，具体的な「個人」である個々の労働者の間に形成される相関関係やそれを象徴する一定の事物の総和ではあるが，単なる労働者個々の集合体ではなく個人相互間の交渉関係に基づいて形成される社会関係の１つの様式であるため，特定の社会関係の様式を保ち各個人の行動をも規定する。こうした観点から，レスリスバーガーは，「社会的組織」をさらに「公式組織」（formal organization）と「非公式組織」（informal organization）とに区分して捉えるのである。

「公式組織」とは，企業目的を達成するために組織構成員を効果的に活用する管理体系であり，各々の企業における制度や規則・規約，方針に基づいて規定される組織である。これに対して「非公式組織」は，「公式組織」内において労働者の間で自然発生的に形成される集団を指している。

つまり，「公式組織」は，個々の企業の経済的目的（economic purpose）を

図表6-4　社会システム（social system）としての経営組織

（出所）Roethlisberger and Dickson（1939, pp.565-575）より作成

能率的・効果的に達成するために組織構成員相互の関係を規定し，命令・服従関係におけるコミュニケーションの伝達や権限の経路を示す，いわば企業組織における「費用の論理」（logic of cost）と「能率の論理」（logic of efficiency）の観点からつくられた「組織図」にすぎない（Roethlisberger, 1941, pp.121-122　邦訳，142～143頁）。したがって，レスリスバーガーは，「公式組織」が企業を構成している諸部門間の機能的・論理的な関係や様式を示すことはできても，労働者間の協力あるいは対立関係，社会的距離の意義，社会的評価体系（social evaluation）などは表しておらず，企業内の実態から乖離していると捉え，労働者の日常の相互作用を通じて形成される「非公式組織」の存在，さらにそれが「感情の論理」（logic of sentiments）に作用していることを認識する重要性を高唱しているのである（*Ibid.*, pp.122-124　邦訳，143～145頁）。また，彼はこれに関連して次のようにも述べている。

「人びとの効果的な協働は，大部分がインフォーマルな行動規範および常規に依存している。これこそが，社会的協力のための効果的基盤を提供するものであり，この存在なしには，いかなる組織も単に強制と支配によって維持されるに過ぎない。（*Ibid.*, p.123　邦訳，144頁）」

すなわち，「公式組織」「非公式組織」それぞれの行動形態および価値基準・価値評価は相互依存関係にあり，それが均衡・調和しているときにはじめて効果的な協働が確保されること，またそれゆえに「非公式組織」を無視した「公式組織」の一方的な変更，あるいは費用や能率といった価値基準のみへの傾注は，組織構成員である労働者の抵抗を誘引することを指摘しているのである[8]。

以上のように，レスリスバーガーは，労働者を所属集団内に作用する共通の感情によって動機づけられる没論理的行動＝社会的行動をとる社会的動物と認識し，企業組織を社会システムと捉える全体的情況の観点から人間協働の問題に焦点を当てている（*Ibid.*, pp.110-111　邦訳，131頁）。その際，労働者の行動は，「非公式組織」の評価体系である「感情の論理」に作用することから，実践の経営の場における自発的協働関係の確保・維持には，職場の全体的情況に関する認識と監督者による働きかけこそが重要であると主張しているのである[9]。

このようにレスリスバーガーによって展開された人間関係論は，それまで経営者や管理者によって個人的・経験的・直感的技能として多少なりとも蓄積されてきた協働関係維持の方法を科学的に定式化し，誰にでも利用可能なように概念化したという点で，その功績を高く評価できる。

VII 人間関係論の課題と限界

人間関係論の先駆者であるメイヨーやレスリスバーガーの一連の著作が発表された時期とニューディール政策（The New Deal：1933～1939年）が実施された時期とは，ほぼ重なり合っている。ここには，当時アメリカ産業界で直面していた深刻な労使問題が大きく関係している。

1929年の株式市場の株価大暴落に端を発した大恐慌は，銀行や企業の倒産，生産遊休，失業者・生活困窮者の増大，社会不安の増幅といった事態を引き起こし，アメリカの社会・経済全体に未曾有の混乱と長期的な経済停滞をもたらした。こうした危機的情勢を克服するため，1933年に大統領に就任したルーズベルト（Roosevelt, F.D.）はニューディール政策を進めたのである。

政府はまず，その第一歩として1933年に全国産業復興法（National Industry Recovery Act：NIRA）を制定した。この法律は，企業に対して生産規制・公正競争・価格安定の指針を示すことによって企業再建を推し進める一方，労働者の団結権・団体交渉権を認め，産業別の最長労働時間や最低賃金を規制することで雇用促進・賃金所得の上昇・社会保障の充実を図る点に主眼がおかれていた。これはその後，1935年に労働者の団結権・団体交渉権の再確認と不当労働行為の禁止を定めた全国労働関係法（National Labor Relation Act），いわゆるワグナー法（Wagner Act）や，同じく同年に失業保険・老齢年金制度などからなる社会保障法，さらに1938年に全国一律に最長労働時間・最低賃率や児童労働の禁止を含んだ公正労働基準法（Fair Labor Standards Act）の施行へと引き継がれていく。つまり，ニューディール政策は，労働者保護と社会保障とを主軸として実施されたのである。

こうした法整備によって，労働組合運動は質的にも量的にも新たな展開をみせる。それは，ワグナー法によって労働組合が社会的に公認されたこと，1937年に産業別組合会議（Congress of Industrial Organization：CIO）が正式に発足したことにも表れている。

一方，産業面への政府介入や工場・職場問題に対する労働組合の発言力拡大の動きのなかで，経営者の指導力・威信・社会的信頼は次第に失われていく。経営者の多くは，経営者団体を通じて一貫した非妥協的態度を示すことで対抗したが，それは経済回復を遅らせただけではなく，労使関係の悪化によるストライキの頻発を引き起こし，社会不安を一層助長させたからである。

このような状況を背景に，経営者の果たすべき役割が改めて問われ始め，人間関係論の重要性が注目されることになる[10]。すなわち，ホーソン実験の成果に基づくメイヨーやレスリスバーガーの人間関係論研究は，単に従業員のモラール維持・向上の方策を提示しただけでなく，社会不安を解消するうえで企業組織における「自発的協働関係の確保・維持」の方法，また従来の「経済人モデル」の限界を克服し，労働の細分化などによって引き起こされた労働者の不満や疎外感に対する解決の糸口を提起するものとして，産業界で広く認識されるようになったのである。

ベンディックス（Bendix, R.）は，人間関係論登場の意義について次の点をあげている（Bendix, 1974, pp.308-319　邦訳，438～449頁）。

①労働者は孤立的であり経済的利害にのみ関心をもつ，という従来の仮説を打破した。
②経営者ならびに労働者に関する経営者の理解に新しい観念をもたらした（すなわち，1920年代において経営者と労働者とは，まったく別なものと観念されていたが，人間関係論は，すべての人間は感情の動物であり，絶えず論理的に思考するものではないということを明らかにし，この点について経営者と労働者との間になんら区別はないとした）。
③経営者の権限について新しい解釈を提示した。

このようにベンディックスは，人間関係論が労働者のみならず経営者自身をも科学的分析の対象としなくてはならないと示唆し，なおかつ経営理念の新しい展開に重要な影響をあたえた点を高く評価している。

しかし，人間関係論にはこうした意義が認められる反面，様々な問題点が指摘されている。まず，ランズバーガー（Landsberger, H.A）は，メイヨー学派[11]の産業文明社会を社会解体状態と特徴づける認識に批判の目を向けている（Landsberger, 1958, pp.29-30）[12]。

①メイヨーらによる見解が，経営者の目標および経営者の抱く労働者観をどちらも労働者自身が容認するといった認識を生み出し，その認識が経営目標を遂行するうえで労働者を操縦しようとする経営者の意思と結びつけられるようになった。
②団体交渉といった労使紛争を調停する方法に注意が払われていない。
③労働組合の存在が考慮されていない。

また，ミラー＆フォーム（Miller, D.C. and Form, W.H.）は，人間関係論について以下のような問題点を指摘している（Miller and Form, 1964, pp.74-79）。

①人間関係論には経済体制の制度的枠組に関する認識が欠如しており，その結果，階級および職業構造における変化の意義が把握されていない。つまり，近代社会において労働組合は労使関係の一方の当事者として厳然たる存在であるがゆえに，個々の労働者の行動も規定しているわけであるが，メイヨーらは労働組合の存在とその意義とを無視し，労働者を非公式組織のメンバーとしてのみ把握している。
②人間関係論は経営者的偏向（pro-management bias）と臨床的偏向（clinical bias）に陥っている。すなわち，ホーソン実験といえども結局のところ経営者の認可と調整のもとに実施されており，実験結果の解釈についても経営者的偏向がみられるからである。とりわけ，「費用の論理」と「能率の論理」に基づく経営者の行動は論理的と捉えられているのに対して，「感情の論理」に基づく労働者の行動は没論理的とみなすところに人間

関係論の経営者偏向がみられる。

上記にみられる批判は，人間関係論には労働組合の問題が脱落しており，その研究視角も限定的で経営者的観点から理論化されているにすぎない，といった2点に集約される。しかし，人間関係論に対する批判は，これ以外にも以下の点が指摘されている（伊藤，1986，222頁）。

①人間関係論では人間は本来働く意思をもち，感情的な側面に配慮すれば動機づけられるとされているが，積極的な動機づけのためにはそれだけでは不十分であり，公式組織や職務・仕事といった側面を考慮する必要がある。
②生産性は従業員のモラールによって，モラールは従業員の満足度によって決定されるという仮定は，現実には妥当しない。
③従業員も意思決定を行うのであり，問題解決的行動をとる。
④人間関係論は人間を企業のなかで安定性と所属感を求める存在と仮定しているが，従業員とは経済的欲求の満足も求めて行動しており，その軽視は非現実的である。

このような問題把握は，ドラッカー（Drucker, P.F.）の次のような見解にもみることができる（Drucker, 1945, pp.278-280　邦訳，141～143頁）[13]。

①人間関係論は，「恐怖心を取り除けば，労働への動機づけは自然に行われる」とあたかもいっているようである。このような動機づけだけでは不十分であり，積極的な動機づけが必要であるにもかかわらず，この点について人間関係論は明確に展開されていない。
②積極的な動機づけは，あくまでも仕事や職務を中心において考えなければならない。しかし，人間関係論では人間と人間との関係やインフォーマル・グループの重要性を強調するにとどまっている。この理論の出発点は，労働者とその仕事の分析ではなく，個人の心理学的考察に拠っている。

③人間関係論は，労働者のマネジメントに関わる経済的側面の理解に欠けている。その結果，しばしば人間組織の管理方針の欠如を覆い隠すためのツールとしてのみ使われる危険性がある。

以上概観してきたように，人間関係論には様々な角度からの批判がなされている。しかし，このような指摘にもかかわらず，1920年後半から1930年代初頭にかけてのアメリカ産業界では，人間関係論の成果に基づいた人間関係管理技法が実際数多く取り入れられ，普及していく。例えば，面接制度をはじめ人事相談制度，態度調査，モラール調査などは，従業員の感情に配慮する企業側の姿勢を示すものとして，また社内報や提案制度，従業員PR制度などは，企業内におけるコミュニケーションを円滑にし，従業員の企業への一体感・帰属感・協力感を涵養することによって労働意欲の向上を図ろうとする施策として導入されている[14]。つまり，初期の人間関係管理は，社会的集団のなかに作用する没論理的な感情，特に非公式組織に作用する精神的態度や感情・心理などを重視した管理技法として具体化されたものといえよう。

しかしながら，これは従来の「費用の論理」「能率の論理」そのものを否定し変革することを意図しているわけではなく，あくまでも従業員の批判や非難・抵抗を緩和する目的のもと，「感情の論理」の側面を部分的・補完的に取り入れようとしているにすぎない。そのため，初期の人間関係管理は，「経済人モデル」に代わる新たな人間把握として「社会人モデル」を打ち出してはいるが，人間関係論の本質的意義を十分に活かしきれていないということができよう[15]。

その後，第2次世界大戦が終結すると，アメリカ政府はより一層積極的に経済政策に関与し，最大限の生産性確保と経済成長率とを重視した方針を打ち出していくことになる。それにともなって，労働政策もそれまでの労働者保護の路線から労働組合規制へと大きく方針を転換していく。これは，戦後ますます発展する労働組合とストライキの頻発・大規模化に対して，労働組合活動を制限する目的で1947年に制定された労使関係法（Labor Management Relations Act），いわゆるタフト＝ハートレー法（Taft-Hartley Act）にも象徴されている。

このような社会的情勢を背景に，生産性向上運動が推し進められるにしたがって，産業界における人間関係管理技法への関心は急速に高まることになる。オートメーション化の実現や企業合併による企業規模の拡大のなかで，生産機能や効率を飛躍的に向上させる体制が形成されながらも，一方でそれを要因とした労働疎外の進行が深刻の度合いを強めたからである。とりわけ，生産現場においては，従業員の労働意欲低下や企業への帰属意識・一体感の喪失，敵対感・不満の増大，欠勤・労働移動・非公認ストライキの頻発などを引き起こし，生産性や能率の低下が顕在化した（石井，1992，163頁）。それゆえ，労働者間に蔓延する疎外感の克服が戦後のアメリカ産業界にとって緊要な課題として浮上し，人間関係管理技法が現実の経営の場に広く普及するようになったのである。

しかし，こうして導入された一連の管理技法も，実際の経営の場で十分な効果を上げたとはいいがたい。つまり，人間関係論によって非公式組織のもつ社会的・人間的関係性が重視されつつも，それをすでに存在する公式組織のなかで応用し具体化するという観点が乏しく，人間関係管理の諸技法にもその点が考慮・反映されていないからである[16]。

したがって，発展史的観点から人間関係論を考察すると，新たな「社会人モデル」の提示や「感情の論理」および非公式組織の発見などに人事管理研究における本質的意義と着実な進歩を見出すことができるが，その実践的応用としての人間関係管理諸技法のみでは現実的課題の根本的解決に結びつかなかったところに，それを補完・補強する行動科学的管理の登場が待たれることになる[17]。

Ⅷ 現代への意義と応用

人間関係論は，大量生産産業の進展によって労働が細分化・単純化・標準化するとともに，産業別労働組合の台頭によって労使関係が悪化するなかで，人間協働の確保と維持を中心課題として登場した。この人間関係論生成の契機となったのが，メイヨーやレスリスバーガーを中心として行われたホーソン実験である。

メイヨーは，ホーソン実験から「技術的技能」と「社会的技能」の不均衡状態が人間関係における様々な弊害を引き起こす原因と捉え，この２つの基本的機能を均衡させることが必要であると主張している。一方，レスリスバーガーは，メイヨー理論を踏まえながら，「費用の論理」と「能率の論理」の視点から形成された公式組織と，「感情の論理」に支配される非公式組織の存在を指摘し，このうち効果的な人間協働の確保・維持といった観点から，特に非公式組織の存在を認識する重要性を強調している。こうして人間関係論は，それまでの労務管理に欠けていた社会心理学的研究を加味して展開されるようになったのである（森川，2002，147頁）。そこには，従来の「経済人モデル」に代わり，新たに「社会人モデル」として捉える人間観が底流している。

しかし，人間関係論に対しては，労働組合問題の欠落や経営者的偏向・臨床的偏向による理論化など，様々な角度からの批判がなされている。一方，こうした指摘にもかかわらず，人間関係論に基づく人間管理諸技法は，1920年後半から1930年代初頭にかけてのニューディール期，さらに第２次世界大戦後の生産性向上運動を背景に，アメリカ産業界で広く導入・普及するようになる。ニューディール政策は，労働者保護を基調として実施されたため労働組合の発展と労働組合運動の高揚を招き，労使関係を悪化させたからである。また，第２次世界大戦後，国家的要請である生産性向上運動を産業界が推し進めたことによって，生産における労働疎外への不満が労働者の間に発揚し，生産性・能率の低下を引き起こしたからである。

こうした人間関係管理諸技法は，人間関係論の実践的応用として展開されているが，人間関係論の本質的意義を十分に活かしきれていない点が批判されている。それは，人間関係管理が，従来の「費用の論理」「能率の論理」を否定し変革することを意図しているわけではなく，労働者の抵抗を緩和する目的でそれらの補完として「感情の論理」の視点を部分的に取り入れているにすぎず，また人間関係論によって非公式組織の特質が重視されつつも，それをすでに存在する公式組織のなかで応用し具体化するという観点が乏しく，人間関係管理の諸技法にもその点が十分に反映されていないからである。

この点について，古林喜楽は次のように述べている。

「科学的管理法における労働管理の正常化とともにそれの補足としての personnel management（人事管理）における労働力管理，更にそれらへの補足としての労働者管理の出現過程において，人間関係論の研究の位置づけをすることに，正に経営経済学の研究課題が伏在しているのである。そして又，人間関係論の研究が，人間性の回復とか人間疎外の克服とかというような抽象的な問題にあるのではなくて，経営経済学的にはそれはあくまでも，労働の能率増進のためという規定をうけたところの相対的な人間性の回復・人間疎外の克服の問題であるに過ぎないことを明らかにするところがなければならない。…（中略）…科学的管理法における人間の機械視・人間性の疎外に対して，これの緩和に，主導的役割を果たしたものは，労働組合の反撃であったのであって，人間関係論の研究ではなかったことを，もう一度顧みて再検討すべきであろう。経営学的研究における人間関係論の過大評価も，経営経済学的視点をとりもどすことによって，その研究の位置づけを正すことができるであろう。（古林，1967，67～69頁）」（なお，（　）内は，筆者加筆）。

付記：本章は，岡田（2008）をもとに，削除・加筆・修正したものである。

注

1　チェンバレン（Chamberlain, N.W.）によれば，企業に対する労働組合運動の表面的な活発化は1930年代以降のことであったが，その底流をなす労働者による不満は，すでに1920年代において産業のあらゆる領域に浸透していた。（Chamberlain, 1948, pp.159-162）

2　ホーソン実験に先駆けて実施された照明実験が，すでにウェスタン・エレクトリック社のホーソン工場で行われていたのは，次のような経緯からであった。

「照明実験は，1916年に戦争協力を主眼に産学協同の学術研究推進を目的に結成された国立科学アカデミー全国学術研究協議会がジェネラル・エレクトリック（GE）社の依頼で組織した産業照明委員会（The Committee on Industrial Lighting）によって実施された。同委員会は，マサチューセッツ工科大学（MIT）電気工学部部長のジャクソン教授を議長に1924年1月に組織され，後に発明王エジソンが名誉議長に就任していた。実験は，ホーソン工場を含む3つの工場と1つの実験室で実施された。ウェスタン・エレクトリック社はAT&T社の子会社で，電話機の部品製造のほかに電気器具備品の卸売業務にも従事し，電球などの販売戦略から，実験の成果を利用する条件で全費用を負担していた。（伊藤，1996，59頁）」

3　ホーソン実験は，メイヨーとウェスタン・エレクトリック社の一技師であったペンノック（Pennock, G.A.）との出会いがきっかけとなっているともいわれている。その経緯は，以下の通りである。

「偶然にも1つのチャンスがやってきた。それは，ハーバード大学産業調査部の主任教授であったメイヨーとウェスタン・エレクトリック会社の一技師にして，なおかつ照明実験にも参加したペンノックとの奇妙なめぐりあわせであった。すなわち1927年のある夜に，ニューヨーク市の一隅で，メイヨーははからずもペンノックと出合ったのであった。かれは全国産業協議会により講演を依頼され，ハーバード大学から，わざわざそこに出向いてきたのであった。そのときペンノックは，ウェスタン・エレクトリック会社の一技師であった。メイヨーの講演が継続するにつれて，ペンノックはこれまで自分がおこなってきた研究と，いまここでかれが述べようとしていることとの間に1つの共通点があると直観し，ただただ唖然とした。かれは講演終了後，この点についてメイヨーと討議し，そしてその過度の興奮からか，ついにペンノックはシカゴのホーソン工場にやってきて，この課題解明のために尽力してくれるように，メイヨーに懇願したのであった。かくしてメイヨーは，かれの要請を心よく受諾し，学者側からはかれの同僚であったレスリスバーガーとホワイトヘッドが，また会社側からは同社の雇用関係主任であったディクソンと人事調査主任であったライトが参加し，さらにロックフェラー財団の財政的援助もえて，ここにウェスタン・エレクトリック会社のホーソン工場における一大調査団が誕生することになったのである。（小林，2001，133～134，153頁）」

4　被実験者には，まず経験工である2名の女子作業員が選ばれ，次いでこの2名の女子作業員に，それぞれ自分たちの好感のもてる2名の女子作業員を選抜させた。つまり，計6名の作業員を1つのグループとしたのである。そのうち5名を実作業者に，1名を部品供給係として配置した。また，実験室では1名の観察者を配置し，実験室で起こったあらゆる出来事を詳細に書きとめ，また女子作業員たちのよき相談相手や友人にもなって実験について話したり，さらに彼女たちの意見や不平にも親切に耳を傾けたりした。

5　さらに具体的には，この作業集団は，①経営者側の期待よりも低い，彼らなりの1日の作業基準をもち，午前中にできるだけ能率を上げて，1日の作業量の見通しをつけば午後はゆっくり作業し，②出来高の報告も事実通りではなく，多く仕上がったときには低く報告して，少なかったときにはそれを補充し，③集団内部で相互に助け合うために，各人の出来高は，その熟練度や技能と比例しなかったし，④さらに職長もこれらの状況をチェックできなかった。

6　このように非公式組織のもつ行動基準は，労働者1人ひとりの行動を拘束する側面をもつことから，社会的規制力（social control）とも呼ばれている。

7　「社会人モデル」は，レスリスバーガーがホーソン実験の結果を踏まえ著書『経営と勤労意欲』（Management and Morale,1941）のなかで提唱したものである。非公式組織の構成員は，集団基準や集団規範，また他の構成員の評価などに従って行動を決定する。このような安定感，仲間意識，帰属感などの社会的欲求をもつ集団依存的な人間像を表すものが「社会人モデル」である。「社会人モデル」は，「経済人モデル」では説明できない「感情」という人間的な側面を照射している。

8　レスリスバーガーの主張する「公式組織」（＝フォーマルな組織）と「非公式組織」（＝インフォーマルな組織）については，次のような指摘もある。

「ここにいわれるインフォーマルな組織とは，フォーマルな組織が会社によって規定された，いわば『上からの』組織であるのにたいして，『下から』自然発生的に，自主的に労働者相互の間に形成された，情感的・非論理的な労働者集団としての組織であって，善悪の価値判断「費用の論理」，「能率の論理」をこえてすべての企業に存在するものであり，現実の組織ともいわれ得るべきものである。そして，このインフォーマルな組織は，企業内の効果的な人間協働のための不可欠な前提条件である。なぜなれば，いかに形式的に合理化されたフォーマルな組織が確立されていても，フォーマルな組織の機能を促進するような方向での，現実のインフォーマルな組織による裏づけを欠くならば，企業の能率的な運営は不可能だからである。（木元，1968，202～203頁）」

9　「第1に，産業における統率者ないしは指導者の主要な役割の1つは，人間の協力を確保すること，第2に，人間に関する諸問題を扱う場合，感情およびその相互作用（interaction）を理解することが決定的に重要である。（Roethlisberger, 1941, p.39　邦訳，47頁）」

さらに，レスリスバーガーは，協働維持のために人事管理に要求される条件として，次の4つを提起している（*Ibid.*, p.134　邦訳，156～157頁）。

①組織のなかに，人間的情況を診断するための技能─従業員一般の取扱い方についての，もっともらしい意見とか，＜思いつき＞ではなく─を導入すること。

②この技能を駆使して，組織内の人間的情況─個人的にも集団的にも─の継続的研究を続けること。

③組織の研究から得られた知識に従って人間を管理し，そうすることによって従業員の協力を獲得すること。

④経営組織内の特定の従業員を理解するためには，その経営体自体のなかで日常生起している事象を正しく観察し，理解すること。

10 人間関係論が生成した背景の捉え方について，次のような指摘もある。

「『人間関係論』したがってレスリスバーガー学説の歴史的背景として，『産業合理化運動』をとらえるか，あるいは恐慌以降の労資の対立関係をとらえるかというように二者択一的な分析が傾向としてみられるように思われる。しかしながら，ホーソン実験の全過程およびレスリスバーガーの学説形成の全過程は，この両時期におよんでいるのであって，…（中略）…われわれは二者択一的思考をとらない。…（中略）…二者択一的に歴史背景を理解しようとするところから，レスリスバーガー学説についての一面的な分析がもたらされるように思われる。このことは，学説検討にあたってきわめて重要である。（木元，1968，190頁）」

11 いわゆるメイヨーを中心とするハーバード・グループであり，レスリスバーガー，ホワイトヘッド，ウォーナー（Warner, W.），ヘンダーソン（Henderson, L.J.）などを代表的なメンバーとする。

12 一方，ランズバーガーは「人間関係の理論と管理技法とに対する批判は，ほとんど例外なく，①全体としていえば理論体系への告発状をできるかぎり包括的なものとして構成しており，さらに②その学派の実証的研究に向けられずに学派のイデオロギーの表明である著書に向けられている。（Landsberger, 1958, pp.46-47）」とも指摘している。これもまた，否定できないところである。

13 一方，人間関係論の問題点と限界を指摘するドラッカーも，人間関係論の貢献や意義について次のように述べている。

「しかしこれらのことは，人間関係論を放棄すべきことを意味しない。それどころか，人間関係論の洞察は，人間組織をマネジメントするうえでの土台となりうる。しかしそれは，建物そのものではない。いくつかの土台の1つにすぎない。建物は，これから建てる必要がある。そして土台には，人間関係論以外のものも必要である。そしてその建物自体は，当然，人間関係論よりも高いものであることが必要である。私は，人間関係論の開拓者たちに深い敬意を払っている（私自身その信奉者の一人である）。しかし，彼らの業績は，偉大ではあっても十分ではなかった。（Drucker, 1945, p.280 邦訳，143頁）」

14 詳細については，関口（1991，212頁），三戸（1981，168頁）を参照されたい。

15 現実の経営の場での人間関係論の応用という点に関しては，次のような指摘もある。

「特定の理論や手法の急速な普及ないし流行は，往々にしてそれの本来の姿を見失わせるおそれがある。テイラーの科学的管理の普及に伴って続出した『能率屋』がそのいい例である。人間関係論についてはどうか。人間関係なる語がきわめて多義的ないし恣意的に用いられるようになったこと，また，コミュニケーションの方法，モラールの測定，人事相談の方法などの，人間関係管理の技法のみがクローズアップされる傾向がみられたこと，さらには，経営の人間問題を主題とする経営労務管理が，人間関係管理を安易にその体系に組み込むようになったことなどからみて，やはり例外ではなかったように思われる。（新藤，1978，i頁）」

16 実際の人間関係管理の諸技法について，次のような指摘もある。

「人間関係論が従業員に関する客観的な事実を収集するための方法を示したことは，ひとつの進歩とみなくてはならないが，それを経営者がただちに利用するようになったとはいえないのである。かつての科学的管理の場合と同じように，人間関係論も当時の経営者によって必ずしも十分に理解され，適用されたのではないからである。（笛木，1969，143頁）」

17 人間関係管理を補完・補強することになる行動科学について，次のように説明されている。

「さしあたり，ホーソン実験の成果の応用として，面接制度，人事相談制度，態度調査，モラール調査，社内報，従業員PRなど経営内コミュニケーションの諸方法およびそれらの資料を基礎とした管理・監督者訓練などが普及する。従業員側の態度やモラールを調査把握するということは，同時に，企業側が自社従業員の感情に配慮することでもあると解されている。他方，寛大な監督，従業員指向型の監督スタイルは，従業員側の創意，自発性，責任感の発揮の機会を与え，さらに権限委譲，分権化，提案制度，経営参加へと制度化されれば，従業員の企業への帰属意識，仕事からの満足感の意識的形成を志向することになる。しかし初期の人間関係論の応用，具体化は，どちらかといえば仕事外の領域に向けられがちであった。換言すれば，人間の自発性，創意，集団を作る傾向，感情の論理，これらの性向は，企業にとっては一種の副産物―放置したり処理を誤ると爆発する恐れのある危険物―のごときものであり，人間関係論的諸技法は，この危険な副産物の状態を測定し，何らかの形で無害化したり放散させてしまう副産物処理法を提供した。何故ならば，人間関係論は能率の論理そのものを否定したり変革したりする意図は毛頭なく，それにたいする抵抗を排除緩和する補完的地位に甘んじていたからである。ところが，人間関係論が発見した問題は，その後，社会学・心理学を中心とする行動科学に受け継がれ，無数の実証的研究を生み出すとともに，かつては危険な副産物だと思われたものこそ，今や企業にとって最も貴重な資産に変えうるし，また変えるべきだと主張されるにいたっている。（原田，1981，185～186頁）」

参考文献

Bendix, R.（1974）*Work and Authority in Industry: Ideologies of Management in the Course of Industrialization*, 2nd ed., University of California Press.（大東英祐・鈴木良隆共訳『産業における労働と権限　―工業化過程における経営管理のイデオロギー―』東洋経済新報社, 1980年）

Chamberlain, N.W.（1948）*The Union Challenge to Management Control*, New York: Harper & Brothers.

Drucker, P.F.（1945）*The Practice of Management*, New York: Harper & Row.（上田惇生訳『[新訳］現代の経営（下)』ダイヤモンド社, 1996年）

Landsberger, H.A.（1958）*Hawthorne Revisited: Management and the Worker, its Critics, and Developments in Human Relations in Industry*, New York: New York State School of Industrial and Labor Relations, a statutory college of State University of New York, Cornell University, Ithaca.

Mayo, G.E.（1933）*The Human Problems of an Industrial Civilization*, 2nd ed., Macmillian, 1946.（村本栄一訳『新訳　産業文明における人間問題　―ホーソン実験とその展開―』日本能率協会, 1973年）

Mayo, G.E.（1945）*The Social Problems of an Industrial Civilization: with an appendix on the political problem*, Routledge & Kegan Paul, 1975.（藤田敬三・名和統一訳『アメリカ文明と労働』有斐閣, 1951年）

Miller, D.C. and Form, W.H.（1964）*Industrial Sociology: The Sociology of Work Organizations*, 2nd ed., New York: Harper & Row.

Roethlisberger, F.J. and Dickson, W.J.（1939）*Management and The Worker, An Account of Research Program by the Western Electric Company, Hawthorne Works, Chicago*, Cambridge Mass.: Harvard University Press, 1949.

Roethlisberger, F.J.（1941）*Management and Morale*, Cambridge Mass.: Harvard, University Press, 1947.（野田一夫・川村欣也訳『経営と勤労意欲』ダイヤモンド社, 1954年）

石井修二（1992）「第４章　ヒューマン・リレーションズ」奥林康司・菊野一雄・石井修二・平尾武久・岩出　博『労務管理入門〔増補版〕』有斐閣

伊藤健市（1986）「第８章　労働意欲の管理」白木他石編『現代人事労務管理論』八千代出版

伊藤健市（1996）『〔増補版〕労務論講義』晃洋書房

岡田行正（2008）「第３章　人間関係管理の発展」『アメリカ人事管理・人的資源管理史（新版）』同文舘出版

木元進一郎（1968）「6　レスリスバーガーの労務学説」海道　進・三戸　公編『アメリカ労務学説研究』未来社
木元進一郎（1977）『人事管理論の基礎』泉文堂
小林康助（2001）『現代労務管理成立史論』同文舘出版
古林喜楽（1967）『経営労働論序説』ミネルヴァ書房
新藤勝美（1978）『ホーソン・リサーチと人間関係論』産業能率短期大学出版部
関口　功（1991）『労務管理論（改訂版）』同友館
笛木正治（1969）『労務管理発展史論』同文舘
原田　実（1981）「第4章　労務管理　第2節　人間関係論」副田満輝・原田　実編『経営労務論』ミネルヴァ書房
三戸　公（1981）『経営学　―増補版―』同文舘
森川譯雄（2002）『労使関係の経営経済学　―アメリカ労使関係研究の方法と対象―』同文舘出版
渡辺　峻（2000）『人的資源の組織と管理　―新しい働き方・働かせ方―』中央経済社

第 7 章

行動科学的管理の諸理論

キーワード

行動科学，人間行動，ホワイトカラー，自己実現人モデル，欲求理論，X－Y 理論，未成熟－成熟理論，動機づけ－衛生理論，動機づけ要因，衛生要因，システム理論，連結ピン，モチベーション，リーダーシップ，職務充実，職務拡大

I 考察の視点

人間関係論（Human Relations）が組織における人間問題の重要性を指摘して以来，動機づけや集団行動に焦点を当てた研究が活発化した。それは，1950年代以降，急速かつ広範に展開した行動科学（Behavioral Science）の諸成果を踏まえたものであり，人間関係論に対して，欲求理論，動機づけ理論，リーダーシップ論として結実していく。

行動科学は，社会学・心理学・文化人類学など関係領域の諸科学が統合した学際的研究（interdisciplinary study）であり，組織における人間行動（human behavior）を研究対象として共通の統一した基礎理論の確立を企図して推進された。

経営学は様々な人びとから構成される組織を対象にするため，構成員であるすべての従業員を有効に活用し，組織目的の達成に向けて彼らの協働を確保する目的から，行動科学の諸成果を取り入れた行動科学的管理論として展開されるようになる[1]。

行動科学的管理論は，人間関係論への反省とその修正・補完を目的として出発しているという観点から，人間関係論の延長線上にあると捉えられることも多い。それでは，行動科学的管理論は人間関係論のどのような点を継承し，補完しながら体系化されたのであろうか。

本章では，こうした視点から，まず行動科学的管理論が出現した当時の社会的・経済的・技術的背景を概観し，そのうえで各理論の意義と特質について考察を進める。また，行動科学的管理論の本質を多面的に把握するために，これらが包摂する問題や批判についても検討していく。

II 行動科学的管理台頭の背景

1950年代当時のアメリカの経済状況は，1953年から1954年にかけて一時景気後退を示したものの，概ね好況であったといえる。それは，基幹産業であった大量生産産業の驚異的な成長による設備投資に支えられていたからである。しかし，1950年代末頃から物価が急騰し始め，金融引き締め措置がとられたにもかかわらず，アメリカは戦後最大の不況期に突入することになる。こうした情勢は工業生産が回復しても収束せず，1960年代初頭の不況と連動し大量の失業者を生み出していく。一方，1950年代後半になると西欧諸国や日本が経済復興を終え，国際競争力を強化し始めたのに対して，アメリカの輸出は伸び悩んだ。輸入増大の事態に陥るいわゆる「ドル危機」が深刻な様相を呈し始め，民間資本の海外流出によって，ますますアメリカの経済状況は悪化していくこととなった。このような状況のなかで，アメリカ経済はその体制を維持するために強力な諸政策が求められるとともに，企業も自らを維持・発展させるための新たな管理施策を必要とするようになる。

他方，アメリカの労使関係を考察してみると，1933年の全国産業復興法（National Industry Recovery Act：NIRA）およびワグナー法（Wagner Act）を契機として急激に発展しつつあった労働組合は，第２次世界大戦後さらに大幅な組合員を追加し，その組織率も飛躍的な伸びを示している[2]。特に，アメリカ労働総同盟（American Federation of Labor：AFL）から分離・独立した産業別組合会議（Congress of Industrial Organization：CIO）を中心とする鉄鋼，自動車，ゴム，電機などの大量生産産業その他の未組織産業における産業別組合の形成とその動向は著しい。しかも，こうして拡大した労働組合は，大戦後にみまわれた激しいインフレーションによる生活不安を背景としてアメリカ労働運動史上最大の争議に突入し，労使関係は大混乱期に直面していた。このような大戦直後の大争議の続発にもみられるように，強大化した労働組合は次第に資本に対抗するほどの実力を備えるようになるとともに，団体交渉項目の拡大などを通じて経営に浸透するようになってきたのである（森川，2002，172頁）。そのため労働政策もワグナー法のもと経済的弱者保護に方針転換され，組織労働に対する大幅な制限が1947年に制定されたタフト＝ハートレー法（Taft-Hartley Act）によって加えられるとともに，組合内部の民主化や争議制限などが1959年のランドラム＝グリフィン法（Landrum-Griffin Act）によって一層強化されることになった。このようにタフト＝ハートレー法やランドラム＝グリフィン法が制定された背景としては，ワグナー法から大戦直後にいたる間の急激な転換期後における労働組合の確固たる基盤の確立，さらには巨大化した労働組合内の組織運営問題の出現といったアメリカ労使関係の新たな局面の到来を指摘することができる（前掲書，172頁）。

しかしながら，1950年代後半からIC（集積回路）開発によるコンピュータ性能の向上や，その他様々な技術革新が推し進められることによって，サービス産業の増大など産業構造が転換し，労働力構成も大きく変化していくことになる。例えば1956年を境として，いわゆるホワイトカラーの数がブルーカラーの数を上回り，ホワイトカラーのなかでもとりわけ専門技術者や事務職の数が増大することによって，労働秩序にも新たな変化が生じ始めたからである（菊野，1982，101～102頁）。

こうした要因を背景として，企業における従業員も，これまでの低賃金や失業不安に脅かされる存在ではなく，労働組合や社会保障法によって守られた確固とした自立性をもつ存在へと変わりつつあった（津田，1993，28頁）。それゆえ，1960年代になると従業員の企業労働への動機づけや協働を確保するために，従来の人間関係論を継承し補完する行動科学的管理論が展開されることになる。

以下では，行動科学的管理の代表的な所説を取り上げ，各理論の特徴と意義について考察していく。

Ⅲ　マズローの「欲求理論[3]」

マズロー（Maslow, A.H.）は，心理学の側面から人間が保有する様々な欲求に注目し，こうした諸欲求は5つの階層を形成していると捉え，主著『人間性の心理学　―モチベーションとパーソナリティ―』（*Motivation and Personality*, 1954）のなかで，その仮説を提示している。また，このマズローの欲求理論は，心理学や経営学の領域に限らず社会学や医学・看護学など多くの分野でも広く知られている。

マズローは，5つの欲求の階層性を明示するうえで，特に最高次の自己実現欲求に注目し，モチベーションについての系統的な理論を展開した。彼によれば，自己実現（self-actualization）とは自己の才能・能力・資質・可能性を開発し，それを最大限発揮することを意味している。また，このような自己実現に対する欲求は，人間が誰しも潜在的に有しており，到達可能であるとしている。

マズローが仮定する人間の欲求は，低次欲求から高次欲求へと次のような5段階で構成されている（Maslow, 1954, pp.35-58　邦訳，55〜90頁）。

マズロー（1908-1970）

①生理的欲求（the physiological needs）

生理的体系として自己を維持しようとする欲求であり，人間の最も基本的な欲求である。マズロー自身は，この欲求のリストをつくることは，無益であると同時に不可能である，と述べているが，生命維持に必要な飲食物・空気・休養・運動などに対する欲求が含まれる。

②安全・安定性欲求（the safety needs）

戦争や事故，病気など緊急事態時に現れる恐怖，危険，苦痛からの解放といった精神的・肉体的側面における安全な状況を希求するものと，仕事や収入の保障・安定といった経済的側面における不確実な状況を回避しようとする欲求とがある。

③所属・愛情欲求（the belongingness and love needs）

社会的欲求（social needs）ともいわれ，集団に所属したいとか同僚に受け入れてほしいと望む欲求であり，また所属する集団や家族における位置を切望する欲求である。それゆえ，ここでの愛とは，他者との信頼関係を指す。

④尊厳欲求（the esteem needs）

自己尊厳を希求する欲求であり，具体的には，他人からの尊敬・承認を意味する評判や信望，責任ある地位，名声と栄光，優越，承認，重視，威信，評価などへの欲求と，自尊心を意味する強さ，達成，適切さ，熟達と能力，自信，独立と自由などへの欲求との2つからなる。後者は，特に自律欲求（autonomy needs）として，独立して考えられることもある。

＊写真出所：https://en.wikipedia.org/wiki/File:Abraham_Maslow.jpg

⑤自己実現欲求（the need for self-actualization）

自己の成長や発展の機会を希求したり，自己独自の能力の利用，自己の潜在能力の実現，創造性の発揮などを希求したりする欲求である。

上記のように，マズローの欲求理論は，5つの欲求がそれぞれの優勢度（prepotency）に従って，最低次欲求（生理的欲求）から最高次欲求（自己実現欲求）へと下位から順に階層を形成していると仮定している点に大きな特徴がある。この仮定ゆえに，マズローの欲求理論は，特に欲求階層説（need hierarchy theory）と呼ばれている。マズローは，人間行動を欲求の満足化プロセスと仮定し，さらに欲求自体の階層性をも仮定することによって，人間の欲求満足化行動が低次欲求から高次欲求へと逐次的・段階的に移行していくと主張するのである（**図表7-1**）。

マズローは，この移行プロセスを次のように説明している。低次欲求が満たされると，その欲求の強度ないし重要度が減少するとともに，欲求階層上の1段階上位の欲求の強度ないし重要度が増し，この欲求の満足化行動が新たに生じる。このようにして，欲求の満足化行動は，最低次欲求から最高次欲求へと逐次的・段階的に移行する。しかし，欲求階層は固定された不動のものではなく，ある欲求が100％完全に充足されなくとも次の階層の欲求が生起してくる。また，最高次欲求（自己実現欲求）だけは，それが一定程度充足されても強度ないし重要度は減少せず，逆に増加すると仮定されている。したがって，欲求階層を昇りつめて最高次欲求に到達した人間は，この欲求のより一層の満足レベルの達成を求めて行動し続けると仮定されるのである。

つまり，マズローの理論は，「人間とは，低次の欲求からより高次の欲求を満たし，終局的には自身の可能性や潜在能力などを最大限発揮して自己実現の欲求を満たそうとする存在」と捉える人間モデル，すなわち「自己実現人モデル」（self-actualizing man model）を中心課題として展開されているのである。

こうしたマズローの主張は，仮説の域をでないものの，従業員個々の生活水準や個性の発達度に応じて従業員に対する仕事への動機づけ手段も変えていく必要があることを提示し，また自己実現という概念を展開したことによって，その後のモチベーションに関する理論の発展に多大な影響をおよぼしている[4]。

図表7-1　マズローの欲求理論

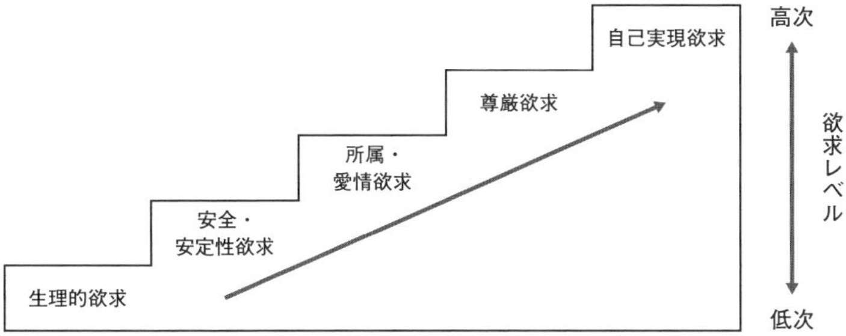

（出所）大月ほか（2008, 130頁）をもとに加筆・修正

Ⅳ マグレガーの「X－Y理論」

組織目標と個人動機との基本的関係については，すでにバーナード（Barnard, C.I.）によって分析されていたが，1960年代を通じて注目された「個人と組織との統合理論」（integration theory of individual and organiza-tion）の特徴は，それが行動科学の諸研究に基づく「自己実現人モデル」と結びつき，個人動機と組織目標との関係それ自体を分析している点にある。その代表的な理論を展開したのがマグレガー（McGregor, D.）であり，その主著が『企業の人間的側面　―統合と自己統制による経営―』（*The Human Side of Enter-prise*, 1960）である。彼もまた，マズローの理論から強い影響を受けている。

マグレガー（1906-1964）

マグレガーは，まず「人の問題こそが，企業の『決め手』である（McGregor, 1960, p. vi　邦訳，13頁）」という認識から出発して，「経営者が人的資源（human resources）の活用についてどのような理念をもつかによって，その企業の性格は決まる（*Ibid*., p. vi　邦訳，13頁）」と考え，経営者のもつ人間観の重要性に注目した。そのなかでもとりわけ仕事に対する人間行動に焦点を当て，マズローの欲求階層説を援用し

＊写真出所：https://iwer.mit.edu/about/iwer-pioneers/douglas-m-mcgregor/

て「X－Y理論」を展開したのである。

X理論とは，伝統的な人間モデルに基づき，マズローの低次欲求（生理的欲求や安全・安定性欲求）を比較的強くもつ人間の行動モデルであり，次のようなパーソナリティや行動特性をもつと示されている（*Ibid.*, pp.33-34　邦訳，38～39頁）。

［X理論（Theory X）］

①普通の人間は，生来仕事が嫌いで，できることなら仕事をしたくないと思っている。

②人間には仕事は嫌いだという特性があるため，たいていの人間は，強制されたり，統制されたり，命令されたり，処罰によって脅迫されたりしなければ，組織目標を達成するために十分な力を発揮しないものである。

③普通の人間は，命令される方が好きであり，責任を回避したり，あまり野心をもたず，何よりまず安全を望んでいるものである。

マグレガーによれば，このようなX理論に基づく管理は，「アメとムチ」（carrot and stick）で従業員にやる気を起こさせようとする方法に終始し，低次欲求が充足されていない場合にのみ有効である（*Ibid.*, pp.41-42　邦訳，48～49頁）。そのため，組織目標の達成のための管理も，個人に対して強制，報酬，奨励金，罰則などの手段による命令・統制（direction and control）となる。しかし，従業員の生活水準が向上し，雇用が保護されている現在において，このような管理はすでにほとんど充足されている低次欲求を無駄に刺激するだけであって，動機づけ効果はあまり期待できない。

そこで，マグレガーは，人間行動とモチベーションとの関係について，先のマズローの研究成果に基づいたY理論を展開する（*Ibid.*, pp.56-57　邦訳，65～66頁）。Y理論とは，マズローの高次欲求（尊厳欲求や自己実現欲求）を比較的強くもつ人間の行動モデルであり，そのパーソナリティや行動特性は次のように提示されている（*Ibid.*, pp.47-48　邦訳，54～55頁）。

［Y理論（Theory Y)］

①仕事で心身を使うのはごく当たり前のことであり，遊びや休憩の場合と変わりない。（普通の人間は，生来仕事が嫌いだということはない。条件次第で仕事は満足感の源にもなり，逆に懲罰の源とも受け取られる。）

②外部から統制したり脅迫したりすることだけが，企業目標達成に努力させる手段ではない。人間は，自分がすすんで身を委ねた目標のためには自ら自分にムチ打って働くものである。

③献身的に目標達成につくすかどうかは，それを達成して得る報酬次第である。（報酬の最も重要なものは，尊厳欲求や自己実現欲求の満足であるが，企業目標に向かって努力すれば直ちにこの最も重要な報酬を得ることができるのである。）

④普通の人間は，条件次第では責任を引き受けるばかりか，自らすすんで責任をとろうとする。（責任回避，野心のなさ，安全第一というのは，たいていが体験に基づいてそうなるのであって，人間本来の性質ではない。）

⑤企業内の問題を解決するために，比較的高度な想像力を駆使し，手練をつくし，創意工夫をこらす能力は，たいていの人に備わっているものであり，一部の人だけのものではない。

⑥現代の企業においては，日常，従業員の知的能力はほんの一部しか活かされていない。

マグレガーは，このようなY理論に基づく新しい管理を，個人の成長欲求・自己実現欲求の充足と組織目標の達成とを同時に実現する管理，すなわち「統合と自己統制による管理」（management by integration and self-control）としている（*Ibid.*, pp.50-51　邦訳，57～59頁）。それは，彼が人間を成長し発展する可能性や潜在能力をもつ動的な存在と捉え，人間の自己統制能力を前提としていることによる。つまり，個人（従業員個々）にとって組織（企業）のために努力することが個人の目標も同時に達成することになるという諸条件をつくり出せば，人は強制されずとも高い意欲をもって協力し創造的になるという考え方，いわゆる「統合の原則」（the principle of integration）が底流しているのである[5]。マグレガーは，上記の内容を次のように要約している。

「X理論による組織作りの中心原則は，権限行使による命令・統制である。いわゆる，『階層の原則』である。一方，Y理論によれば『統合の原則』ということになる。つまり，従業員が企業の繁栄のために努力することによって，各自の目標を『最高』に成し遂げられるような条件をつくってやることである。この2つの原則は，人事管理の面で大変な違いがある。(*Ibid.*, p.49　邦訳, 56頁)」

マグレガーは，こうした管理者の問題から派生して，リーダーシップ（leadership）についても次のように言及している。すなわち，リーダーシップの変動的構成要素として，①リーダーの特性，②メンバーの態度，欲求やその他の個人的特性，③組織の目標，構造および果たすべき職務の性質などの特性，④社会的経済的および政治的環境，の4つをあげ，リーダーシップはこれらの関係概念であるとしている（*Ibid.*, p.182　邦訳, 213頁)。そのため，「リーダーと環境の要素との関係」（the relationship between the leader and the other situational factors）が決定的に重要であり，これら変動的要素の変化に応じてリーダーシップ発揮の条件も複雑に変化すると述べている（*Ibid.*, p.182　邦訳, 213頁）[6]。その意味で，マグレガーは，経営者側は固定的なリーダーの型ではなく，変動を見越して様々な型のリーダーとしての人材の供給源をつくることが肝要である，と主張している。

それゆえ，企業における具体的施策では，選ばれた者だけを対象とした管理者教育だけではなく，従業員個々に応じた能力開発，従業員による目標設定，自主管理，自己啓発，参加制度，管理者のリーダーシップの再訓練などが重視されることになる。

マグレガーの理論の中心には，尊厳欲求や自己実現欲求の充足が動機づけの最良の方法であるという考え方があり，その意味でマズローの欲求階層説と動機づけ理論を結びつけた理論展開がなされている。また，そのなかで提示された具体的施策は，組織成員の高次欲求を組織目標遂行の過程で満足させていく方法として，1つの方向性を示唆するものであったといえよう。

V アージリスの「未成熟－成熟理論」

アージリス（Argyris, C.）もまた，マグレガーと同様にマズローの欲求階層説を基礎として，組織における人間行動に関する独自の理論を展開している。その主著が『組織とパーソナリティ　―システムと個人との葛藤―』（*Personality and Organization: The Conflict Between System and the Individual*, 1957）と『新しい管理社会の探究』（*Integrating the Individual and the Organization*, 1964）である。

アージリスの理論は，個人的欲求の実現と組織目標の達成との統合問題を重視する点で，マグレガーの理論と類似しているが，アージリスは組織と個人との間に現存する対立に注目することから出発しており，マグレガーの主張するような個人中心の管理思考には批判的である（渡辺, 2000, 236頁）。

まず，アージリスは，人間とは本質的に社会的存在（social being）であり，生涯を通じて公式組織（formal organization）と非公式組織（informal organization）に帰属すると認識している。そして，人間は単一の個人としてだけではなしうることができない仕事，あるいは集団であるがゆえに，効果を上げる仕事のために組織を形成する。したがって，組織は，明確にされた組織目標の達成と，組織を構成する個人の各種の欲求を充足する手段として展開されなければならないと考えるのである。

アージリスによれば，個人は，次のような未成熟段階から成熟段階へと多元的な成長過程をたどる傾向をもつ（**図表7-2**）。

つまり，個人は，このような成長・発達過程のなかにあって個々の成熟度に応じて欲求のレベルも異なり，それぞれの欲求レベルに見合った個々の欲求を組織のなかで現し，その充足を求めていくと説明されている。

アージリス（1923-）

＊写真出所：https://www.gse.harvard.edu/news/13/11/remembering-professor-chris-argyris

図表7-2 アージリスの「未成熟ー成熟理論」

〔未成熟段階〕──────────→	〔成熟段階〕
①受動的行動から	積極的行動へ
②他人依存状態から	相対的自立状態へ
③少数の行動様式から	多様な行動様式へ
④移り気でその場限りの浅い関心から	複雑で深い関心へ
⑤行動の短期的展望から	行動の長期的展望へ
⑥従属的地位に甘受から	同等ないし優越的地位の希求へ
⑦自己意識の欠乏から	自己意識の発達と自己統制へ

（出所）Argyris（1957, pp.50-51 邦訳，88～89頁）より作成

しかし，アージリスは，現実の職場である公式組織において，こうした成熟を求める個人の欲求は充足されていないと指摘する。それは，①課業専門化（task specialization），②命令の連鎖（chain of command），③指令の統一（unity of direction），④管理の限界（span of control）といった伝統的な管理原則のもとで組織化された現実の職場においては，組織目標重視の管理が優先され，組織自体が有効に機能するために従業員には従属的かつ受動的態度・対応が求められ，個人の成長欲求や自己実現欲求は蔑ろにされる傾向にあるからである（Argyris, 1957, pp.58-64. p.77 邦訳，99～108, 123頁）。それゆえ，実際の経営の場においては，従業員に対して未成熟段階の行動が要求されることによって個々人の成長・発達が阻害され，その結果，成長・発達を求める個人と組織との間に不適合（incongruence）が生じることになると言及するのである（*Ibid.*, p.66 邦訳，109～110頁）。

一方，個人はこうした不適合のなかにあって様々な適応行動をとる傾向にある，とアージリスは指摘している。例えば，退職すること，組織の階段を昇るために激しく働くこと，それが困難な場合には防衛規制を働かせ無気力・無関心になること，賃金その他の物的報酬を重視すること，非公式組織の形成によって生産を引き下げたり仕事を怠けたりすることなど，個人の成長・発達欲求を抑圧するような行為を通して組織に適応しようとする（*Ibid.*, pp.76-122 邦訳，121～181頁）。つまり，個人の欲求と組織の欲求との双方は，

効果的に調和し充足されることなく，むしろ相対立する関係に陥ってしまうことになる[7]。

以上のことから，アージリスは不適合の原因が，個人の欲求と公式組織，命令的リーダーシップ（directive leadership），経営管理諸制度（manage-ment controls），似非人間関係計画（pseudo human relations programs）などとの間に介在する基本的な葛藤にあるとしながら，それに対する実践的かつ具体的な方法として「職務拡大」（job enlargement）や「参加的あるいは従業員中心的リーダーシップ」（participative or employee-centered leadership）など，「従業員が受動的なものよりも活動的なものをより多く経験するように公式組織構造を変えること」で対処すべきだと提唱している（*Ibid*., p.177　邦訳，264頁）。

職務拡大とは，従業員個々の職務内容が単調化・定型化・無内容化することによって生じる従業員の疎外感や単調感を防ぐために，従業員個々の担当する職務の数を量的に増やし，仕事の範囲を水平的に拡大することを意味している。これは，「経営者にとって問題となる従業員の非公式な諸行動は，個々の従業員が保有する重要な諸能力をより多く活用する機会をつくるにつれて減少していく傾向にある（*Ibid*., p.177　邦訳，265頁）」と認識することから導き出されている。そして，この職務拡大によって，従業員は自分の能力をより一層活かそうと努めるようになり，結果として職務満足または成長欲求・自己実現欲求の充足をより感じるようになると考えられたのである（*Ibid*., p.177　邦訳，265頁）。

また，参加的リーダーシップとは，組織目標と個人の欲求とを一致させるよう動機づけ，組織と個人との両者が同時に最適な自己実現を獲得しうるように融合（fuse）する行動を指している。具体的には，個人が自己実現できるように組織を創造し，従業員に参加への機会をできる限り多く提供しながら，自己統制の範囲を拡大させるようなリーダーのあり方であり，いわゆる「民主的」（democratic）なリーダーシップともいわれるものである（*Ibid*., pp.187-193　邦訳，278～285頁）。ここには，「従業員が抱いてきた組織への強制的な依存や従属という感情を減少させるためには，命令的独裁主義的リーダーシップをより一層『民主的な』『参加的な』『合作的な』『従業員中心的な』ものに変えることである。上司というリーダーの型を通して組織構造を修正することは，いわれているほど激烈ではない。(*Ibid.*, pp.187-188　邦訳, 278頁)」という考え方が底流している。アージリスは，そのためにはリーダーは，まず自分が遭遇している実際の状況を正確に診断し，それに基づく「現実中心的なリーダーシップ」(reality-centered leadership) を発揮しなければならないと指摘し，それがひいては「効果的なリーダーシップ」(effective leadership) につながっていくと述べている (*Ibid.*, pp.211-215　邦訳, 312〜319頁)。

このように，アージリスの研究は，個人的欲求の実現と組織目標の達成とを統合していくうえで，従業員による参加的経営の重要性を主張している。その後，アージリスの提唱した職務拡大は職務充実 (job enrichment) をはじめとする職務再設計 (job redesign) さらに労働の人間化の問題に，参加的リーダーシップはリーダーシップの類型研究を含むリーダーシップ論の発展に多大な影響をあたえている。

VI ハーズバーグの「動機づけ－衛生理論」

ハーズバーグ (Herzberg, F.) は，マズローとマグレガーの理論に依拠しながら，モチベーションに関する実証研究を進め独自の理論を展開している。その理論は，主著『仕事と人間性　―動機づけ－衛生理論の新展開―』(*Work and the Nature of Man*, 1966) に現されている。

ハーズバーグはまず，アメリカのピッツバーグ地域の企業に勤務する技術者や会計担当者を対象として職務態度に関する調査を行い，職務満足の要因とそれが職務遂行におよぼす影響について分析している (**図表7-3**)。この調査・分析によると，職務満足の要因としては，①達成，②承認，③仕事そのもの，④責任，⑤昇進，など職務内容に関するものがより多く占められ，反対に職務不満の要因としては，①会社の政策と経営，②監督技術，③給与，④対人関係，⑤作業条件，など職務の周辺的な側面に関するものがより頻繁に問題と

ハーズバーグ (1923-2000)

＊写真出所：https://www.bl.uk/people/frederick-herzberg

図表7-3　満足要因と不満要因の比較

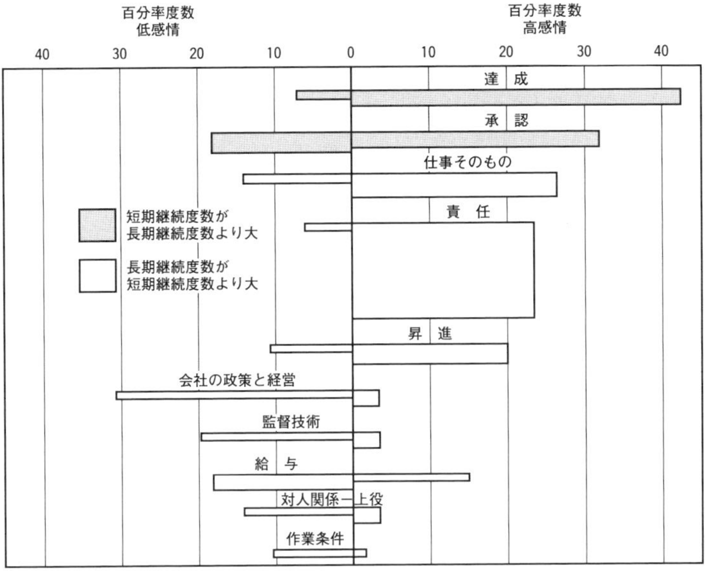

（出所）Herzberg（1966, p.73　邦訳, 86頁）

されることが示された。

従来，満足と不満足とは，表裏一体の関係にあり，同一要因の充足あるいは欠如がそれぞれ職務満足や職務不満となって生起すると考えられてきた。しかし，ハーズバーグは，この調査・分析の結果から，職務満足と職務不満とは実際には別々の要因からもたらされていることを明らかにし，職務満足をもたらす要因を「動機づけ要因」（motivator），職務不満をもたらす要因を「衛生要因」（hygiene factor）と区別して（Herzberg, 1966, pp.75-76　邦訳, 88～89頁），「動機づけ－衛生理論」（motivation-hygiene theory）を展開したのである（**図表7-4**）[8]。

ハーズバーグによると，職務満足の感情とは，仕事を通じて人びとが達成，承認，仕事のおもしろさ，責任といった人間に特有の欲求を充足したときに，はじめて実感されるという。給与，対人関係，労働条件といった職務に携わるうえでの環境的条件に関わる欲求を充足することだけでは，満足感はけっ

図表7-4 ハーズバーグの「動機づけー衛生理論」の概要

①満足要因は「動機づけ要因」とも呼ばれる。それは，この要因が人間の心理的成長（自己実現）への積極的欲求を充足させるからである。 ②不満足要因は「衛生要因」とも呼ばれる。なぜなら，人はいくらこの要因を充足しても満足は得られず，ただ，不満足に陥るのを予防することができるだけだからである。 ③「動機づけ要因」は主として満足感に作用し，不満足感には作用しない。逆に，「衛生要因」は不満足感に作用し，満足感にはつながらない。 ④満足感の対極は不満足ではなく「没満足」であり，不満足の対極は満足ではなく「没不満足」である。したがって，「動機づけ要因」は，「満足―没満足」の連続体に影響をおよぼし，「衛生要因」は逆に「不満足―没不満足」の連続体上で作用する。 ⑤故に，満足と不満足は，１つの線上の対極に位置する感情ではなく，相互に独立で並行的な２つの連続体を構成し，その各々に独特の要因が作用することによって，満足・不満足感情が生み出される。

（出所）若林（1981，36頁）

して獲得されないからである。すなわち，職務満足とは，人間が仕事を通じて自己のもつ能力や可能性の実現とその結果としての心理的成長を体験するときにのみ実感される。その意味で，職務内容に関する改善は，人びとが仕事へ積極的に関与する「動機づけ要因」ともなる。しかし，この「動機づけ要因」の欠如や不充足が，人びとに直接的に不満足感を抱かせることはない。ただ，積極的な満足感の不在を感じさせるだけなのである（*Ibid.*, pp.76-78 邦訳，89～91頁）。

これに対して，「衛生要因」の欠如と不充足は，人びとに強い職務不満を抱かせる原因となる。しかしながら，「衛生要因」となる職務の環境的条件をいくら改善・充足しても，それは職務不満の解消や防止には役立っても職務満足にはほとんどつながらない（*Ibid.*, pp.76-78　邦訳，89～91頁）[9]。

以上のことから，ハーズバーグは，「職務態度に関する伝統的な研究は，ほとんど一方の組の要因，すなわち衛生ないし職務脈絡要因ばかりに焦点を向けてきた。動機づけ要因，すなわち積極的ないし自己実現的要因は，概して無視されてきた。（*Ibid.*, p.79　邦訳，92頁）」と述べ，「衛生要因」だけでは人間を動機づけることはできないと指摘するのである[10]。

それゆえ，ハーズバーグは，自らの理論に基づき職務内容に関する事項を動機づけの最も重要な要因と位置づけて，次のような具体的実践的な方法を提唱している。①現在の労使関係部門（present-day industrial relations）が，従業員の衛生欲求体系（the hygiene-need system）を扱う部門と動機づけ要因欲求（the motivator needs）を扱う部門とに分離すること，②「動機づけ要因」志向の従業員教育を実施すること，③「動機づけ要因」を組み込む形で職務再設計を充実化すること，すなわち「職務充実」の実施，などである（*Ibid.*, pp.171-172　邦訳，192～193頁）。

なかでも彼は，特に職務設計に際して職務自体に責任，達成感，成長の機会といった「動機づけ要因」を組み込む職務充実の方法を高唱している。それは，従業員の仕事への意欲を高揚させるためには，人間の高次欲求に働きかけることが何よりも重要だと考えているからである。職務拡大が従業員個々の担当する職務の数を量的に増やし，仕事の範囲を水平的に拡大するのに対して，職務充実とは従業員個々の職務そのものを質的に充実させ，仕事の内容を垂直的に深化させることを意味している。つまり，これによって，従業員は仕事そのものを直接的に変革し，自身の技術・技能の向上および職務遂行・課題の達成を通じて自己の成長を実感し，職務満足に結びつくという積極的な「動機づけ要因」になるのである[11]。

以上，ハーズバーグの一連の研究は，マズローやアージリスの諸研究に負うところが大きいといえる。しかし，彼の行った研究は従来の伝統的な欲求理論を超えて，組織で働いている人びとが現実に仕事を通じてどのような欲求を充足しようとしているのか，という問題にモチベーション研究を導いたという点で画期的なものであったと評価できる。また，それは同時に，従来の人事管理研究の方向性が包摂する根幹的問題についても重大な意味を示唆するものであったといえよう。

VII リッカートの「システム理論」

リッカート（1903-1981）

リッカート（Likert, R.）は，リーダーシップ研究の視点から，個人の動機づけだけではなく，集団の動機づけを重視した新たな理論を展開している[12]。リッカートの主著としては，『経営の行動科学　―新しいマネジメントの探求―』（*New Patterns of Management*, 1961）と『組織の行動科学　―ヒューマン・オーガニゼーションの管理と価値―』（*The Human Organization: its management and value*, 1967）の2冊があげられる。

彼は，リーダー行動を①従業員中心的（employee-centered）監督方式と②仕事中心型（job-centered）監督方式とに区分し，それぞれのリーダー行動と生産性との関係について研究した。①従業員中心的監督方式とは，部下たちの人間的問題への配慮を第一義としつつ，高度な遂行目標をもち効率的な作業集団をつくるように努める監督方式であり，②仕事中心型監督方式とは，規定された方法で，かつ標準時間で定められた割合で，一定の作業手順通り部下たちに忠実に仕事を継続させるようと努める監督方式である（Likert, 1961, pp.6-7　邦訳, 12頁）。この研究の結果，①従業員中心的監督方式の方が②仕事中心型監督方式よりも優れており，監督者の監督方式に関する基本的な考え方の違いが生産性に反映することが明示された。

つまり，②仕事中心型監督方式が陥りやすい監督者による生産性を上げようとする圧力は，監督者に対する部下の信用と信頼の低下に結びつき，部下にとって監督者から感じる不当な圧力が大きければ大きいほど，部下たちがその監督者に抱く信用と信頼の度合いは小さくなる（*Ibid.*, pp.8-9　邦訳, 15頁）。一方，生産性に影響するものとしては，監督者が①の従業員中心的であると同時に，監督者自身が高い遂行目標をもち，その達成への熱意を保持していることが重要な点であると示された。高生産の部門を受け持っている職長たちは従業員中心的であって，しかも高水準の生産を達成することが自分たち

＊写真出所：https://commons.wikimedia.org/wiki/File:Rensis_Likert_-_ISR_-_December_1961.jpg

の仕事のなかで一番重要な部分の1つであるという意識をもっていたからである（*Ibid*., p.8　邦訳，14頁）。

この結果からリッカートは，組織におけるリーダーシップもしくはマネジメントのスタイルを組織内の様々な変数と関連づけて（**図表7-5**），次の4つの管理システムとして概念化している（Likert, 1967, pp.14-24　邦訳，20～25頁）。

システム1：独善的専制型管理システム（Exploitive authoritative）

管理者は，部下を信頼しない。部下をいかなる意思決定にもほとんど参加させることなく，たいていの意思決定や組織目標の設定は上層部で行い，命令系統を通じて下位層に伝達される。従業員は恐怖心や恣意的懲罰，金銭的報酬によって働かされ，生理的欲求や安全欲求のレベルがかろうじて充足されるにすぎない。まれに上司と部下との疎通があっても，恐怖心と不信感につつまれている。統制の権限はほとんど上層部に集中しているため，組織の公式目標に対抗する非公式組織が発生しやすい。

システム2：温情的専制型管理システム（Benevolent authoritative）

管理者は部下にある種の信頼感をもっているが，それはちょうど主人が召使に対するような温情的なものである。あらかじめ定められた一定の範囲内では中間層および下位層レベルにも決定権が委譲されているが，主要な意思決定や組織目標の設定は上層部に集中しているため，上層部と中間・下位層部の交流はいまだ対等とはいえず，部下には恐怖心と警戒心がみられる。動機づけには，報酬と懲罰をあたえること，もしくは懲罰をほのめかすことが用いられる。統制の権限は依然として上層部に集中しており，非公式組織も発生しやすいが，公式組織と極端な軋轢を生じることは少ない。

システム3：相談型管理システム（Consultative）

管理者は部下に対し，全面的ではないまでも相当程度の信頼を寄せている。基本方針や全般的な決定は上層部で行われるが，個別的な問題に関する決定は部下に任されている。動機づけの手段としては，報酬と時により懲罰，そしてある程度の参加とが用いられる。上司と部下との交流はかなり頻繁で，相当程度の信頼関係がみられることも珍しくない。統制機能のかなりの部分は下位にも委譲されているため，上・中・下階層とも責任の共有意識をもつことになる。非公式組織発生の余地は依然として残すものの，公式組織の目標に協調することもあれば部分的に反抗することもある。

システム4：集団参加型管理システム（Participative group）

管理者は，部下を全面的に信頼している。意思決定は広く組織全体各部署で行われ，しかも全体としてみてもよく統合されている。コミュニケーションは，上下方向のみならず，同僚間でもさかんに行われている。従業員は，報酬制度の策定，目標設定，作業方法の改善，目標達成度の評価など多岐にわたって参加が許され，また関与することによって動機づけられる。上司と部下との間には，信頼関係に基づく広範かつ緊密な交流がみられ，統制機能についても，中間・下位層まで広く委譲され，職場単位まで完全に責任を分掌している。公式組織と非公式組織とは概ね一致しており，両者に矛盾が生じることはない。そのため，組織内のあらゆる社会的勢力が，設定された組織目標の達成に向かって統合的に機能していく。

以上のように，リッカートは，日常業務のなかに実際に存在するシステムとして上記の4つの管理システムを提示し，現実の組織はこのうちのどれか1つによって特徴づけられるとしている。そのうえで，「システム4」すなわち「集団参加型管理システム」こそが，現代社会において最も優れた効果を発揮する，健全で理想的なシステムであると主張するのである。

リッカートは，この「システム4」の基本概念として，①支持的関係の原理（the principle of supportive relationships），②集団的意思決定（group decision making）ないし管理における集団的方式（group methods of supervision），③高い業績目標設定（high performance goals），の3つをあげ（*Ibid.*, p.47　邦訳，53頁），それぞれの効果について次のように検討している。

彼によると，①支持的関係の原理とは，「組織体のなかの人間が，自分の経歴・価値・欲求・期待のすべてについて組織のあらゆる相互作用・人間関係のなかで支持されているという実感をもつこと，さらに人間としての尊厳性を自覚し，かつ信じ続けること，これを組織体のリーダーシップやその他のやり方によって最大限もたらすようにする（*Ibid.*, p.47　邦訳，53頁）」こと

図表7-5　4つの管理システムにおける組織上および業務上の特性

組織に関する変数	システム1	システム2	システム3	システム4
1. リーダーシップ				
上役が部下に対してもつ信頼の程度は	部下を全く信頼していない	主人が召使に対するような恩着せがましい信頼をもっている	信頼はかなりあるが十分とはいえない。また意思決定に際しては統制を保ちたいと望む	あらゆる事柄について部下を十分信頼している
職務についてはどのくらい自由な気持ちで直属上司と話せるか	仕事に関する事柄を上司と話し合うことについて，部下は自由だという感じを全然もっていない	仕事に関する事柄を上司と話し合うことについて，部下はそれほど自由だとは感じていない	仕事に関する事柄を上司と話し合うことについて，部下はどちらかといえば自由を感じている	仕事に関する事柄を上司と話し合うことについて，部下は完全に自由だと感じている
仕事上の問題を解決する際に，一般に直属上司が部下のアイデアを取り上げ，それを建設的に活用しようとする程度は	部下のアイデアや意見を取り上げることはめったにない	ときには部下のアイデアや意見を取り上げる	通常部下のアイデアや意見を取り上げ，建設的な活用を試みる	つねに部下のアイデアや意見を取り上げ，建設的な活用を試みる
2. 動機づけの力の特性				
やる気を起こさせる方法は	恐怖，脅迫，懲罰，ときには報酬	報酬および若干の懲罰の実行ないし予告	報酬，ときには懲罰，および若干の関与	参加を通じての開発。報酬制度に基づいた経済的報酬。目標設定，方法改善，目標への進度の評価などにおける集団参加と関与
各人が組織目標達成に対してもつ責任感の程度は	経営管理の上層部は責任を感じるが，下層部はあまり責任を感じない。一般従業員が責任を感ずることはほとんどなく組織目標を破壊する機会を待ち望んでいる場合がよくある	経営管理者は通常責任を感じているが，一般従業員は通常組織目標を達成する責任を比較的少ししか感じない	特に上層部においては大部分の人が責任を感じ，一般的に組織目標を達成するために行動する	各層において人々は組織目標に真の責任を感じ，その目標をなんらかの方法で履行するために行動する

（出所）Likert（1967, pp.4-5　邦訳，8～9頁）

を意味している。この原理を実践するにあたっては，上司と部下との関係が何よりも重要な問題となる。それは，支持的であり，かつ部下それぞれが自己を形成できるようなものでなければならない。これによって「支持的関係の原理は，あらゆる組織の成功にとって欠くべからざる次元，すなわち組織の使命が，その構成員に心から重要なものとして受けとめられる（Likert, 1961, p.103　邦訳, 139頁）」ようになる，とリッカートは論考するのである。

そのうえで，彼は，「組織の各構成員を高度に動機づけるためには，組織の目標が意義あること，そして各構成員自身の特定の仕事が組織の目標達成にとって不可欠なものとして貢献する（*Ibid.*, p.103　邦訳, 139頁）」ということを従業員に理解させることが必要であると主張している。さらに，「支持的関係の原理からの重要な派生的理論（an important theoretical derivation）として，個人にとって大部分の時間をともに過ごす作業集団は最も重要な意味をもっており，たいていの者がこの集団から認識・支持され，安定感や好意的反応を得るために，自分の所属する作業集団の目標と価値とに一致して行動するよう強く動機づけられる（*Ibid.*, p.104　邦訳, 140～141頁）」と指摘し，「組織はその構成員が個人としてではなく，高い業績目標を有する高度に効率的な作業集団の成員として働くときに最高の機能を発揮する（*Ibid.*, p.105　邦訳, 141頁）」と述べている。

次にリッカートは，「システム４」の基本概念である②集団的意思決定の採用を主張し，これが業績に対してどのような効果をあたえるのかについて考察している。

彼は，従来の「伝統的組織構造（システム１および２）とは，集団的組織形態を用いず，マン・ツー・マンの相互作用モデル，すなわち上司対部下型のモデルから成り立っており，社長がすべての権限（authority）と責任（responsibility）を保有している（Likert, 1967, p.50　邦訳, 56頁）」という。そして，「社長は各副社長に特定の権限と責任を委譲し，かつそれぞれに対して結果責任（アカウンタビリティ）を留保する。次いで，各副社長もそれぞれの部下に対して同様であり，このやり方が下部組織まで続いている。方針を伝達し，命令を下し，審査し，統制する等々の過程のなかでは，すべて階層ごとにマン・ツー・マンの相互作用が行われている。（*Ibid.*, p.50　邦訳, 56頁）」

と述べている。

これに対して「システム4」は，集団的意思決定を取り入れ，各々の集団が重複して全体としての組織構造を形成する，いわゆる「重複的集団型組織」（the overlapping group form of organization）の形態をとっている。リッカートは，伝統的組織構造に代わって，この「重複的集団型組織」の採用を提起するのである。それは，「マン・ツー・マン方式に比べ，集団的意思決定の方が，問題をよりよく気づかせ，より良い意思決定をもたらす効果的な情報伝達が生じる（Likert, 1961, p.111　邦訳，149～150頁）」だけなく，「集団の目標が，集団の決定を通じてできたものである以上，各集団の1人ひとりの成員は決定に参画していることにより，目標と自我との高度な一体感をもつことになる（*Ibid.*, p.111　邦訳，150頁）」と考えるからである。この「重複的集団型組織」のもとでの各作業集団は，他の集団と，ある特定の人間を通じて連結されており，この重複した集団の要となっている人間を彼は「連結ピン」（linking pin）と称している（Likert, 1967, p.50　邦訳，56頁）。

彼のいう「連結ピン」とは，2つの集団に属する管理者を意味しており，各管理者は，自分の部門と上層の部門との間でのコミュニケーションの連結を行う主要な役割を担っている。その際，「効果的な機能を発揮するためには，管理者は上司の決定に影響できるくらい十分な影響力を自分の上司に対してもつ（Likert, 1961, pp.113-114　邦訳，152～153頁）」ことが重要になる。このように，「重複的集団型組織」で各部門の管理者が「連結ピン」となることによって，意思疎通が促進され，集団の潜在力も発揮できると主張するのである（Likert, 1967, pp.50-51　邦訳，56～57頁）（**図表7-6**）。

次にリッカートは，組織の有効性に影響をおよぼすと考える③高い業績目標設定に関しても言及している。彼は，「システム4の組織における上司は，高い業績目標とその達成への熱意を保持すべきであるが，これだけでは十分ではない。（*Ibid.*, p.51　邦訳，58頁）」として，「各構成員も同様に高い業績目標をもつ（*Ibid.*, p.51　邦訳，58頁）」ことの重要性を唱えている。ただし，それは強制されたものであってはならず，「従業員自身の欲求が満足させられるような高水準の目標を従業員が自ら設定できるようなメカニズムをつくりだすことが必要である。（*Ibid.*, p.51　邦訳，58頁）」と述べている。そして，「シ

図表7-6　重複的集団型組織と連結ピン

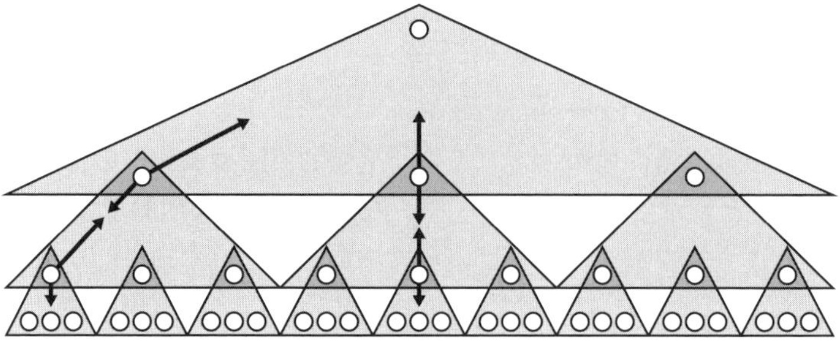

(矢印は連結ピン機能を示す)

(出所) Likert (1961, p.113　邦訳, 57頁)

ステム4は，集団的意思決定と複合重複的集団形態（multiple, over-lapping group structure）によって，このようなメカニズムを提供してくれる。（*Ibid.*, pp.51-52　邦訳, 58頁）」としている。

以上のように，リッカートは，「システム4」の有効性とその基本概念を検討し，この組織形態に近づけていくことが組織にとって重要な課題であると高唱している。すなわち，「すぐれた組織体というものは，例え小さな組織体であっても，1つの複雑な社会的システムである。有能な人材を確保し，計画をうまく立て，業績向上の命令を出すことだけではなく，それ以上のものがそこには必要である。すぐれた企業においては，相互依存的（inter-dependent），協働的諸関係（cooperative relationships）が，管理者と部下，および従業員相互の間に存在し，それが非常に効果的な相互作用－影響システム（an effective interaction-influence system）として作用している（*Ibid.*, p.70　邦訳, 79頁）」と提唱するのである。

VIII 行動科学的管理の課題と限界

行動科学的管理の諸理論は，組織における人間行動に焦点を当てながら，従業員の企業労働への動機づけや協働，またそれを確保するためのリーダーシップなどを重視して展開されている。

それまでの人間関係論も経営における人間問題の重要性を指摘し，人間行動の原理を解明しようとしたものであり，当時の人事管理に大きな影響をあたえてきた。実際，人間関係研究によって，人間行動には論理的行動だけでなく没論理的行動があること，経営における人間行動には「費用の論理」（logic of cost）や「能率の論理」（logic of efficiency）だけでなく「感情の論理」（logic of sentiments）がかなりの程度作用していること，人間行動は「公式組織」（formal organization）だけではなく，むしろ「非公式組織」（informal organization）をも含む「全体的情況」（total situation）のなかで現れるということなどが明らかにされた。そのため，人間関係論は，それまで十分に認識されていなかった「没論理的行動」や「感情の論理」，「非公式組織」などを明確にした点で大きな功績をもたらしたと一般に評価されている。しかし，そこでの人間行動とは，いわば「人間一般」の行動の原理を明示することにとどまっている（森，1976，285～286頁）。

これに対して行動科学的管理論における人間行動の研究とは，従業員個々人や小集団が一定の外的・内的環境のもとでどのような行動をとるかを実証的に研究したものであり，具体的には従業員個人の欲求，小集団の行動，監督者の行動，集団相互間の行動などを解明しようとしたところに人間関係論とは異なった特徴があるといえる。

一方，第2次世界大戦以降のアメリカにおいては，労働組合の基盤が確立し強大化するのにともなって，企業での人事管理も従来の人間観ないし労働者観ではもはや対応しきれなくなる。そのため，それまでの古典的管理論が従業員を経済的動機によってのみ働く存在と捉える「経済人モデル」（economic man model）に立脚していたのに対して，人間関係研究の進展によって人間は社会的動機をもつ存在，すなわち「社会人モデル」（social man model）と認識されるまでに前進し，さらに行動科学的管理論では「自己実現人モデル」を前提として展開されている。例えば，マズローやマグレガーなどにみられる主張は，その代表的なものであり，ここに行動科学的管理論の最大の特徴を見出すことができる。

しかし，従業員の働く動機に関する理解はこれだけで十分であるとは言い切れない。人間の内面的・心理的側面に関わる問題は非常に複雑かつ多岐におよんでおり，単純に一般原則として断定することはできないからである。

ゲラーマン（Gellerman, S.W.）は，この点に関して現実の人間行動という側面から，次のように指摘している。

彼はまず，従業員個々人の働く動機とは多種多様（diversity）であり，画一的に捉えることはできないと主張する（Gellerman, 1963, p.175）。これは，すべての労働者がすべての職務に対していかに反応するかを決定づけるような単一の動機（single motive）は存在せず，それゆえすべての人間があらゆるところで常に高いモラール（morale）と生産性とを示す唯一最善の方法も存在しないということを意味している（*Ibid.*, p.175）。ゲラーマンは，こうした多様性とは，人間の存在そのものが包摂している３つの基本的特性（three basic qualities human existence）から生じると述べている（*Ibid.*, p.175）。すなわち，①人びとが成長し生活している環境は，たとえ同じ国であっても多くの相違がある，②人びとはおかれた環境にきわめて敏感であり，生活や自分自身に対する態度を柔軟に適応させている，③環境に対する人びとの反応は，必ずしも合理的ではない，といった特性である。

こうした認識から，ゲラーマンは，人間行動の動機については画一的ではなく，環境（the environment）と個人（the individual）といった２つの側面，さらには両者の相互関係を考慮した統合的な観点から把握しなければならないと高唱している（*Ibid.*, p.8）。それは，動機とは環境との関連で誘引されるものであって，けっして固定的なものでなく，また実際の人間の行動動機は他の目的（all the other kinds of goals），とりわけ基本的な目的（fundamental goal）の達成に起因していることが少なくないと考えているからである（*Ibid.*, p.290）。

さらに，「人間の行動動機についての研究がいまだ十分に発達しておらず，必ずしも明らかにされていないためという理由だけではなく，これ以上動機について知りたくないという気持ちがあるからにほかならない。従業員の働く動機を知ることは必要ではあるが，それをあまりにも知りすぎてしまうことに恐れ（fear）とためらいの気持ちをもっている。（*Ibid.*, p.292）」とも指摘している。

ここには多くの示唆が含まれているが，最も重要なのは，理論が経営という実践の場において乱用ないし悪用される危険性をもはらんでいるという点である（笛木，1969，202頁）。もともと組織における人間行動について体系的に究明する行動科学的研究には，常にこうした問題が包含されている。事実，このような危惧は，行動科学的管理に対する１つの有力な批判として，強く指摘されているところである。人間，特に従業員の行動の動機を重視し，これに大きな関心をもつのは従業員自身よりもむしろ経営者であり，その限りにおいてこうした危険性は避けられないからである（前掲書，202頁）。

さらに，行動科学的管理論に対する批判は，経営参加に関する認識に向けられている。例えばリッカートは，監督者やリーダーの態度および行動が，作業集団の生産性や従業員の作業への満足度を決定する主要な条件になると捉え，集団参加型管理システム，すなわち「システム４」を提起している。この主張は，意思決定の過程に作業集団の構成員である個々の従業員を参加させるうえで監督者の行動を重視し，職場における監督する者と監督される者との協調関係の構築や協働の確保が主な目的とされている。しかし，ここでの経営参加とは，あくまでも生産性向上という観点から従業員を職務に参加させることに終始しており，経営参加の重要性は指摘されているものの労働組合との関係については触れられておらず，脱落している。

このように行動科学的管理論は，数々の問題や批判を包含しながらも，実際にその成果は経営という実践の場に数多く取り入れられ，とりわけ人事労務管理の諸制度・施策面における行動科学的管理の手法として新たな展開をみせることになる。その特徴は，次の３点である（菊野，1992，202～208頁）。

第１に，労協スタッフ主導型の労務管理をライン中心型の労務管理体制へと修正していく，いわゆる労務管理のライン化である。1960年代以降からの企業の超巨大化傾向にともなう分権管理の本格化と，労働者のなかでも若年労働者層の欲求の多様化などに直面することによって，急速に推し進められた。ただし，ここでいう労務管理のライン化とは，スタッフの役割の消滅や労務管理の権限・助言機能がすべてラインに移行されることを意味しているわけではない。巨大化した企業組織のなかで個々の労働者が様々な欲求を求めるようになってくると，組織全体とその構成員である個々の労働者の管理・

統制は非常に複雑化してくる。従来のように労務管理が専門の労務スタッフのみの任務と捉え，労務スタッフが作成した労務管理のプログラムを単にラインに強制するだけでは，現実に生起してくる新たな問題に臨機応変に対処できないからである。それゆえ，労務管理は，ライン管理者と労務スタッフおよび一般従業員などの全員で行われるべきであり，現実の諸問題に臨機応変に対処していくためには，労務管理諸制度もラインを中心とした企業の組織構成員全員で創造していくべきだという要請が台頭してくることになる。したがって，労務管理のライン化とは，ライン中心型の組織構成員全員による現場に密着した労務管理体制の形成を目的としているだけでなく，従業員の仕事そのものへの動機づけや組織と個人との欲求の統合を図ろうとしている点で行動科学的管理論から多大な影響を受けているといえよう。

第２の特徴としては，管理者，監督者，専門職をも管理の対象とするいわゆる管理者管理があげられる。一方でますます巨大化する企業組織を全体としてどのように把握し，他方でますます多様化し複雑化する個々の労働者の欲求と行動とをどのように理解し，さらにこの２つをいかに調整していくかという困難な問題が発生する。こうした問題に対処するためには，従来の管理者や監督者のようなトップマネジメントやスタッフ部門から提示されたプログラムにそっただけの管理方式では限界をきたしてくる。そのため，企業組織の巨大化によって量的に拡大し，質的にも多様化した管理者および監督者層とその他専門職をも管理の対象として，彼らにも適切な教育訓練を行わざるを得なくなる。とりわけ管理者層には，企業の維持・発展に向けて円滑に部下を職務に遂行させるための高度な能力が要求されることになる。ここに管理者管理の中心課題の１つとなるリーダーシップの問題が注目され，アージリスの「参加的あるいは従業員中心的リーダーシップ」やリッカートの「システム４」などの成果が現実の労務管理の場に応用され，管理者管理が推進されることになる。

第３には，いわゆる「生きがい」ないし「働きがい」にまつわる問題の浮上とそれに対する新たな労務管理諸施策の展開があげられる。1960年代のアメリカは，若年層の失業率の増大をはじめとして，離職率や欠勤率の増大など労働意欲の低下が顕著に現れてきた。このような情勢に対応して，「生きがい」や「働きがい」に関する問題に焦点が当てられるようになり，「自己実現人モデル」に基づき展開された行動科学的管理の諸理論の成果を応用した職務拡大や職務充実，目標管理制度，従業員参加などが実際の労務管理の場に取り入れられていったのである。

IX 現代への意義と応用

行動科学については，その定義に関する定説はないが，社会学・心理学・文化人類学などの関連科学総合的な方法をとるところに特色がある（森川，1997，154頁）。特に，経営学の分野で行動科学という場合には，組織における人間行動の研究を共通の関心対象にし，人間関係論が非公式組織を研究の中心にしたのに対して，行動科学は公式組織こそ研究の対象とする人間行動のシステムであると捉えている（前掲書，154～155頁）。この公式組織の重要な一部として，動機づけ理論やリーダーシップ論が展開された。また，こうした理論には，人間関係論の「社会人モデル」に代わり，新たに「自己実現人モデル」が底流している点が特徴である。産業構造の転換によって，管理の主たる対象が，いわゆるブルーカラー層からホワイトカラー層に移ったからである。

行動科学的管理論は，マズロー，マグレガー，アージリス，ハーズバーグ，リッカートの理論にもみられるように，組織における人間の動機づけや，そのためのリーダーシップのあり方の研究を中心にしており，欲求・動機づけ分析や公式組織の分析をもとにして，労働者管理や小集団管理を提唱している[13]。

こうした諸理論の成果は，公式組織における目標管理，小集団管理，職務拡大，職務充実，参加的リーダーシップ，集団参加型管理システムなどの具体的・実践的手法として応用され，実際の経営の場に取り入れられている。このことは，個人の欲求と組織目的との統合をさらに推し進めたという点，またその後のQWL（Quality of Working Life）いわゆる「労働生活の質」の向上に向けて新たな局面に転換していく契機となったという点においても，その意義が認められる[14]。

しかし一方で，こうした職場集団や作業集団のみに従業員の参加を促進させる管理技法は，労働者管理を一層強め，労働者を職場における小集団に分裂させることによって，第2次世界大戦後以降急速に成長し強大化し始めた労働組合の組織基盤を分断し，弱体化させたとみることもできるのである（森川，2002，194～195頁）。

付記：本章は，岡田（2008）をもとに，削除・加筆・修正したものである。

注

1　行動科学と組織論の関係性については，以下のような指摘もある。

「伝統的ないし古典的組織理論が，企業経営の経験を整理して，企業内の人間を抽象し，ただ職務すなわち仕事の分化と総合のための合理的な組織構造を考察することを中心とし，それに管理過程について若干の考察を加えていたのに対し，新しい組織理論が，一定の目的のために調整された複数の人びとの協働を組織と呼んで，そこにおける人間の行動を明らかにしようとするときには，当然に行動科学の力をかりるのである。（田杉，1967，7頁）」

2　「第2次大戦中にはさらにいっきょに組合員600万人を追加し，大戦終了時には組合員数1,430万人，組織率は非農業雇用労働者の35.8％に達していた。（森川，2002，171頁）」とあり，当時の労働組合勢力増大の顕著な現れがうかがえる。

3　動機づけ理論（motivation theories）は，欲求理論（need theory）と期待理論（expectancy theory）とに大きく区分される。前者は，人間とはなんらかの欲求をもっており，それを満たすために行動を引き起こすとする伝統的な動機づけ理論を指す。これに対して，後者は，自分の行動がもたらす誘引価値の期待値によって行動するという新しい動機づけ理論を指している。

また，欲求理論は，学派的に次の2つの系譜に区分される。

「第1は，マレー（Murray, H.A.）を始祖とするものであり，その後マクリーランド（McClelland, D.C.）を中心としてアトキンソン（Atkinson, J.W.），フェザー（Feather, N.T.），カミン（Cummin, P.C.），リットビン＆ストリンガー（Litwin, G.H. and Stringer, R.A.）らによって展開されているものである。

これに対して，欲求理論の系譜の第2は，マズロー（Maslow, H.A.）を始祖とするものである。そして，マズローの理論を修正したものとして，アルダーファー（Alderfer, C.P.）の理論がある。また，マズローの理論を継承した組織研究として，マグレガー

(McGregor, D.) やアージリス (Argyris, C.), デービス (Davis, W.A.), ヘアー (Haire, M.), リービット (Leavitt, H.), シェイン (Schein, E.H.) らの研究がある。(坂下, 1982, 48〜49頁)」

4 「マズロー理論は臨床心理学的色彩の濃い理論であるが, それは組織のなかの人間行動の説明のための基礎理論として, 理論自体の経験妥当性が実証されないうちに多数の組織研究者によって採用されていった。そのなかでも, マグレガーとアージリスの理論は, 最も直接にマズロー理論の影響を受けている点が注目される。(前掲書, 65頁)」

5 マグレガーは, これについて次のように述べている。

「統合とは, 企業が繁栄するよう経営者と従業員とが一緒になって働くことであって, その成果を報酬として分かち合うことになる。しかし, 経営者の腹のなかには, 一緒になって働くということは, 『経営者の考えた』企業の要求にそのまま合わせることであるという考えが隠されている。従来の考え方からすれば, 従業員が自分たちの目標を追求しながら, 企業目標を押しすすめるなどということは想像もできないことであろう。反対に, そんなことをしようものなら, 秩序が保てず, 混乱状態となり, 利己的な争いが繰り返され, 無責任で, 決定ひとつできず, 現にやれていることもやれなくなってしまうのではないかと思われよう。確かに, 従業員全員が自分たちの目標を実現するには, 会社が繁栄するようわき目もふらず努力するのがいちばんだと思うような状態をつくりださなければ, 以上述べたとおりの結果に, あるいはもっとひどい結果になるのは当然のことであろう。Y理論の考え方が正しいとすれば, 実際に問題となるのは, そのような状態がはたして創りだせるものなのか, そして創れるとしてもどの程度創りだせるのか, ということである。(McGregor, 1960, p.53 邦訳, 61頁)」

「企業の要求と, 個々の従業員の目標や欲求とを完全に統合することは, 現実にはとても実現できない目標であることは無論である。この原則をとろうとするときは, どの程度の統合を図れば, 従業員が企業の繁栄のために努力しながら, 自分の目標を『いちばん』よく実現できるかを知ることが大切である。『いちばん』というのは, ほかのやり方, 例えば無関心, 無責任, 渋々ながらの服従, 敵意, 怠惰といったやり方より, このやり方のほうが従業員に魅力的であるということである。つまり, 従業員は絶えず自発的に自分の能力・知識・技術・手腕を高め, かつ実地に活かして企業の繁栄に尽くそうとするようになるということなのである。(*Ibid*., p.55 邦訳, 63〜64頁)」

6 さらにマグレガーは,「リーダーと環境の要素との関係」について, 次のように述べている。

「リーダーの特性には単一の普遍的な型がないにしても, 少なくとも, どんな場合でも人間がうまく組織的に仕事をするに不可欠な『リーダーと環境の要素との関係』については, ある普遍的な特性があると考えることができるかもしれない。しかし, これは疑わしい。(*Ibid*., p.184.　邦訳, 215頁)」

7　アージリスは，組織目標と個人の欲求との対立を統合し，両者の不適合を克服するためには，組織と個人の双方における変化が必要不可欠であるとして，個人が自己の欲求を充足させるために組織を利用し，逆に組織の側も目標達成のために個人を活用しながら，両者がともに自己実現を達成していく統合（融合）のプロセスを推進することが重要であると指摘している。そのため，彼は，その変化の過程を6つの組織変数から仮定し，「混合モデル」として提示している。(Argyris, 1964, pp.150-153　邦訳, 200～204頁)

8　ハーズバーグの理論は，「動機づけ－衛生理論」のほかに，「二要因理論」(two factor theory)，「動機づけ－維持理論」(motivation-maintenance theory) とも呼ばれている。

9　「すなわち，衛生ないし保全事象は，不快さを回避する欲求ゆえに職務不満を招き，他方，動機づけ事象は，成長ないし自己実現に対する欲求ゆえに職務満足を招いたのである。(Herzberg, 1966, p.75　邦訳, 87～88頁)」

10　「『仕事の動機づけ』のうちには，産業界への警告が含まれている。すなわち，職務に対する『動機づけ要因』が欠けているときには，現実的・想像的不良職務衛生に対する従業員の易感性が増大し，その結果として，従業員に与える衛生の量と質を絶えず改善しなければならなくなる。さらにまた，衛生要因による職務不満の解消は一時的効果しかもたず，したがって，頻繁に職務環境に気を配る必要が増える。実際，衛生要因は，短期的事象に現れており，それは動機づけ要因事象の長期性と対照的である。動物的ないし衛生的要因は循環的であり，一時的にしか満たされていない。これらの要因の循環的性質は，生命保全の必要からきている。職務の衛生要因は，無意味な仕事に短期間作用する麻薬的性質を帯びている。すなわち，それを欠いた個人は不幸せになるが，それを入手しても一時的にしか気が晴れない。なぜなら，効果がすぐに薄らぐために，衛生追究者は慢性的に不満を抱くことになるからである。(*Ibid*., pp.80-81　邦訳, 94頁)。」

11　「職務充実は，職務の内容が豊富に充実することであり，アージリスのいう『職務拡大』(job enlargement) と区別しなければならない。すなわち，前者は，従業員の自己実現欲求を充足できるように職務内容を豊富にして質的に充実することであり，後者は，従業員が退屈と無関心におちいらないために様々な課題を与えたり，より広い責任を与えるなど職務の量的な拡大を意味している。しかしながら，実際の応用の面では，両者はほとんど区別できない。なお，アージリスによれば，職務交換 (job rotation) は，職務拡大の一手法にすぎないから，これら3つの区別は相対的なものにすぎない。(渡辺, 2000, 231頁)」

12　初期のリーダーシップ研究は，優れたリーダーとは優れたリーダーシップを発揮するという仮定に立って，リーダーと非リーダーとの特性の違いや，優れたリーダーが備える特質を明らかにすることを目的として進められた。この研究は，リーダーシップを規定するのはリーダーの特性であるという考え方から出発したものであり，特性研究（trait theory）あるいは特性アプローチ（trait approach）といわれている。これに対して，リーダーの行動に焦点を当ててリーダーシップを研究するアプローチが，リーダーシップの行動理論（behavioral theory）である。この理論は，行動としてのリーダーシップを類型化するものであり，リーダーシップの複雑性を理解するうえで有益であるとして広く注目された。その後，リーダーシップ研究は，レヴィン（Lewin, K.）によるグループ・ダイナミックス（Group Dynamics）や，リピット＆ホワイト（Lippitt, R.O. and White, R.K.）によるリーダーシップ・スタイルの研究，コック（Coch, L.）やフレンチ（French, J.R.P.），カッツ（Katz, D.）らの研究によって進展していくこととなる。このようななかで，リッカートは，レヴィンの理論やカッツとの成果を踏まえながら研究を進め，独自の理論を展開している。大月ほか（2008, 140～144頁），黒川（1982, 217～230頁），渡辺（2000, 247～250頁）を参照。

13　科学的管理から行動科学にいたるまでの発展過程については，次のような指摘がなされている。なお，() 内は，筆者加筆。

「これら3派（科学的管理論，人事管理論，人間関係管理論）は，それぞれの時代の新しい課題をとらえて段階をなして登場してきたものであって，前のものが後のものによって排除されてまったく取って代わられるといったものではなく，むしろ前のものが後ろのものによって訂正補完されながら，全体として重層化していく関係とみるべきである。…（中略）…約言すれば，アメリカの労務管理論は労働の方法管理，ついで労働能力管理，労働意思管理の順で形成され，これが三段構えとなって一応の形態をととのえ，これにつづく行動科学による学際的接近の基盤を用意する形となった。（副田, 1981, 8 頁）」

14　「50年代の後半から，アメリカの労務管理は改めて新しい発展段階にはいったとみてよい。少なくとも行動科学の成立と発展によって，アメリカにおける労務管理の理論が大きく変わろうとしていることは否定できないであろう。ただ，行動科学そのものは急速な発展をとげ，かつ現在つぎつぎに進歩しているから，その評価は慎重に行なわなくてはならないが，それが従来の経営管理とくに労務管理に対して根本的な批判を加えつつあることは，きわめて重要な意義をもつといわざるをえない。行動科学の展開によって，アメリカの労務管理はようやく本来のすがたに近づきつつあるものとみられるからである。労務管理はもともと『人間の論理』に立脚するものでなくてはならないが，行動科学はこの『人間の論理』について，これを『行動の論理』という立場から体系的な理解のいとぐちを提供しつつあるといってもよい。もとよりそれは決して完全なものではないが，従来必ずしも十分に理解されていなかった人間の『行動の論理』を次第に認識可能とし，かつ測定可能とするように努力していることは認めなくてはならないであろう。（笛木，1969，196頁）」

参考文献

Argyris, C.（1957）*Personality and Organization: The Conflict Between System and the Individual*, New York: Harper & Brothers.（伊吹山太郎・中村　実共訳『新訳　組織とパーソナリティ　―システムと個人との葛藤―』日本能率協会，1970年）

Argyris, C.（1964）*Integrating the Individual and the Organization*, New York: J.Wiley.（三隅二不二・黒川正流共訳『新しい管理社会の探究』産業能率短期大学出版部，1969年）

Gellerman, S.W.（1963）*Motivation and Productivity*, New York: American Management Association.

Herzberg, F.（1966）*Work and the Nature of Man*, Thomas Y. Crowell.（北野利信訳『仕事と人間性　―動機づけ－衛生理論の新展開―』東洋経済新報社，1968年）

Likert, R.（1961）*New Patterns of Management*, New York: McGraw-Hill.（三隅二不二訳『経営の行動科学　―新しいマネジメントの探求―』ダイヤモンド社，1964年）

Likert, R.（1967）*The Human Organization: its management and value*, New York: McGraw-Hill.（三隅二不二訳『組織の行動科学　―ヒューマン・オーガニゼーションの管理と価値―』ダイヤモンド社，1968年）

Maslow, H.A.（1954）*Motivation and Personality*, 2nd ed., Harper & Row, 1970.（小口忠彦監訳『改訂新版　人間性の心理学　―モチベーションとパーソナリティ―』産業能率短期大学出版部，1987年）

McGregor, D.（1960）*The Human Side of Enterprise*, New York: McGraw-Hill.（高橋達男訳『〔新版〕 企業の人間的側面　―統合と自己統制による経営―』産業能率大学出版部，1970年）

大月博司・高橋正泰・山口善昭（2008）『経営学　―理論と体系―（第三版）』同文舘出版

岡田行正（2008）「第４章　行動科学的管理の台頭」『アメリカ人事管理・人的資源管理史（新版）』同文舘出版

菊野一雄（1982）『労務管理の基礎理論』泉文堂

菊野一雄（1992）「第５章　行動科学と労務管理」奥林康司・菊野一雄・石井修二・平尾武久・岩出　博『労務管理入門〔増補版〕』有斐閣

黒川正流（1982）「第９章　人間関係とリーダーシップ」二村敏子編『組織の中の人間行動〈現代経営学（５）〉』有斐閣

坂下昭宣（1982）「第３章　欲求理論と人間行動」二村敏子編『組織の中の人間行動〈現代経営学（５）〉』有斐閣
副田満輝（1981）「序章　経営労務論の意味と内容」副田満輝・原田　実編『経営労務論』ミネルヴァ書房
田杉　競（1967）「第１章　人事管理の諸問題と行動科学」田杉　競・藤田　忠・小野豊明・間　宏編『人事管理と行動科学（新経営学全集〈３〉）』日本経営出版会
津田眞澂（1993）「第２章　人事労務管理の学説の形成と発展」津田眞澂編『人事労務管理』ミネルヴァ書房
笛木正治（1969）『労務管理発展史論』同文舘
森　五郎（1976）『新訂　労務管理概論』泉文堂
森川譯雄（1997）「第８章　工業経営研究と労務管理」鈴木幸毅編『工業経営研究の方法と課題』（工業経営研究学会創立10周年記念出版）税務経理協会
森川譯雄（2002）『労使関係の経営経済学　―アメリカ労使関係研究の方法と対象―』同文舘出版
若林　満（1981）「第２章　モティベーションの基礎理論」西田耕三・若林　満・岡田秀和編『組織の行動科学　―モティベーションと意思決定―』有斐閣
渡辺　峻（2000）『人的資源の組織と管理　―新しい働き方・働かせ方―』中央経済社

第 III 部

組織と環境

第8章

コンティンジェンシー理論

キーワード

組織構造，オープンシステム，機械的管理システム，有機的管理システム，環境の不安定性，環境の不確実性，生産技術の複雑性，課業環境，分化，統合，コンフリクト，one best way

I 考察の視点

組織構造は，古典的組織論・管理論でも，主要なテーマの1つであった。テイラー（Taylor, F.W.）は，生産工場を対象に「ファンクショナル組織」の有効性を唱え，ファヨール（Fayol, H.）は，大企業や公的機関も含むあらゆる組織を対象にして，「ライン・アンド・スタッフ組織」の優位性，また「命令一元性の原則」「権限・責任の原則」などをはじめとする管理諸原則を提唱した。

しかし，その後研究が進展するにつれて，こうした古典派といわれる理論の主張とは一部矛盾する実態が徐々に明らかになっていく[1]。メイヨー（Mayo, G.E.）やレスリスバーガー（Roethlisberger, F.J.）による人間関係論の登場によって，「経済人モデル」に基づく「費用の論理」や「能率の論理」の限界が露呈し，「社会人モデル」を基盤にした「感情の論理」の重要性，すなわち組織における良好な人間関係の構築が高い企業業績に結びつくことが実証されたからである。また，バーナード（Barnard, C.I.）やサイモン（Simon, H.A.）による近代組織論では，組織を人びとによる「協働システム」と把握し，「制約された合理性」のもとで意思決定する「管理人モデル」を基盤に企業行動を捉えており，古典派の唱える管理諸原則を非現実的であると批判した。

このように普遍的かつ唯一最善＝“one best way”だと考えられてきた古典派理論の原理・原則が，その限界を露呈するにしたがって，その後しばらく組織構造に関する議論は停滞する。ところが，1960年代に入ると，グローバル化や技術革新によって企業経営の多角化が進展し，それにともない企業をとりまく環境への適応やそのための組織化が実践的な課題として浮上することになる。

とりわけイギリスは，第1次世界大戦で債務国に転落し，さらに第2次世界大戦で社会的にも経済的にも疲弊を余儀なくされた（岸田，2012，188頁）。それゆえ，19世紀から20世紀初頭にかけて圧倒的な勢力を誇っていたイギリスは，国際的にも経済的・軍事的側面でもその地位を次第にアメリカに奪われていく[2]。こうした情勢を背景に，第2次世界大戦後のイギリスでは，製造業の衰退を食い止め，国際競争力を高めていくために，技術革新への対応と生産性向上が喫緊の課題と認識されるようになる（風間，2012，10〜12頁）。

そこで，イギリスを端緒として始まったのが，「企業のおかれた環境や条件が違えば，有効な組織構造も異なるのではないか」という問題意識に基づく実証研究である（坂下，1992，87頁）。このような観点に立脚した研究は，異なった環境という条件付き（contingent on）であるため，後にコンティンジェンシー理論（contingency theory）や「状況適合理論」，あるいは「条件適合理論」または単に「条件理論」と呼ばれることになる[3]。

その初期の代表的な研究が，イギリスのバーンズ＆ストーカー（Burns, T. and Stalker, G.M.）による調査研究であり，これに続くウッドワード（Woodward, J.）の研究である。その後，コンティンジェンシー理論は，アメリカでもローレンス＆ローシュ（Lawrence, P. R. and Lorsch, J. W.）の研究を嚆矢として1960年代から1970年代にかけてさらに発展していく。

そこで本章では，初期の代表的なコンティンジェンシー理論に位置づけられている上記３つの研究に焦点を当てて，各々の主要な論点について考察していく。

Ⅱ　バーンズ＆ストーカーの研究

1　調査背景と分析視角

コンティンジェンシー理論の代表的な研究の１つが，イギリスのバーンズ＆ストーカーによる実証研究である。

第２次世界大戦の戦前・戦中に開発された軍事技術，すなわち無線技術やレーダー装置，電算機など当時の最先端技術は，大戦後になると家庭用ラジオやテレビ，電信交換機器，航空機・船舶用や気象用のナビゲーション，コンピュータ，半導体，産業用の機械自動制御装置などのいわゆるエレクトロニク

バーンズ（1913-2001）

＊写真出所：https://commons.wikimedia.org/wiki/File:1990s_Tom_Burns.jpg

ス製品の製造へと技術転用され，その比重を大きく転換しつつあった（Burns and Stalker, 1961, pp.37-43）。こうした革新的な製品の需要が，イギリス国内のみならず国際的にも急速に高まり，それにともなって先進諸国の企業がイギリス市場にも参入してこようとしていた。また，イギリス国内でも戦争終結とともに，当時発行された国防白書によっても，それまでの軍や政府機関に依存したビジネスへの危惧から，そうした産業構造からの脱却への意識が醸成されていたのである（*Ibid.*, pp.57-58）。

こうした国内情勢を背景に，英国スコットランドでも，新たな成長分野としてエレクトロニクス産業への新規参入や事業促進の計画が強い関心を集めた（*Ibid.*, pp.45-46）。これが，英国スコットランド政府の掲げた政策，すなわち「エレクトロニクス計画」（the Scottish Council's electronics scheme）である。

そのため，バーンズ&ストーカーは，技術革新と市場の変化，つまり企業をとりまく外部環境と企業組織内部のマネジメントの関係について企業20社すべての要職に就く人びとから広く面接調査を行った。対象企業は，様々な産業分野から選び出した紡績会社や大規模なエンジニアリング会社，またエレクトロニクス分野に進出しようとしているスコットランド地方の企業，すでにエレクトロニクス産業の各分野で活動していたイングランド地方の企業であった。その分析に基づく研究成果が，著書『イノベーションのマネジメント』（*The Management of Innovation*, 1961）である。

2 機械的管理システムと有機的管理システム

バーンズ&ストーカーは調査を進めるなかで，異なる産業分野に位置し，高業績を上げている企業のなかでも明らかに異なるタイプが存在することに注目した。その1つが，伝統的産業分野である紡績産業のレーヨン製造会社であり，ここで用いられている組織構造や経営管理を「機械的管理システム」（mechanistic management system）と名付けている。もう1つが，エレクトロニクス産業で急速な技術革新に対応し，高業績を上げている総合電機製造会社である。これを「有機的管理システム」（organic management system）と称している。

この「機械的管理システム」と「有機的管理システム」の特徴をまとめたのが，**図表8-1**である[4]。このタイプの異なる2つの管理システムの違いは，次のように整理できる（Lawrence and Lorsch, 1967, pp.187-189. 邦訳，226～228頁. 加護野, 1980, 10～13頁. 坂下, 1992, 89～91頁. 三浦, 2020, 124～127頁）。

第1に，「機械的管理システム」は相対的に安定した環境や条件のもとで活動する企業に適切であり，「有機的管理システム」は不安定な環境や条件に適合するという点である。

「機械的管理システム」は，バーンズ&ストーカーの研究では，レーヨン製造会社にみられるタイプである。レーヨン製造会社は，伝統的な紡績産業に属しているため競合企業も限定され，事業環境の変化も比較的予測しやすい安定市場にある。そのため，標準的な製品をいかにして効率的に生産するかに経営目標の焦点が当てられている。

一方の「有機的管理システム」は，総合電機製造会社にみられるタイプである。当時の新規の産業分野であるため，予測不能な不安定な事業環境にさ

図表8-1　機械的管理システムと有機的管理システム

機械的管理システム	有機的管理システム
(a) 職能的専門化 (b) タスクの抽象性 (全体目的との関連が理解できない) (c) 上司による調整 (d) 職務・権限の明確化 (e) 職務・権限・手続きが職能的地位の責任という形に変換される (f) コントロール・権限・伝達のピラミッド型構造 (g) 上位への情報集中 (h) 垂直的相互作用 (i) 上司の命令と指示の伝達 (j) 組織に対する忠誠心と上司への服従の強調 (k) 組織に特定的な知識の強調	(a) 知識と経験の専門化 (b) タスクの具体性・全体性 (全体状況との関連性が理解できる) (c) 相互作用による調整 (d) 限定された職務からの脱皮 (e) 技術的規定を超えた関心の拡大 (f) コントロール・権限・伝達のネットワーク型構造 (g) 情報の組織内分散 (h) 水平的相互作用 (i) 情報と助言の伝達 (j) 組織のタスクと技術的特質に対するコミットメント (k) 組織外の専門家集団にも通用する知識の強調

（出所）Burns and Stalker（1961, pp.119-122），加護野（1980, 11頁）

らされている。それゆえ，効率的な生産というよりも，いかに革新的な技術を開発し，それをどのような新製品に活かしていくかという点に経営目標がおかれていた。

第２に，こうした安定ないし不安定なそれぞれの外部環境のもとでの専門化という点である。

「機械的管理システム」では，職務や職能ごとに専門化されており，その意味で職務や職能間の分化は確立している。それに対して「有機的管理システム」は，職務や職能間の分化は進んでおらず，その境界も不明確であった。しかし，従業員の知識や経験という点では，高度な専門化が進んでいた。

第３に，従業員各自のタスク，そして組織における職務・権限・責任の関係である。

「機械的管理システム」では，職務が専門別に細分化されており，各従業員のタスクも明確に規定されている。しかし，１人ひとりの従業員は，自分が担っている仕事や職務を組織全体との関係性から捉える意識からは疎遠であった。つまり，各従業員は，まるで下請負仕事のように割り当てられた業務を遂行する傾向がみられ，それゆえ各業務間の調整を行うのは，管理者の仕事であるという認識が一般化されていた。したがって，組織における職務・権限・責任は職位に付随しており，明確な階層化の特徴を有している。

「有機的管理システム」では，不安定な環境下ゆえ，生じる問題や必要となる行動や活動も多岐にわたる。そのため，明確な階層構造のもとで専門的な役割を細分化して配置するのは困難である。それゆえ，階層的な職務・権限・責任の関係は，明確ではなく分散されており，むしろ構成員間の相互作用によって調整されていた。したがって，個々の従業員は会社全体のタスクを考えながら，個々のタスクを遂行する必要があり，実際の職務内容も，タスクに参加する他のメンバーとの相互作用によって絶えず変わる。

第４に，命令や情報・伝達についてである。

「機械的管理システム」では，情報は組織の上層部に集中しており，命令系統や情報・伝達も上意下達で垂直方向に発出される。それゆえ，中央集権的なピラミッド型で構成されている。

それに対して「有機的管理システム」における情報・伝達は，垂直的なタテの関係と同様に水平的なヨコの関係も重視され，職位の異なるメンバーとも指示・命令というよりもむしろ協議が重用される傾向をもつ。その意味で，ネットワーク型の構造であり，もはや全知全能なる企業トップの役割さえ期待されていない。

第5に，忠誠心や知識に関する事項である。

「機械的管理システム」では，従業員は組織や上司への忠誠心を強調されており，個別企業内だけで通用する狭い知識が重視されている。それに対して，「有機的管理システム」では，仕事や技術への忠誠心が強調されており，したがって個別企業内の枠を超えた広範な知識が重視される。

以上のように，バーンズ&ストーカーは，「機械的管理システム」は安定した環境にある企業に適したシステムであり，一方「有機的管理システム」は不安定な環境下の企業で適用されているシステムであることを発見した。したがって，彼らの調査研究によって，環境の不安定性が組織構造のコンティンジェンシー要因になっていることが明らかにされたのである（加護野，1980，91頁）。ただし，バーンズ&ストーカーが指摘する以下の点には，注意が必要である。

> 「産業資源の有効な組織化とは，ある1つの理想型の管理システムに近づくということではない。有効な組織化の重要な側面は，外的要因の変化に適合するように組織自体が変化することなのである。（Burns and Stalker, 1961, p.96）」

つまり，「機械的管理システム」あるいは「有機的管理システム」のいずれかが，高業績を上げる普遍的かつ万能な唯一最善＝“one best way”の管理システムということではなく，あくまでも環境の不安定性がどの程度かによって，適合する管理システムや組織化も変わってくるということである。

III ウッドワードの研究

1 分析視角

バーンズ&ストーカーに続き，初期のコンティンジェンシー理論に位置づけられるのが，イギリスのウッドワードを中心としたサウス・イースト・サセックス工科大学の調査チームによる研究である。

この調査研究は，イギリスのサウス・エセックスという新興工業地帯で100人以上の従業員が従事する製造企業100社を対象に行われたことから，「サウス・エセックス研究」ともいわれている。対象企業数も広範で，1953年から1963年までの約10年間実施されたこの調査は，その後展開される数々のコンティンジェンシー研究のなかでも，大規模かつ長期間にわたる数少ない実証研究である。その研究成果が，著書『新しい企業組織　―原点回帰の経営学―』（*Industrial Organization: Theory and Practice*, 1965）である。

ウッドワードは，当初，管理システム・組織構造・業績の関係性について調査を進めていた。ところが，新興工業地帯であるサウス・エセックスの調査では，いわゆる古典的組織論・管理論といわれるテイラーが唱えたようなファンクショナル組織を採用している企業はきわめて少なく（Woodward, 1965, pp.18-19　邦訳,22～24頁），むしろ「有機的管理システム」を採用する企業数が「機械的管理システム」の約2倍も存在するという実態が明らかになった（*Ibid*., pp.24-25　邦訳,30頁）。これは，先のバーンズ&ストーカー研究を裏付ける結果でもあった。こうした実態を踏まえて注目したのが，生産技術と組織構造との関係性であり，ここにウッドワード研究の最大の特徴がある。

ウッドワード（1916-1971）

調査対象が製造企業といえども，すべての企業が同じ生産技術や生産システムを用いているわけでないからである。そのため，生産技術の歴史的な発展段階を勘案して，調査企業を，①単品生産および小

＊写真出所：https://www.imperial.ac.uk/centenary/memories/DotGriffiths.shtml

規模なバッチ生産，②大規模なバッチ生産および大量生産，③装置生産の3種類に分類した[5]。

これについてウッドワードは，「これらは歴史的な発展および技術的な複雑さの順に並んでいるのである。つまり，顧客の個人的な諸欲求に合わせて作る単品生産は時代的に最も古く，最も単純な製造形態であり，量でいく製品を絶え間なく流れるように生産するのは最も新しく，技術的に最も複雑である。（*Ibid*., p.40　邦訳，48頁）」と説明している。こうした観点から調査対象企業を分類したのが，**図表8-2**である。

図表8-2　サウス・エセックスの企業における生産システム

	企業数	生産システム	企業数	生産技師達による分類
（A）数でいく製品 単品生産および小規模なバッチ生産	5	Ⅰ　顧客の求めに応じた単品生産	17	請負い生産
	10	Ⅱ　プロトタイプの生産		
	2	Ⅲ　段落ごとに分けての巨大設備の組立て		
	7	Ⅳ　顧客の注文に応じた小規模なバッチ生産	32	バッチ生産
大規模なバッチ生産および大量生産	14	Ⅴ　大規模なバッチ生産		
	11	Ⅵ　流れ作業による大規模なバッチ生産		
	6	Ⅶ　大量生産	6	大量生産
（B）量でいく製品 装置生産	13	Ⅷ　多目的プラントによる化学製品の断続的生産	13	バッチ生産
	12	Ⅸ　液化装置による液体，気体，結晶体の連続生産	12	大量生産
（C）混合システム 合計92社	3	Ⅹ　大規模なバッチで標準化された部品を生産した後，いろいろに組み立てるもの		
	9	Ⅺ　結晶体を装置で生産した後，標準化生産法によって販売準備をするもの		

（出所）Woodward（1965, p.39　邦訳，47頁）

ウッドワードによる製造企業分類の各定義は，以下の通りである。

①単品生産および小規模なバッチ生産（単品・小バッチ）

初期の生産システムであり，顧客の求めに応じて「単品生産」あるいは「小規模なバッチ生産」が行われる。

②大規模なバッチ生産および大量生産（大バッチ・大量）

オートメーションなどを用いた単純反復的な流れ作業によって，単一製品を「大量生産」する「大規模なバッチ生産」である。

③装置生産（装置）

当時の最新かつ複雑な生産技術が必要とされるシステムであり，断続的に生産する多目的プラントや突発的な故障や解体修理で運転が止まる以外は連続的に生産する単一目的プラントが含まれる。すなわち，装置生産には，機械装置にコントロール・システムが装備され，生産技術それ自体も生産プロセスのなかに内装化されている。

2 生産技術の複雑性

上記のように，用いられる生産技術の複雑性に応じた製造企業の分類によって，生産技術と組織構造との関係性が明らかにされた。それは，次のように要約できる（*Ibid.*, pp.50-67. 邦訳，61～81頁．岸田，2009a，174～176頁．寺澤・趙，2012，44～46頁）。

第１に，技術進歩と組織構造の相関性である（**図表8-3**）。

一般に，生産技術が複雑な企業ほど，権限階層は増え，それにともない命令系統も長くなる。また，最高執行責任者が管理する従業員数も多くなり，中間管理層である監督者や管理者の人数が増え，生産部門での大学卒の監督者割合も大きくなる。それゆえ，１人の管理者に対する部下の人数（管理者の割合）は低くなる傾向が認められた。

特に，装置生産を用いる企業では，権限階層が多いため命令系統も非常に長く，最高執行責任者が管理する範囲も大きい。しかし，最高執行責任者は，権限を一身に集めた意思決定者というよりも，意思決定の会議体の議長とし

図表8-3　技術の複雑性にしたがって変わる構造特性

構造特性	単品・小バッチ	大バッチ・大量	装置
命令系統の長さ，権限階層（中位数）	3	4	6
最高執行責任者の統制範囲（中位数）	4（3～7）人	7（4～13）人	10（5～19）人
労務関連コスト（平均）	35%	32%	15%
大学卒監督者の割合	少　数 （非生産部門）	ま　れ	多　数 （生産・非生産部門）
中間管理層の統制範囲	最　高		最　低
管理者の割合（平均）	1：23	1：16	1：8
事務管理スタッフ１人当たりの作業労働者数（平均）	8	5.5	2
間接労働者・直接労働者の割合（平均）	9	4	1

（出所）Woodward（1965, pp.50-59　邦訳，61～72頁），岸田（2009a, 175頁）

て機能しているケースが多い。さらに，装置生産の企業では，多くの管理者や監督者がいるばかりでなく，学歴も高かった。つまり，技術的な複雑さの度合いは，生産管理に雇われる大学卒の人数にも結びついていたのである。

他方，生産技術の複雑さが低くなるにしたがって，管理者数が少ない分だけ中間管理層の統制範囲は大きく，作業労働者に対する事務管理スタッフの割合が増え，間接労働者に対する直接労働者の割合も大きいという実情が明らかになった。

加えて，総売上高に占める賃金や給料などの支出割合は，生産技術が複雑な企業ほど，つまり技術進歩に応じて小さくなっていた。単品生産の企業では，労務コストのほとんどが開発費用となる傾向があり，大バッチ生産の企業では，原材料にかかる生産費用が労務コストの大半を占めていた。一方，装置生産の企業では，労務コストは格段に低く，間接労働者の多くはプラントや機械の維持管理に配置されていた。

第２に，生産技術の複雑性の両極に位置する企業にみられる組織構造の類似性である（**図表8-4**）。

図表8-4 技術尺度の両極において類似する構造特性

構造特性	単品・小バッチ	大バッチ・大量	装置
第一線監督者の統制範囲（平均）	23	48	13
熟練労働者の割合	高 い	低 い	高 い
組織体制	有 機 的	機械的	有機的
専門スタッフ	少ない（経験・コツ）	多 い	少ない（科学的知識）
生産統制	少ない	精 密	少ない
コミュニケーション	口 頭	文 書	口 頭

（出所）Woodward（1965, pp.60-67 邦訳，72〜81頁），岸田（2009, 176頁）

生産技術の複雑性の両極に位置する企業とは，「単品生産および小規模なバッチ生産（単品・小バッチ）」と「装置生産（装置）」を指している。こうした企業では，生産現場に近い第一線監督者の統制範囲が小さいことが示された。この点についてウッドワードは，労働者を小さな作業グループに編成している表れであり，作業グループと直接の上司との関係性も親密で，協調的な労使関係構築の要因にもなっていると指摘している。

また，この2つの企業群における熟練労働者の割合が高い実態も明示された。単品生産の企業では，熟練労働者が生産に直接携わっており，装置生産の企業では，熟練者たちがプラントや装置の維持に責任をもち，間接労働を受け持っていたからである。

さらに，この2つの企業では，専門スタッフの人数が少ないという共通性も明らかになった。単品生産企業では，生産部門内に専門スタッフを雇うこと自体が比較的少なく，長い経験や身体で覚えたコツや勘こそが重要であったからである。他方，装置生産の企業では，ラインとスタッフの区分が弾力的なため，ライン管理者の学歴に裏付けられた技術的な知識や能力などが重視されていた。これに対して，専門スタッフの雇用者数が圧倒的に多いのが大規模なバッチ生産に分類される企業群であり，ライン・スタッフ組織も厳格に適用されていた。

こうした特性は，「単品・小バッチ」と「装置」に分類される企業においては，意思決定権限と責任が委譲されるケースが多く,「有機的管理システム」であるのに対して,「大バッチ・大量」に分類される企業では,職務・権限・責任が明確に規定される「機械的管理システム」を採用していたことにも表れている。

同様に,コミュニケーションの方法でも,類似した特徴が示されている。「単品・小バッチ」と「装置」の企業群では,管理者と部門間のコミュニケーションは口頭でなされる場合が多く,「大バッチ・大量」の企業群では,文書で行われる傾向が強かった。部門間のメモや作業指示,企業戦略上の指示など事務的作業の量は生産技術が進歩するのに応じて増加し,流れ作業の企業でピークに達する。しかし,生産技術がこれを超えて進行すると,事務的仕事量は減り,装置生産の企業では再び口頭によるコミュニケーションが主体となっていたのである。

この点に関して,ウッドワードとこの調査に携わった研究員たちは,コミュニケーションが文書で行われるという傾向こそ,まさに大規模なバッチ生産から生じる圧迫感やストレスにつながっていくこと,またラインとスタッフの区分の厳格さがライン監督者の自由裁量を限定し,ライン監督者と専門スタッフとの間に生じるコンフリクト(conflict:葛藤,対立,軋轢,衝突)は,コミュニケーションを文書化して自身を守るような雰囲気の醸成にもつながっている印象を受けたと指摘している。

第3に,技術・組織構造・業績の関係性である(*Ibid.*, pp.68-80, pp.125-153 邦訳, 83〜97頁, 151〜183頁. 岸田, 2006, 68〜69頁. 寺澤・趙, 2012, 47〜49頁. 高橋, 2007, 158頁)。

調査対象企業100社のなかから業績の良い企業20社を抽出して,さらに追跡調査を進めた結果,次のような特徴が判明した。

まず,バーンズ&ストーカー研究の通り,大規模なバッチ生産に分類される高業績な企業群は「機械的管理システム」を採用しており,これ以外に分類される高業績企業は「有機的管理システム」であった。

また,大規模なバッチ生産の高業績企業では,古典的組織論・管理論で唱えられてきた「権限・責任の原則」「命令一元性の原則」「統制範囲の原則」が実践されていたのである。これは,古典的組織論・管理論に寄与した偉人たちが,大規模なバッチ生産の企業現場を想定し,その経験から一般化され

図表8-5 高業績企業の製造サイクルと中核的機能

生産システム	製造サイクル（まん中が中核機能）	業務機能間の関係
単品・小バッチ	マーケティング → 開発 → 生産	日常的な業務連絡
大バッチ・大量	開発 → 生産 → マーケティング	通常は情報交換のみ
装　　置	開発 → マーケティング → 生産	通常は情報交換のみ

（出所）Woodward（1965, p.128　邦訳，153頁），岸田（2006, 69頁）

た経営理論にほかならないことを表している。しかし，それ以外の生産技術を用いる企業では，こうした古典的な管理諸原則を採用していなかった。

そこで着目したのが，製造業で中心となる３つの部門，つまり開発・生産・マーケティングにおける部門間の相互補完関係である。追跡調査した各高業績企業の管理者層・監督者層へのインタビューを通して，どの企業にも重要な役割を担う中核部門が存在することが判明した（**図表8-5**）。

単品生産・小規模なバッチ生産（単品・小バッチ）の企業では，生産計画が注文だけに基づいているのが特徴である。そのため，受注活動のマーケティングから始まり，注文を満たす製品の開発，続いて生産が開始される。顧客の注文に適した品質・性能を備えた製品を提供する能力やアイデアが重要であるため，開発部門が中核部門であり，会社のいわゆるエリートが担当していた。開発部門の従業員は，生産部門が困難に直面すると即応し，日常的に生産部門で過ごす時間も長かった。各部門とのコミュニケーションも個人レベルの直接かつ迅速な対応が全階層で必要不可欠であった。

大規模なバッチ生産・大量生産（大バッチ・大量）の企業では，長期的な製品開発から始まり，開発された製品を大量生産し，その製品をマーケティング部門が販売展開していく。それゆえ，短期的な生産効率や企業収益が重視されるという点で，生産部門が中核機能であった。しかし，長期的には製品の開発力が重視されるため，開発部門と生産部門との間にはコンフリクトが常態化しており，各部門の管理者間では必要な情報交換のみが行われていた。

装置生産（装置）の企業では，３部門の業務が独立して遂行されているのが特徴であった。開発された製品の継続的な販売や事業化のためには，マーケティングによる市場や販路の確保が不可欠であり，その後に生産が行われる。したがって，マーケティング部門が中核的な機能を担っていた。各部門間の業務連絡は，日常的で緊密である必要はなく，通常の情報交換のみがなされていた。

このように，高業績の各企業では，中核的機能を担う部門の重要性が明らかにされた。さらに，企業の最高執行責任者が，かつて経歴のなかで中核部門に携わっていた企業ほど，高業績になる傾向があることも確認された。

以上，考察してきたように，ウッドワードの研究は，生産技術の進展が組織構造にどのような影響をあたえているのかを解明している。また，テイラーやファヨールに代表される古典的組織論・管理論の原理や原則は，限定された生産技術の条件下，すなわち大規模なバッチ生産・大量生産企業でのみ適応できることを明らかにした。

これは，ウッドワードも指摘しているように，「法則自体が無価値なものだというのではなく，行動の手引きとしては，その用途に限りがある。（*Ibid.*, p.247　邦訳，296頁）」ことを例証しており，「サウス・エセックスにおける調査の主要な結論は，結局，同じ原則でも状況が異なれば，いろいろ違った結果をもたらす可能性がある。（*Ibid.*, p.247　邦訳，296頁）」ということを示している。

さらに，ウッドワードは，著書の最終章「組織理論の発展（1953年～1963年）について」のなかで下記のように述べている。

「分析上からすれば，包括的な組織理論を発展させるうえでの中心問題は，組織内の行動を標準化し，予見し得るものにする諸条件の決定である。複雑に入り組んだ製造環境を体系的に記録し，数量的に評価する技法を見つけ出さなければならない。こういう技法は，組織を学ぶ者に分析手段をもたらすばかりでなく，具体的な組織問題に取り組む方法をも提供することになろう。例えば，こういう技法が，組織計画に責任をもつ人びとの心にしばしば去来する疑問，すなわち企業の既存の組織パターンがうまく適合しているかどうかをどのように評価するかという疑問に対しても，ひとつの答えを提供するであろう。サウス・エセックスにおける調査の最も重要な側面は，おそらくこういう問題の解決に貢献したことであろう。（*Ibid.*, pp.247-248　邦訳，297頁）」

「組織内の行動を決定する技術以外の変数をつきとめ，抽出するような研究をもっともっと行う必要がある。もっとも，こういうことになれば，一生涯調査と研究をやっていかなければならなくなるのだが。（*Ibid*., p.249　邦訳，298頁）」

上記，ウッドワードの指摘通り，その後，コンティンジェンシー理論はイギリスのみならずアメリカでも注目され，発展していくことになる[6]。

Ⅳ ローレンス＆ローシュの研究

1 環境の不確実性

イギリスにおけるバーンズ＆ストーカー研究，ウッドワード研究に続き，アメリカで同様の調査研究を行ったのが，ローレンス＆ローシュである。また，ローレンス＆ローシュは，バーンズ＆ストーカーから始まる環境・組織構造・業績の関係性についての一連の研究をコンティンジェンシー理論と名付け，アメリカでのコンティンジェンシー理論の先駆的な役割を担った。

ローレンス＆ローシュは，企業をとりまく外部環境の確実性や不確実性が，企業の組織構造にどのような影響をあたえているのかという問題意識のもと，各企業の経営幹部へのインタビューと従業員へのアンケート調査を併用した実証研究を行った。その研究成果が，著書『組織の条件適応理論』（*Organization and Environment: Managing Differentiation and Integration*, 1967）である。彼らは，次の３つの視点から調査を進めている。

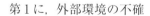

ローレンス（1922-2011）

ローシュ（1932-）

第１に，外部環境の不確

＊写真出所：https://www.hbs.edu/news/releases/Pages/paullawrenceobituary110311.aspx, https://www.hbs.edu/faculty/Pages/profile.aspx?facId=6502

図表8-6　環境諸領域の相対的な不確実性

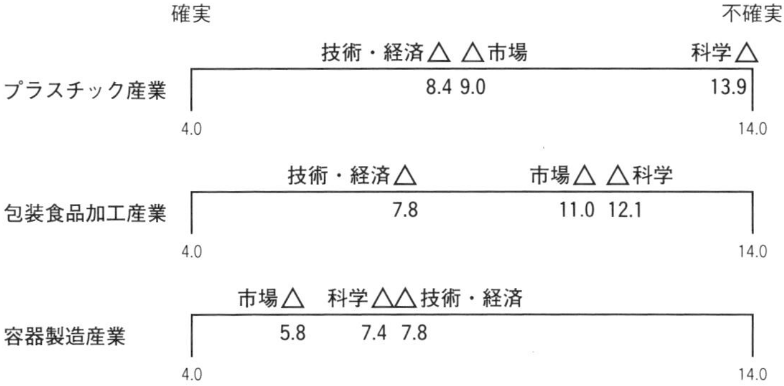

（出所）Lawrence and Lorsch（1967, p.91　邦訳, 107頁）をもとに加筆・修正

実性を規定するうえで，科学的な問題から影響を受ける企業（科学的環境），市場の圧力から影響を受ける企業（市場的環境），技術的変化の速度から影響を受ける企業（技術・経済的環境）と分類している（**図表8-6**）。

そして，こうした観点から，技術および市場の変化の速度が速く不確実性の高い，プラスチック原材料を開発・販売・製造する６つの企業，これとは対照的に技術および市場の変化の遅い，比較的確実性のある容器製造産業から２つの企業，および以上の中間の性質をもつ包装食品加工産業から２つの企業の合計10社を対象に調査を進めている（Lawrence and Lorsch, 1967, p.20　邦訳, 24頁）。すなわち，それぞれ異なる環境条件において効果的に対応できる企業は，どのような組織構造を採用し，いかなる対処法を試みているのかを見出そうというのが，この研究の主たる目的である。

2 課業環境と分化

第２に，企業の各部門の特性，各部門間の違いの実態を具体的に捉えるために，２つの概念を用いて調査している。

１つが，「課業環境」という概念である。「課業環境」とは，各部門が職務を遂行していくうえで包摂される各部門特有の環境特性と解することができる。ローレンス＆ローシュは，この「課業環境」を「情報の明瞭性」「因果関係の不明確性」「フィードバックまでの時間幅」の3つの指標によって測定している（**図表8-7**）。

彼らは，企業のなかでも特に製造部門・販売部門・研究開発部門に焦点を当てており，この「課業環境」という概念を用いることによって，製造部門の不確実性は低く，販売部門の不確実性は中程度，研究開発部門の不確実性は高い傾向を有することを明らかにしている。

もう1つが，「分化」（differentiation）という概念である[7]。ローレンス＆ローシュのいう「分化」とは，「分業」（division of labor）に加えて，「組織における各部門の役割や使命といった側面から誘引される各部門特有の態度や思考の違いという意味も含めて用いており，単に部門の分割とか，知識の専門化といった単純な事実を示すものとしては用いていない。（*Ibid.*, p.9　邦訳，11頁）」と説明している。つまり，「分化」を，各部門における①構造の公式性（高いか低いか），②対人指向性（人間関係本位か仕事本位か），③時間指向性（短期か長期か），④目標の指向性（部門の主たる目標は何か），といった4つの属性から把握しようと試みている（**図表8-8**）。

こうした「課業環境」と「分化」という概念と指標・属性から，以下のように各部門の特徴が明らかにされた（*Ibid.*, pp.30-39　邦訳，36〜46頁．加護野，1980，170〜171頁．岸田，2009b，191頁.）。

図表8-7　プラスチック産業における各課業環境の不確実性の比較

環　境	情報の明瞭性	因果関係の不明確性	フィードバックまでの時間幅	不確実性の総合計点
科学的環境（研究開発）	3.7	5.3	4.9	13.9
市場的環境（販売）	2.4	3.8	2.8	9.0
技術・経済的環境（製造）	2.2	3.5	2.7	8.4

（注）数値が大きいほど不確実性が高い。
（出所）Lawrence and Lorsch（1967, p.29　邦訳，34頁）をもとに加筆・修正

①構造の公式性

「課業環境」の不確実性と関連しており，製造部門が高く，販売部門がやや高く，研究開発部門は総じて弱い傾向を有していた。

②対人指向性

販売部門が最も人間関係指向が強く，反対に最も仕事指向が強かったのは製造部門であった。研究開発部門では，基礎研究分野に携わる人たちにはやや仕事指向がみられるが，開発研究分野の人たちには販売部門に次いで人間関係指向の傾向がみられた。

③時間指向性

「フィードバックまでの時間幅」との関係から，販売部門と製造部門では短期指向の結果が表れている。それに対して，研究開発部門では，基礎研究の方が開発研究よりも長期指向性は強いが，研究開発部門全体としては総じて長期指向という特徴がみられた。

④目標の指向性

販売部門の管理者は，顧客サービスや市場地位などの市場目標の達成を指向する傾向があり，製造部門の管理者は，加工費や原材料費の引き下げ，

図表8-8　プラスチック産業における各部門の分化の度合い

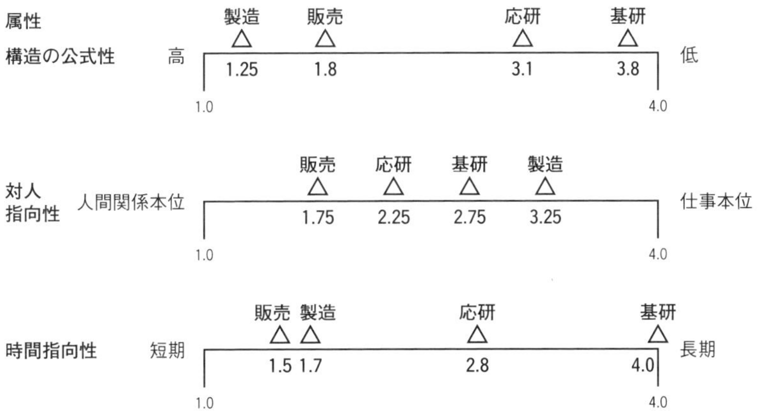

（出所）Lawrence and Lorsch（1967, p.36　邦訳, 43頁）をもとに加筆・修正

製品の品質向上など技術・経済的な目標に関心を集中していた。一方，研究開発部門の管理者の目標指向は多様であるものの，結果としては，技術・経済的目標に最も強い関心を示し，次いで科学知識の開発や新たな製品・製造方法の開発といった科学的要因への関心を示した。

3 分化と統合

第3に，ローレンス&ローシュは，「分化」によって生じる部門間ないし部門内で生じるコンフリクトをいかに調整していくのか，すなわちどのようにして「統合」(integration) を図っているのかという点に注目している[8]。

彼らの定義する「統合」には，外部環境によって「分化」した部門間の活動や行動を調整し，部門間にまたがる意思決定の問題について統一を図る行為，さらにそれを達成するために組織内で講じられる制度や手段も含まれている（*Ibid.*, p.11　邦訳，14頁）。こうした定義や指標による調査の結果が，**図表8-9**，**図表8-10**である。

図表8-9から，外部環境の不確実性が高いプラスチック産業や包装食品加工産業では，業績の高い企業の方が「分化」の程度も大きいという結果が示されている。さらに注目すべきは，3つの産業分野それぞれで高業績企業の方が「統合」の程度も高いという実態である。つまり，部門間でのコンフリクトは，「課業環境」や「分化」に応じて起こりうる当然の現象であり，このコンフリクトを適切に対処・解決していくための制度や方法を，各企業がどの程度組織内に備えているかということと関係してくる。

こうした観点から**図表8-10**をみると，外部環境の不確実性が高い産業ほど「分化」の程度が大きく，高業績の企業では部門間で生じるコンフリクト解決を重視し，様々な方法を用いて対応を試みていることが明らかにされた。

以上を踏まえたうえで，「分化」と「統合」の関係は，次の2点に要約できる（加護野，1980，176頁．坂下，1992，92〜93頁．岸田，2006，110〜111頁.）。

①外部環境の不確実性が高く，部門間の「分化」の程度が大きい高業績企業ほど，「統合」やコンフリクトを解決するために，通常の管理担当者

以外にも統合担当部門の機関やその他の制度・手法等を備えている。

②外部環境の不確実性が低く，部門間の「分化」の程度が小さい高業績企業では，通常の管理担当者や上司が部門間の「統合」やコンフリクト解決の仲介役を担っている。

以上，考察してきたように，ローレンス＆ローシュの研究は，環境の不確実性が組織構造にどのような影響をあたえているのか，企業は「分化」と「統

図表8-9　3つの産業における分化と統合の平均得点

産　業	組　織	分化の平均得点	統合の平均得点
プラスチック産業	高業績企業	10.7	5.6
	低業績企業	9.0	5.1
包装食品加工産業	高業績企業	8.0	5.3
	低業績企業	6.5	5.0
容器製造産業	高業績企業	5.7	5.7
	低業績企業	5.7	4.8

（注）数値が大きいほど，それぞれ高度な分化と統合を意味する。
（出所）Lawrence and Lorsch（1967, p.103　邦訳，122頁）

図表8-10　高業績企業が備える統合手段の比較

	プラスチック産業	包装食品加工産業	容器製造産業
分化の程度	10.7	8.0	5.7
主要な統合手段	(1) 統合担当部門 (2) 3つの管理階層における常設の部門間チーム (3) 管理者の直接的折衝 (4) 管理階層 (5) 文書制度	(1) 統合担当者 (2) 臨時的な部門間チーム (3) 管理者の直接的折衝 (4) 管理階層 (5) 文書制度	(1) 管理者の直接的折衝 (2) 管理階層 (3) 文書制度

（注）数値が大きいほど，高度な分化を示す。
（出所）Lawrence and Lorsch（1967, p.138　邦訳，162頁）

合」によって，環境の不確実性にいかに対応しているのかについて解明している。また，そこには，行動科学に基づく意思決定やリーダーシップ，さらには組織文化や人事管理などにも，重要な示唆が含まれている[9]。

V 現代への意義と応用

コンティンジェンシー理論は，実証研究を主体としているため，当時の社会的・経済的情勢や技術進化の程度，さらに調査対象の個別企業内部の特性等も意識・無意識を問わず内包されている。そのため，個々の調査結果は一見明快なようにみえて，実際には様々な組織内部の要因も複雑かつ複合的に作用しており，その点を汲み取って正確かつ詳細に読み解くのは難解である。しかし，こうしたコンティンジェンシー理論にも，統一した特徴がみられる。(占部ほか，1979，237～239頁．赤岡，1978，225～228頁．赤岡，1979，4頁．坂下，1992，103～105頁)。

第1に，コンティンジェンシー理論は，「あらゆる状況に適用できる普遍的かつ唯一最善＝“one best way”の方法は存在しない」という認識のもと，「企業のおかれた環境や条件が違えば，有効な組織構造も異なる」と捉えている点である。

第2に，企業を外部環境からの影響を受けるオープンシステム（open system）と捉えている点である。バーナードやサイモンによる近代組織論が登場するまで，企業組織をクローズドシステム（closed system）と捉え，組織の内部構造や管理過程の研究に傾注してきたのとは対照的である[10]。

第3に，調査対象企業における各階層へのインタビューや面接調査，また幅広く多くの従業員に対するアンケートなども用いて，各々独自の実証研究を展開している。そのため，組織の一般理論の抽象性から脱して，条件性を考慮し，実証性を志向している点である。

第4には，組織構造と環境や条件との適合を研究している点である。例えば，バーンズ＆ストーカー研究やローレンス＆ローシュ研究が環境への適合に焦点を当てているのに対して，ウッドワードの研究は生産技術への適合に注目している（**図表8-11**）。

しかしながら，こうした特徴を有するがゆえに，コンティンジェンシー理論には多くの批判も向けられている。

第１に，環境や条件の捉え方が研究者によって様々で，見方によっては，環境や条件のなかにあらゆる要素が包含されているという問題点である（赤岡，1978，228頁．赤岡，1979，９頁．岸田，2006，35頁）[11]。

第２には，環境や条件についても，その状況特定の測り方や設定の程度も，研究者によって多様だという点である。これは，研究者が各々の視点と分析手法で独自に定めているためである（赤岡，1978，226頁．赤岡，1979，14頁．岸田，2006，35～36頁）。つまり，環境の不安定性や不確実性，生産技術の複雑性といえども，不安定性・不確実性・複雑性の程度とその分類が適正かつ客観的とは言い切れず，研究者の主観によるところが大きいからである。

第３に，インタビューや面接調査の過程で判明してきた個別企業の組織文化や風土，経営者の資質やリーダーシップなどの個人特性は，環境や条件との関わりのなかで十分に分析に反映されていない点である。ここには，こうした要素と環境や条件との関係性を把握し，解明するに足る分析手法の難しさが顕在化している。したがって，こうした側面も踏まえて調査結果を読み解くとするなら，困難かつ難解さがともなうともいえる。

第４に，調査対象とする企業数が，少ないという点である。バーンズ＆ス

図表8-11　初期コンティンジェンシー理論の類型

学　派	研究（年）	コンティンジェンシー要因	分析・分類
環境学派	バーンズ＆ストーカー（1961）	組織構造は環境の不安定性に従う	「機械的管理システム」と「有機的管理システム」
	ローレンス＆ローシュ（1967）	組織構造は環境の不確実性に従う	「分化」と「統合」
技術学派	ウッドワード（1965）	組織構造は生産技術の複雑性に従う	「単品生産・小バッチ生産」，「大バッチ生産・大量生産」，「装置生産」

（出所）筆者作成

トーカーの研究では20社，ウッドワードの研究では，当初100社を対象にしているが，２段階目の追跡調査では20社に絞られている。また，ローレンス＆ローシュの研究でも10社である。それゆえ，「組織の特殊性を研究する特殊性理論である」とか，「一般理論のなかに特殊理論の存在を指摘した」と評される側面も包摂している（岸田，2006，159～160頁）。しかしながら，唯一最善＝“one best way”の方法は存在しないという前提に立脚するコンティンジェンシー理論にとって，こうした指摘は至極当然のことともいえよう。

この他にも，「コンティンジェンシー理論は環境決定論であり，組織が環境にあたえる影響について問題にされていない（岸田，2006，115頁）」，「コンティンジェンシー理論は，組織の有効性と能率のうち有効性を優先する志向である。しかし，そうなると従業員が求める個人の動機を充足する方向には向かないのではないか（占部ほか，1979，244～245頁）」，「組織が不適合から適合な状態に改善された後，再び不適合に変化する場合もあるが，そのことは想定されていない（稲村，2012，159～160頁）」といった批判などもあげられる。

しかし，上記のような批判があるとはいえ，コンティンジェンシー理論は，1960年代後半以降の急速かつ予測不能な企業環境の変化にともない，チャイルド（Child, J.），ペロー（Perrow, C.），ダンカン（Duncan, R.B.），トンプソン（Thompson, J.D.），ガルブレイス（Galbraith, J.R.）などの研究者によって，その後さらに発展していくことになる。

また，バーンズ＆ストーカーやウッドワード，ローレンス＆ローシュの著書は，今なお復刻版として出版を重ねており，日本国内のコンティンジェンシー理論に焦点を当てた研究書も2000年代に入って再版されている。コンティンジェンシー要因に注目した数々の実証研究によって明らかにされたのは，紛れもなく企業における組織構造の実態である。こうした変化の現象を解明する調査・研究方法の開発や説明可能な理論体系の構築が模索されており，経営学の研究領域を超えた学際的な研究なども進展しつつある。

注

1　古典的組織論における組織構造論の限界が露呈した要因として，降旗・坂下も人間関係論と近代組織論の登場をあげている。詳細は，降旗（1978，３～４頁），坂下（1992，

86～87頁）を参照されたい。

2　第２次世界大戦後，イギリス経済は低迷していく。特に工業生産の世界市場における低下が顕著で，1963年以降，工業製品の輸出高と輸入高の差は次第に縮小し，1983年には輸入超過に転じる。詳細については，安部（1997, 74～83頁），鬼塚（1988, 49～64頁），高川（1985, ３～44頁）湯沢（1996, 243～245頁）を参照されたい。

3　“contingency theory”は，この他にも，「状況接近」「構造条件適合理論」「コンティンジェンシィ理論」「コンティンジェンシー・セオリー」などとも訳されている（岸田，2006, 182頁）。また，「組織の環境適合理論」あるいは「組織の不確実性適合理論」と把握する見解もある（占部ほか，1979）。

4　この「機械的管理システム」と「有機的管理システム」は，「機械的組織」と「有機的組織」（坂下，1992）（井原，2008），あるいは「機械的システム」と「有機的システム」（大月ほか，2008）ともいわれている。

5　「単品生産」とは，顧客の注文に応じて１回限りの生産を行う個別生産であるため，受注のたびに設計・生産が必要になる。また，「バッチ生産」とは，ある程度の注文分を一括生産する方法で，品目ごとに一定数を生産する形態である。加工組立型製品の部品製造などが，この生産システムを採用しており，大量生産のためにはオートメーションなども導入される。一方，「装置生産」は，同一製品を一定期間連続して生産するシステムであり，化学プラントや製紙業・製鋼業など素材産業で広くみられる生産形態である。

6　1960年代に入ると，ウッドワードの研究は，アメリカのペロー（Perrow, C.），ローレンス（Lawrence, P. R.）やローシュ（Lorsch, J. W.）といった研究者にも広く知られていた。ウッドワードは，1965年と1966年に当時ハーバード・ビジネス・スクール教授であったローレンスが主宰する研究会に招待され，アメリカの多くのコンティンジェンシー理論の研究者たちと交流している。しかし1971年，ウッドワードは乳癌により逝去する。享年54歳であった。それゆえ，ウッドワードは生前に，その後発展していくコンティンジェンシー理論の行方について見届けることはなかった。ウッドワードは，亡くなる数か月前にアメリカのニューヨークでペローと昼食を共にし，彼女自身から余命僅かであると告白され，ペローは人目をはばからず涙したこと，その際，彼女の後任としてインペリアル・カレッジの産業社会学教授を打診されたこともペローによって後に述懐されている。詳細は，風間（2012, ６頁, 31頁）を参照されたい。なお，ペローは，技術と組織構造の間のコンティンジェンシー関係を分析するため精緻な理論枠組みを考案した研究者として知られている。

7　ローレンス＆ローシュは，「分化」について，次のように説明している。

「例えば，多角化経営をしている大企業の製品事業部とか，中規模の生産会社をみれば容易に分かるように，販売・製造・開発といった部門があって，各部門は，外部環境の特定の一部を取り扱うのが普通である。販売部門は，マーケット・顧客・競争会社などの問題を扱い，製造部門は，製造設備や原材料の供給者や労働市場などの問題を取り扱う。また，科学知識の現状やその拡大と応用の機会といった外部条件は，研究開発部門の領域になるのが普通である。これと同時に，組織の全体目的の達成のため，これらシステムの個々の部分は連結されなければならない。この部門間の分業と，それらの活動を統一する必要があるため，あらゆる組織の内部には，分化と統合の状態が生じるのである。(Lawrence and Lorsch, 1967, p.10　邦訳，10頁)」

8　「統合」については，以下のように説明している。

「製造管理者と販売管理者とでは，それぞれ職責が異なるので，個々の製品の最適価格を検討する場合でも，見解が違ってくるのは十分に有り得ることである。製造管理者は，価格を高くして製造コストに余裕を持たせたいと考えるであろうし，販売管理者は，価格を安くして販売競争を有利にしたいと考えるであろう。これは，組織のなかに考え方の不一致が根を張っていることを示すごく初歩的な例である。現実の組織では，これがはるかに複雑になり，問題点が明確に浮き彫りになることはほとんどない。しかし，この事実は，われわれが定義する統合の意味を端的に表わしている。(*Ibid.*, p.11　邦訳，13～14頁)」

9　ローレンス＆ローシュは，各企業の経営幹部へのインタビュー調査を通して，「統合」やコンフリクト解決について，次の2点を指摘している。

「コンフリクト解決にあたる管理者は，関連がある問題をすべてオープンに話し合うことに慣れていたし，意見の不一致には最適な解決策を見出すまで徹底的に検討することにも慣れていた。このことは，コンフリクトを取り扱う階層だけでなく，組織内に広く行われていた。(*Ibid.*, p.149　邦訳，176頁)」

「管理者たちは，同僚に対しても，また特に容器製造会社の場合には，その上司に対しても，当面の問題について自分自身の意見をオープンに言えるだけの十分な信頼関係をもっていたはずだ，という点である。彼らは，他人の見解（たとえ上司の考え方でも）に反対しても，出世の大きな妨げにはならないと感じているようであった。この信頼感が，効果的な問題解決や意思決定を促進していたことは明白であった。(*Ibid.*, p.151　邦訳，179頁)」

このローレンス＆ローシュによる2つの指摘について，加護野は，以下のように述べている。

「プラスチック，包装食品加工，容器製造の3産業の企業の比較から，企業の環境の相違があるにもかかわらず，高業績企業はすべて強制や回避ではなく，問題直視型のコンフリクト解決を重視し，それを一貫して採用していることである。…（中略）…

この事実は，問題直視あるいは対決型の部門間コンフリクトの解決方法の有効性を示唆するが，よりよい解決案の発見がきわめて困難なゼロ和状態でも，この様式がよいとは限らないということは注意を要するであろう。…（中略）…さらに，問題直視型のコンフリクト解決行動が，一定の組織風土の存在を前提にすることを暗示している。これらの理由から，問題直視，問題解決あるいは対決型のコンフリクト解決が質の高い情報プロセシングを可能にするか否かは，コンフリクト状況の特性と組織風土に依存することを十分に考慮に入れる必要があるだろう（加護野，1980，175～176頁）。

10　「Closed System アプローチ」「Open System アプローチ」の詳細については，岸田（2006，7～28頁）を参照されたい。

11　この点について，赤岡は，例えば「消費者や労働組合の要求」といったコンティンジェンシー要因について言及している。つまり，消費者運動が盛んになったり，労働者の参加欲求が強くなったりした場合，こうした要因を単に環境の不確実性としてのみ扱うのでは不十分であり，その要求自体を反映した組織設計が求められるからである。詳細は，赤岡（1978，229頁）を参照されたい。

参考文献

Burns, T. and Stalker, G.M.（1961）*The Management of Innovation*, revised edition, New York: Oxford University Press, 1994.

Lawrence, P. R. and Lorsch, J. W.（1967）*Organization and Environment: Managing Differentiation and Integration*, Division of Research Graduate School of Business Administration Harvard university.（吉田博訳『組織の条件適応理論』産業能率短期大学出版部，1977年）

Woodward, J.（1965）*Industrial Organization: Theory and Practice*, second edition, New York: Oxford University Press, 1980.（矢島釣次・中村壽雄共訳『新しい企業組織　―原点回帰の経営学―』日本能率協会，1970年）

赤岡　功（1978）「第10章　コンティンジェンシィ・セオリーの貢献と問題点」降旗武彦・赤岡　功編『企業組織と環境適合　―コンティンジェンシィ・セオリー―』同文舘

赤岡　功（1979）「第１章　コンティンジェンシー理論に対する批判の検討」占部都美編『組織のコンティンジェンシー理論』白桃書房

安部悦生（1997）「第１章　イギリス企業の戦略と組織」安部悦生・岡山礼子・岩内亮一・湯沢　威『イギリス企業経営の歴史的展開』勁草書房

稲村　毅（2012）「第四章　ネオコンティンジェンシー理論の理論的・思想的性格　―L.ドナルドソンにおける「組織理論の擁護」―」岸田民樹編『経営学史叢書Ⅷ　ウッドワード』文眞堂

井原久光（2008）『テキスト経営学［第3版］ ―基礎から最新の理論まで―』ミネルヴァ書房
占部都美・野中郁次郎・赤岡功・加護野忠男・吉原英樹（1979）「シンポジウム：組織のコンティンジェンシー理論」占部都美編『組織のコンティンジェンシー理論』白桃書房
大月博司・高橋正泰・山口善昭（2008）『経営学 ―理論と体系―（第三版）』同文舘出版
鬼塚豊吉（1988）「第2章 イギリス」馬場宏二編『シリーズ世界経済 Ⅲ ヨーロッパ ―独自の軌跡―』御茶の水書房
加護野忠男（1980）『経営組織の環境適応』白桃書房
風間信隆（2012）「第一章 ウッドワードの生涯と研究」岸田民樹編『経営学史叢書Ⅷ ウッドワード』文眞堂
岸田民樹（1989）「第7章 コンティンジェンシー理論の系譜」土屋守章・二村敏子編『現代経営学説の系譜〈現代経営学（4）〉』有斐閣
岸田民樹（2006）『経営組織と環境適応』白桃書房
岸田民樹（2009a）「第7章 技術と組織構造」岸田民樹・田中政光『経営学説史』有斐閣
岸田民樹（2009b）「第8章 課業環境と組織プロセス」岸田民樹・田中政光『経営学説史』有斐閣
岸田民樹（2012）「終章 ウッドワードの状況適合理論の生成・展開」岸田民樹編『経営学史叢書Ⅷ ウッドワード』文眞堂
坂下昭宣（1992）『経営学への招待』白桃書房
高川清明（1985）「ケインジアン政策の効果と限界」栗田 健編『現代イギリスの経済と労働』御茶の水書房
高橋公夫（2007）「Ⅲ 組織と環境 ウッドワード」中野裕治・貞松茂・勝部伸夫・嵯峨一郎編『はじめて学ぶ経営学 人物との対話』ミネルヴァ書房
寺澤朝子・趙 偉（2012）「第二章 技術と組織の関係性 ―主要著作『新しい企業組織』の概要と評価―」岸田民樹編『経営学史叢書Ⅷ ウッドワード』文眞堂
降旗武彦（1978）「序章」降旗武彦・赤岡 功編『企業組織と環境適合 ―コンティンジェンシィ・セオリー―』同文舘
三浦雅洋（2020）「イギリス組織研究の原点 ―組織形態論につながった実践的課題―」『国士舘大学政治研究』（国士舘大学政経学部附属政治研究所）第11号
湯沢 威（1996）「第12章 戦後イギリス経済の軌跡」『イギリス経済史 ―盛衰のプロセス―』有斐閣

第 9 章

経営戦略論

キーワード

コンティンジェンシー理論，組織構造，多角化，分権，集権，事業部制組織，戦略的意思決定，戦術的意思決定，管理的意思決定，業務的意思決定，部分的無知，サイモン，企業目的，長期資本利益率，収益，製品―市場分野，成長ベクトル，競争優位性，シナジー，環境適応，競争要因，競争戦略，社会的責任，方法論

Ⅰ 考察の視点

イギリスで発祥したコンティンジェンシー理論の代表的所説として，バーンズ＆ストーカー（Burns, T and Stalker, G.M.）とウッドワード（Woodward, J.）の研究があげられる。バーンズ＆ストーカーは，1961年に「組織構造は環境の不安定性に従う」という結論を，ウッドワードは1965年に「組織構造は生産技術の複雑性に従う」という結果を，それぞれ独自に行った実証研究から導いた。その後，コンティンジェンシー理論はローレンス＆ローシュ（Lawrence, P. R. and Lorsch, J. W.）の研究を端緒にアメリカでも展開され，彼らは1967年に「組織構造は環境の不確実性に従う」という調査結果を提示した。このようにコンティンジェンシー理論の特徴は，いずれも「組織構造」と環境や条件との適合に焦点を当てている点に見出せる。

こうした初期のコンティンジェンシー理論と時期を同じくして現れたのが，チャンドラー（Chandler, A. D. Jr.）の研究である。彼は，1962年に「組織構造は戦略に従う」という有名な命題を提起していることからも明らかなように，コンティンジェンシー理論の研究者と同様に「組織構造」に注目している。その意味で，チャンドラーの研究は，「組織構造」に影響をあたえるコンティンジェンシー要因として「戦略」に注目しているという見方もできる。

しかしながら，チャンドラーの研究は，コンティンジェンシー理論に分類されることはほとんどなく，経営学のテキストでも経営戦略論の分野や項目で取り扱われ，登場するのが一般的である。それは，チャンドラーが企業戦略を研究対象として着目した最初の研究者であり，その後，生成・発展していく経営戦略論の嚆矢的な研究として捉えられているからである。

チャンドラー（1918-2007）

その後，経営戦略論はアンゾフ（Ansoff, H.I.）によって確立され，続くポーター（Porter, M.E.）など多くの研究者によって戦略のアプローチや戦略の対象領域，あるいは戦略手法等が細分化されつつ進展

＊写真出所：https://www.alumni.hbs.edu/stories/Pages/story-bulletin.aspx?num=203

している。いまや経営戦略論研究は経営学のなかでも中核的かつ中心的な分野となり，組織論や管理論のみならず経営学のあらゆる領域に多大な影響をあたえている。

そこで本章では，チャンドラーの研究，そしてアンゾフの経営戦略論，ポーターの競争戦略論を取り上げ，各々の主要な論点について考察していく。

II チャンドラーの研究

1 問題意識と分析視角

「組織構造は戦略に従う」という命題を導き出したチャンドラーの主著が，『経営戦略と組織：米国企業の事業部制成立史』（*Strategy and Structure: Chapters in the History of the Industrial Enterprise*, 1962）である[1]。

しかし，チャンドラーはもともと経営戦略論を主領域とする研究者ではない。彼は，ハーバード大学，同大学大学院修士課程・博士課程とも歴史学を専攻し，歴史学の博士号を取得している。その後，マサチューセッツ工科大学，ジョンズ・ホプキンス大学の歴史学科の教授を歴任した後，ハーバード・ビジネス・スクールで経営史の担当教授，続き名誉教授を務めている（邦訳「訳者あとがき」. 三戸, 2007. 喬, 2020, 53～55頁）。そのため，彼の研究は歴史的な視点を基盤にしており，それはここで取り上げる著書の副題“*Chapters in the History of the Industrial Enterprise*”からも明らかであろう。実際，チャンドラー自身も，本著が比較経営史（comparative business history）の1つの試みであり，より具体的には経営管理史や制度史も含んでいると述べている（Chandler, 1962, pp.1-4　邦訳, 17～21頁）。

それゆえ，彼の関心は，大企業に発展していく過程のなかで各企業が選択した戦略と，それに応じて変化していった各社の組織構造との関係性を明らかにすることにおかれている[2]。そのため，チャンドラーは，まず1909年のアメリカにおいて資産額上位50社および1948年の資産額上位70位までの企業を予備調査し，その後，調査対象を絞り込む条件として大規模な民間企業であり，原材料調達から顧客販売まで一貫した経営活動を行い，一部ないし全商品を取り扱っている企業に注目している。したがって，運輸会社や公益事業，金融会社は対象から除外している。

その結果，彼が調査対象に選んだのが，当時のアメリカの代表的な企業であったデュポン社，ゼネラルモーターズ社，スタンダード石油ニュージャージー社，シアーズ・ローバック社の４社である。チャンドラーは，この４社にまつわる過去の膨大な資料や旧経営陣の書簡，また現行の経営幹部へのインタビューなどを取り入れた調査研究を行っている（*Ibid*., pp.52-282　邦訳，65～282頁）。

以下，各社のケースを概観していく。

2 4企業における戦略と組織構造の史的変遷

（1）デュポン社のケース

火薬事業で創業した家族経営のデュポン社が，創業100年を迎えた1902年以降の事業経営について調査がなされている。1902年に先代社長が急死したのを契機に，それまで群小な企業から構成される緩やかな連合体であったデュポン社は，「合同と集権化の戦略」，すなわち「垂直統合の戦略」によって１つの企業に統合される。この時に，製造部・工務部・購買部を設置して生産合理化を目指し，加えて開発部を新設している。つまり，この時点では，火薬を主とした単一製品の製造・販売といった「集中戦略」のもと，会社は「集権的職能別組織」に編成されたのである。

その後，経営首脳部での内乱により，「会社はデュポン家の利益のために経営され，デュポン家が会社を経営しなければならない」といった長年の家族的経営の伝統と決別し，専門経営者が誕生することになる。一方，経営首脳陣で構成される経営委員会の権限と責任の範囲を明確化し，経営委員会による各部門の日常業務活動への介入を制限した。こうした中央集権の強化によって，経営委員会は会社全体の経営政策の立案と評価に専念し，各部門長への業務権限を集中させ，「個人に対する責任と権限の委譲」が実行できる体制を整備した。

しかし，火薬業を主要事業にしていたデュポン社は，政府の軍事政策に多大な影響を受け，第１次世界大戦終結後は，一気に収益が激減するという苦境に直面する。それゆえ，それまでの単一製品から複数の新製品製造・販売への成長戦略，いわゆる「製品多角化の戦略」に転換していく。この製品多角化を有効に実践していくため，その後，紆余曲折を経て1921年にたどり着いたのが，製造別事業部とスタッフ的補助部門を備えた「分権的な製品別事業部制組織」の採用であった。

(2) ゼネラルモーターズ社のケース

ゼネラルモーターズ社の創業者は，もともと馬車のセールスマン出身で，モータリゼーションの到来を予想して，自動車産業に参入した。その手法は，持株会社を創設して，そのなかに生産施設と販売網をもつ既存の自動車会社と部品メーカーを買収して，まとめていくというものであった。つまり，販売から製造に遡って数々の企業を買収していく方法である。ビュイック社，シボレー社，キャデラック社といった自動車メーカーを傘下に収めるばかりか，部品，トラック，トラクター，さらには電気冷蔵庫までも製造する大企業となった。こうした戦略によってゼネラルモーターズ社は，アメリカで第５位の資産を保有する巨大企業グループに成長していった。しかし，垂直統合と大量生産を志向するも，グループ傘下の各事業部で製造された自動車は競合し合い，グループ全体としての生産計画や余剰在庫の管理はなされず，さらには膨れ上がった巨大企業グループの組織づくりにも関心は払わなかった。そのため，当初から「製品別事業部制組織」の形態をとっていたとはいえ，その実態はいわば無政府・無管理状態に近い分権体制であった。

こうした無計画な経営と第１次世界大戦後の経済不況も相まって，ゼネラルモーターズ社は，1920年に破産寸前に追いやられた。そこで手を差し伸べたのが，デュポン社とモルガン社であった。

早速，企業再生のために多くの経営陣によって組織構造の改革が取り組まれた。しかし，巨大に膨れ上がった雑多な組織は，たとえ緩い中央集権化でさえ，各事業部との軋轢が強く，思うように改革が進まない。様々な苦慮を重ねた結果，現業事業の自立性を保つべく，本社執行幹部とスタッフ幹部からなる本部組織を創設し，その下に経営委員会，それに助言する業務員会を創設，さらに財務部門の拡大，統計部門・法律部門・本社資材部門を新設，そして不要な事業は整理・処分したうえで，既存事業を２つの事業グループに編成した。すなわち，「財務戦略」の視点から徹底した合理化と効率性の向上を目的にした「分権的な製品別事業部制組織」への再編がなされたのである。また，各事業部の業務範囲を明確化し，「市場戦略」や「価格戦略」の観点から，キャデラック事業部が最高級車を製造し，以下順にビュイック，オールズと続き，シボレーは量産低価格車を担うというような「多角化戦略」も可能になった。

(3) スタンダード石油ニュージャージー社のケース

シャーマン法いわゆる独占禁止法違反によって分割され，1911年に誕生したのがスタンダード石油ニュージャージー社である。同社は，もともと馬車での灯油販売から始まった。電力普及によって照明用燃料の灯油需要が急激に減る一方，自動車時代到来によるガソリンと潤滑油，船舶用・産業用ディーゼル油の需要は，灯油市場の減少を補っても余りあるほどであった。しかし，同社の役員たちは原油生産には後ろ向きで，精製品販売を重視したため，ガソリン需要の急成長には立ち遅れてしまう。

第１次世界大戦の前に，「生産戦略」の観点から原油資源，特に海外資源の獲得のため，海外輸送用の船舶（タンカー）の入手に動き出し，第１次大戦後には，本格的に原油産出と精油に乗り出し，関係会社や子会社も事業拡大していく。それゆえ，スタンダード石油ニュージャージー社は傘下企業の連合体という形態を膨らませていったため，「垂直統合の戦略」に従って組織構造も本社への集権化を図っていく。

他方，ガソリン市場の未曾有の成長により，精油部門のスタッフ急増，精油技術，すなわち自社のガソリン分解法と自動車潤滑油の改良が求められ，開発部門も設立する。しかし，国内販売事業を担う古老の旧経営陣はそれまでの経営方法に固執する状況であった。一方，1920年中頃から新たな大油田が開発されて原油市場は飽和状態になり，国内・海外とも競争が激化し，在庫貯蔵問題もあいまって，国内営業部の利益は急速に低下した。

そのため，1925年の組織改編では，国内営業部の再編を行い，本社と現場のコミュニケーション・権限系統を見直し，さらに各職能部門別組織がほぼライン・アンド・スタッフ組織に再編された。同時に，全社的な計画立案と業績評価のために，調整部局を新設した。この調整部局によって，油田と市場が効率的に調整されるようになり，組織構造の「垂直統合の戦略」は単なる企業の「防衛戦略」以上の効果を上げる。

続いて，第1次大戦後のガソリン需要増大によって，海外の販売子会社の事業拡大が進行していくなか，海外販売と海外精製の部門は「分権的事業部制組織」に編成され，他方，原油生産部門はより一層，本社に集権化されていく。

ところが，原油産出量増大のため過剰生産に陥り，原油価格は急激に下落する。加えて，1929年にアメリカ発の世界恐慌が起こり，情勢が一転する。これによって，本社の役割が一層明確になり，最高経営幹部は現業から離れ，全社的な政策や意思決定に専念する。一方，大恐慌によって事業縮小のため国内業務を管理する地域事業部は一時閉鎖され，３つの国内現業会社は本社によって製品調整される。その後，第２次世界大戦中・戦後の市場急成長に対応すべく，再び「分権的な地域別事業部制組織」に変更されることになる。しかし，1959年の石油製品の需要頭打ちにより，現業部門の組織変革は再び実施されることになる。

このように，スタンダード石油ニュージャージー社は，デュポン社やゼネラルモーターズ社とは異なり，無計画で場当たり的な組織改編，しかし見方を変えれば自社をとりまく経営環境の変化に臨機応変かつ柔軟な対応を繰り返すことによって成長していったともいえる。その意味で，石油産業のなかでは合理的に組織構造再編を進め，近代的事業部制組織を初めてつくり上げた石油会社となった。

（4）シアーズ・ローバック社のケース

シアーズ・ローバック社は，もともと時計と宝飾品だけを通信販売で扱っていた会社であった。その後，1895年から国内農村部の農民たちを対象に，カタログによる通信販売を始める。農村部での主な小売店といえば小規模な雑貨店であり，品数も少なく値段も割高であった。そこで，シアーズ・ローバック社は，大量仕入れやメーカーからの直接購入により，半年に１回のカタログ通販で，多種の商品を地方の商人や小売店より割安で提供したのである。この販売事業は大成功し，施設や人員を急速に拡大していく。商品の仕入れ，広告・カタログを担当する商品部に加え，商品を生産者や卸売業者から顧客まで届ける現業部を設置し，これを補佐する商品貯蔵の納品部と輸送部も新設した。

こうした事業拡大により，運転資金も巨額化したため，「垂直統合の戦略」のもと，財務担当幹部も含め少人数の最高経営幹部に集権化した組織体制をとった。製品を適正価格で買入れることができない場合には，その商品の製造工場を買収することもしばしばで，1918年には30社以上が資本参加していた。そのため，取扱商品も農機具やミシンのような耐久消費財だけでなく，木工，家具，衣服，製靴の分野にも進出した。こうした「事業の拡大戦略」により，需要の急増・仕入規模の増大により，通信販売の支店も国内各地に地理的拡大していく。しかし，各支店は不明確でインフォーマルな分権的構造であったため，商品仕入れは非効率かつ混乱を招き，納入業者は各支店の注文を峻別できないといった事態も頻発していた。その対策として「集中戦略」のもと，シカゴ本部の商品部が各支店の各商品系列の権限と責任を掌握し，現業部は各支店の営業・販売方法を完全に統制するといった「集権的職能別組織」に編成された。

1925年，新たな経営陣のもと，新戦略を打ち出す。それが小売販売業への進出，すなわち「小売販売戦略」である。大量生産による自動車の普及で農民たちは気軽に町に出て，村の雑貨店で手に入らない商品も買えるようになったこと，他方で農業恐慌の長期化で農村通信販売市場の情勢変化に適応していかなければならない，と新経営陣は察知していたからである。これにより，全米各地に急速に小売販売店が設立され，1929年には329店舗にまで拡張し，販売店の人員も急増した。この膨れ上がった小売販売店を管理するため，地区営業所と地域支社とからなる新しい組織が生まれた。新設の小売販売管理部門を通信販売業務とどのようにつなげるかという問題が生じたが，これは未解決のままとなった。その後，紆余曲折を経て，1948年に複数職能事業部を設置し，この事業部本部にグループ，営業区域，大規模販売店，通販店の管理に必要な職能部門をおき，さらにシカゴに新たな総合本社を設け，事業部業務を全社的見地から管理する体制を整えて，この問題は解決したのである。

このように，大量販売業者であるシアーズ・ローバック社は，「垂直統合」よりも「継続的な拡大戦略」によって，総合本社による職能各部の管理の必要が生まれ，結果，「集権的な地域別事業部制組織」に編成されたという点に特徴がある。また，上記の他の３社との大きな違いは，大量販売業と大規模製造業の違いによるところが大きい。さらに，シアーズ・ローバック社は本社最高経営幹部の人数が少なかった点も重要な違いである。本社幹部やスタッフ部門担当幹部と緊密に協力している職能各部門の長は，現業業務を処理する大きな部組織を率いていた。しかし，彼らは直接現場に接していたわけではなかったので，複数事業部制ができた後は，本社幹部として全社的な戦略的立場をとりやすくなった。シアーズ・ローバック社が他社よりも経営陣が少なくてすむのは，各事業は同一の活動を，ほとんど同一市場で遂行しており，戦略的意思決定もそれほど多くなく，複雑でなかったという点もあげられる。

3 アメリカ大企業の発展段階

チャンドラーは，上述のようにアメリカの代表的な大企業４社の事例研究から組織構造の史的変遷を詳細に調査・分析している。彼はこの研究に加えて，1909年と1948年の資産額上位70社の予備調査での分析を通して，アメリカにおける大企業の発展過程，とりわけ組織構造の史的発展を次の４段階に区分し，概略的に整理している。（*Ibid.*, pp.385-396　邦訳，379～389頁）

第１段階：経営資源の初期拡大と蓄積

南北戦争（1861-1865年）後の1860年代になると鉄道建設ブームにより，全米各地で新たな工業都市が誕生する。鉄道建設が鉄鋼業や機械工業の大市場を生み出し，投資銀行の出現によって，資本家は欧米から広く資金を調達できるようなった。

鉄道建設と急速な都市の成長は，大都市に流入していた非熟練移民や農村の若年者に仕事をあたえた。この新たな労働力は，成長過程の大企業に労働力を供給しただけでなく，工業製品の需要も増加させた。また，鉄道の発展によって，広大な農村市場や，急速に成長しつつあった工業地帯と都市市場とがつながり，流通の利便性が向上した。

こうした製造企業の成長は，多くの場合，1880年代から第1次世界大戦までの間に達成された。それまで卸売・製造・輸送・原材料生産など小規模かつ個別企業が担っていた産業過程を，まとめて自社で行う大企業がアメリカの基幹産業に出現し，それによって従来に比べて大企業は巨大化し，組織構造も複雑化し始めた。

第2段階：経営資源の運用と合理化

垂直統合によって巨大化した企業は，集積した莫大な経営資源を合理的に管理していく方法を模索するようになる。市場変動に応じて常時利益を上げるためには，事業の合理化と原価やコストの低減が必要だったからである。

そのため，まず職能部門内部の権限とコミュニケーションの系統が明確に定められるようなる。そして，需要の短期的な変動に経営資源を合致させていく試みのなかから，「集権的職能別組織」が導入される。また本社機能が設置され，最高経営幹部たちは，経営資源を当面，効率的に運用するための「戦術的意思決定」のほかに，長期的な視点から経営資源を割り振る「戦略的意思決定」にも携わらなければならなくなった。

第3段階：経営資源を活かし続けるための新市場・新事業への進出

経営資源の効率的活用と経営管理方式の能率向上によって，企業間の原価格差は縮小し，利益幅も小さくなっていった。つまり，技術合理化と原価低減の機会が減少するにつれて，市場が飽和状態に陥っていった。そのため，1920年代以降，各企業は製品系列の多角化に着手し始めた。また，旧来の事業分野に加えて，新事業分野に進出する企業も出始めた。しかし，こうした多角化戦略により，各企業はさらに巨大化し，組織的な混乱も招来した。

第４段階：経営資源の効率的活用のための新組織編成

多角化戦略により，企業は経営資源を一貫して運用し，またそれを拡大していったが，必ずしも能率的に運用されていたわけではない。多角化を主体とする拡張によって最高経営幹部に要請される企業家的活動範囲は，質・量ともに複雑さを増していったからである。

そのため，総合本社の設置が必要となり，同時に複数事業制を設置するという「分権的事業部制組織」が市場変動に適応する組織構造であると考えられるようになり，採用・導入されていく。こうした動きは，多くの大企業で第２次世界大戦の前後，すなわち1940年代から1950年代にみられるようになる。これにより，総合本社は戦略的意思決定に専念でき，研究部門を設置して製品開発を日常業務にのせるなど，新事業部設置の検討も含めて，多角化戦略が定着していった。

4 小括

以上，チャンドラーは，企業をとりまく各時代の経営環境の変化，それに応じて選定された企業戦略と組織構造の関係性について，経営史の視点から緻密な研究を行っている。そのうえで，下記のような結論を導き出している。（*Ibid.*, p.11　邦訳，27頁．*Ibid.*, pp.383-384　邦訳，377頁）

①組織構造は戦略に従う。

②複雑な組織構造は，いくつかの基本的な戦略の結合から生まれる。

③組織構造と戦略の共通分母は，企業の経営資源を市場変動に適応させることである。

④「組織構造」とは，企業の既存の経営資源を現在の市場需要に合わせていくための仕組みであり，「戦略」とは予想される需要に応じて経営資源を割り振っていく計画である。

⑤経営管理の役割と経営者の機能は，歴史的にみれば，短期・長期の市場変動と市場の成長に対応して，経営資源を活用しうるように計画を立て，

指導することにある。

⑥経営資源のうち，製造，販売，技術，研究，管理など各部門における優秀な人材の活用は，多くの場合，倉庫や工場，事務所などの物的資源よりも重要であった。

⑦人口の増加と移動，技術開発，消費者の所得変動などは，いずれも経営者が自社の資源を運用する市場に影響をおよぼしてきた。

⑧「戦略的意思決定」（strategic decisions）は，既存の経営資源を長期的に割り振ったり，企業の健全性維持と将来の成長のために不可欠である新たな経営資源を開発したりするためのものである。

⑨「戦術的意思決定」（tactical decisions）とは，あらかじめ割り当てられた資源を，効率的かつ着実に利用しようとするものであり，業務を円滑かつ能率的に運営していくために必要な日常諸活動に関するものである。

こうしたチャンドラーの研究について，アンゾフは次のように評価している。

「チャンドラーは，アメリカの企業を歴史的に分析することによって，戦略と組織構造との関係を説明している。すなわち，国の経済が発展するにつれて，企業には様々な戦略機会が訪れるようになり，企業がこのような機会を利用して以前の戦略を変えるにつれて，多くの業務上の不都合が起こり，その結果，新しい組織形態が作り出されたというわけである。要するにチャンドラーは，方針決定を集権化して業務上のコントロールを分権化するという現代的な概念が，戦略および業務についての過去の概念から段階的に発展してきたものであることを明らかにしているのである。（Ansoff, 1965, pp.7-9　邦訳，9 頁）」

ここで重要なのは，企業戦略とは，各時代の経済的・社会的情勢，エネルギー革命や技術革新の進度の程度，競争企業の市場占有率など，各企業をとりまく外部環境と密接に関連しているため，それに応じて選択・実行される企業戦略自体も逐次変化するという点である。すなわち，企業戦略も，その企業戦略によって再編される企業の組織構造も，「環境適応」の問題と無縁ではなく，むしろ決定的な要因となっていることが示されている。それゆえ，チャンドラーは，こうした一連の意思決定を担う「経営者の能力」の重要性を強調するのである。

このようなチャンドラーによる戦略に注目した研究は，直接的ではないにしても，経営戦略論の生成に強い影響をあたえていくことになる。

Ⅲ アンゾフの経営戦略論

1 問題意識と分析視角

チャンドラーの研究を端緒に，新たに経営戦略論の確立に重要な役割を果たしたと評価されているのがアンゾフである。しかし，アンゾフはもともと経営学者ではない。彼は，1917年のロシア革命の翌年にロシアのウラジオストックに生まれ，1936年に両親とともに父親の母国であるアメリカに亡命する。彼は，1941年にスティーブンス工科大学で工学修士号を，1943年に同大学で物理学修士号を，1948年にはブラウン大学で応用数学の博士号を取得している。その後，アメリカ空軍が創設したシンクタンクであるランド社での勤務や，航空機産業のロッキード・エアクラフト社で多角化事業に携わり，1961年にはロッキード・エレクトロニクス社の副社長に就任する。この実務家時代に発表した論文が評価されて，1963年にカーネギー・メロン大学経営大学院の教授に転身し，1973年から1982年までヨーロッパ経営大学院およびストックホルム経済大学で教授を歴任している[3]。

アンゾフ（1918-2002）

アンゾフは，その代表的著書『企業戦略論』（*Corporate Strategy: An Analytic Approach to Business Policy for Growth and Expansion*, 1965）で，戦略の概念，戦略的意思決定，戦略策定の方法を明らかにす

＊写真出所：https://commons.wikimedia.org/wiki/File:Igor_Ansoff,_1971.jpg

ることを試みている。そこには，彼がロッキード社時代に携わってきた多角化事業の実践経験が基盤になっている。

ロッキード社をはじめとする航空機産業は，第2次世界大戦前から朝鮮戦争（1950-1953年）の終結までの間，アメリカでの中核的な産業分野であった（島，1966，44頁）。しかし，朝鮮戦争後になるとアメリカ政府による減税政策と軍事費節減，またソビエト連邦との冷戦構造（1945-1989年）のなかで，それまでの戦闘機・軍用機配備から核兵器やミサイルを中心とした軍備政策への変更によって，アメリカ航空機産業のおかれた環境は一変する（前掲書，20～21頁）。こうしたアメリカ政府の政策転換により1955年を転機として航空機需要は低下したため，航空機産業の各社は研究開発とともに新たな製品―市場分野に乗り出し，多角化せざるを得なかったのである（前掲書，45～49頁）。

また，兵器開発にともなう政府と航空機会社による合弁事業形態の発展も，航空機会社の企業戦略に重要な影響をあたえた。すなわち，こうした産軍結合体によって，航空機会社は政府部内の軍備政策の方向性を先取りし，長期的な企業戦略や投資計画が決められるようになったからである（前掲書，37～38頁）。それゆえ，航空機会社は，政府から提示された軍備政策にいかに適応していくかといった従来の企業戦略策定から，今度は逆に，政府の政策が航空機会社の企業戦略に基づいて決定される傾向を強めていくことになる（鈴木，1974，494頁）。

アンゾフの代表的著作『企業戦略論』の実質的内容が，製品―市場戦略，とりわけ多角化戦略に焦点が当てられているのは，アンゾフ自身のこうしたロッキード社時代の実践経験が基盤になっているからである。他方，本著は経営学の研究領域のなかで企業戦略を主たる対象にした最初の著作であることから，現在では経営戦略論の古典として位置づけられており，経営戦略論というときには一般にアンゾフ以降の研究を指すことが多い。

なお，アンゾフがカーネギー・メロン大学経営大学院に着任した時の大学院長は，経営行動論を確立したサイアート（Cyert, R.M.）であり，同僚には意思決定論で著名なサイモン（Simon, H.A.）やマーチ（March, J.G.）が在籍していた（喬，2020，86頁）。それゆえ，アンゾフのこの著書には，こうした著名な経営学者たちとの交流から得た知見や影響なども随所にみられる。

2 意思決定の３類型

企業における意思決定と一口にいっても，企業組織の各階層や各職能などによって，その扱う内容や役割・性質は異なる。アンゾフは，この点に着目して意思決定を以下のような３つに分類している（Ansoff, 1965, pp.5-6 邦訳，6～7頁）。

①戦略的意思決定（Strategic Decisions）

主として企業の内部問題よりも，むしろ外部問題に関係のあるもので，具体的には，企業がこれから生産しようとする製品の構成と，それを販売しようとする市場との結合を選択すること，つまりどのような業種に従事し，将来どんな業種に進出するべきかの決定である。

②管理的意思決定（Administrative Decisions）

最大の業績能力を生み出せるように，企業の資源を組織化する問題に関わるものである。そのため，第１に組織機構に関するものとして，権限と職責との関係，仕事の流れ，情報の流れ，流通経路，諸施設の立地などの決定と，第２に資源の調達と開発に関するものとして，資材（原材料）の開発，人材の訓練と啓発，資金の調達，諸施設および設備の調達などの決定が含まれる。

③業務的意思決定（Operating Decisions）

企業にインプットされた資源を変換プロセスによってその効率を最大にすることである。言い換えれば，現行業務の収益性を最大化するために行われる決定である。したがって，主な決定領域は，各機能部門および製品ラインへの資源配分や予算化，業務の日程計画と監視などであり，より具体的には，価格決定，マーケティング戦略の設定，生産の日程計画および平均在庫量の設定などに関わる決定である。

以上のように，それぞれの意思決定には，明確な違いと特性があるとはいえ，いずれも相互依存かつ補完的な関係にある[4]。ただし，戦略的意思決定とは，上述のように「どのような業種に従事し，将来どんな業種に進出するべきかの決定」であり，全社的かつ企業家的な観点から企業戦略をつくり出す決定という側面を有している[5]。そのため，企業戦略は戦略的意思決定によって形成された後，業務的意思決定に引き継がれ，それが適切に実行されることによって企業目的が達成される。したがって，いったん誤った戦略的意思決定がなされた場合，それは業務的意思決定によって修正するのは困難であり，たとえ業務的意思決定を通して的確に業務が遂行されたとしても，企業目的が達成されないことも起こりうる（原，2012，31頁）。つまり，戦略的意思決定には，「その企業の諸目標および到達目標は何か，多角化を指向すべきか，それはどんな分野でどの程度積極的に行うべきか，現在の製品―市場地位をどのように向上させ伸長させるべきか（Ansoff, 1965, p.6　邦訳，7頁）」といった事項が含まれるからである。

なお，ここで注意すべきは，アンゾフが本著を上梓した当時のアメリカの企業では，「多角化」という場合，その多くが企業合併・買収（M&A：Mergers and Acquisitions）によって新たな事業分野に進出することを表していたという点である。それは先のチャンドラーの企業経営史研究からも明らかであろう。事実，アンゾフ自身もロッキード社に勤務していた時，M&Aに携わっている（喬，2020，86頁）。そのため，アンゾフは著書のいたる箇所でM&Aに触れており，多角化の方法として「M&A型多角化」を重視していたことがうかがえる（原，2012，27～30頁）。それゆえ，アンゾフが戦略的意思決定というとき，「多角化」が選択肢のなかに意識的に含まれているのである。

3 部分的無知と適応的探求手法

アンゾフの認識する「戦略（strategy）とは，（1）企業の事業活動についての広範な概念を提供し，（2）企業が新しい機会を探求するための個別的な指針を設定し，（3）企業の選択の過程を最も魅力的な機会だけに絞り込めるよう意思決定ルールによって企業目的の役割を補足する（*Ibid.*, p.104　邦訳，129頁）」ものである。したがって，策定された戦略は，企業目的を達成するための様々な活動や，あらゆる階層で行われる意思決定の際にも，それを「判断する基準（criteria）ないし尺度（yardstick）」となる（Ansoff, 1965, p.114　邦訳, 142頁)。

ところが, 戦略の策定に際しては, 企業をとりまく外部環境や新たに進出する市場情勢などについて「部分的無知」(partial ignorance) な状態で, 意思決定に直面するのが通例である。ただし, 唯一救いなのは,「まったくの無知」(total ignorance) ではない点である。それは「多くの製品, 顧客, あるいは会社合併などを事前に個々明確に把握・分析できないにしても, こうした当該業界・業種の一般的特性や可能性の度合いなどは把握できるはず (*Ibid.*, p.46　邦訳, 59頁)」だからである。

このように,「部分的無知の状態のもとでの決定ルール」(rules for decision under partial ignorance) として適応的探求手法 (adaptive search method) の重要性をアンゾフは主張しており, その手順について以下のように提起している。

「第1ステップは, 企業を多角化すべきか否かという2つの主要な代替案のどちらかを決める。第2ステップは, 広範な業種別リストから, その企業の従事すべきおおざっぱな製品—市場分野を選択する。第3ステップは, そのおおざっぱな製品—市場分野のなかでの諸特性や, 製品—市場の種類を検討していき, その範囲を明確に洗練させていく。…(中略)…このプロセスの重要な特性は, 各ステップ間のフィードバックである。要するに, この段階的なアプローチは, 最善の解決策を探求するためのプロセスであるから, 後のステップにおいて1段階前の決定に疑問が生じるような情報が現れた場合には, それを前のステップにフィードバックし直さなければならない。(*Ibid.*, pp.24-25　邦訳, 31～32頁)」

なお, ここでアンゾフの指摘する「部分的無知」や「適応的探求手法」にみられる戦略的意思決定のプロセスは, サイモンの意思決定論, すなわちサイモンの唱えた「制約された合理性」や「意思決定プロセス」,「非定型的意思決定」が基盤になっている。

4 企業目的の体系

企業目的とは，企業をどのような存在と捉え，いかなる存在意義や使命を有するかといった企業理念や哲理も内包するものである。この企業目的を達成するための手法・方法が，企業戦略となる。したがって，企業目的は企業戦略の策定や，経営資源の転換プロセスを方向づける意思決定（*Ibid.*, p.5　邦訳，6頁），組織のあらゆる階層における意思決定，戦略実行という側面から企業活動や行動にも作用していく。

アンゾフは，企業目的の体系について，以下のように述べている（*Ibid.*, pp.37-38　邦訳，48～49頁）

①企業は，(a)その総資源の転換過程の効率を最適化することを狙いとした「経済的目的」（economic objectives）と，(b)社会の参加者たちの個人的な目的の相互作用の結果としての「社会的目的」（social objec-tives），すなわち「非経済的目的」（noneconomic objectives）との両方の目的をもつ。

②ほとんどの企業では，「経済的目的」が企業行動に主たる影響をおよぼし，経営者が企業を方向づけ，コントロールするために用いる明白な最終到達目的を形成する。

③企業の中心的な目的は，その企業内に使用された資源の長期的利潤の極大化である。

④「社会的目的」は，企業行動に副次的な修正および制約的な影響をおよぼす。

⑤このような本来の目的のほかに，社会的な責任と制約という２つの相関連した影響要因が管理行動に作用する。

(a)　目的（objectives）は，経営者がその目的に照らして企業の業績を方向づけ，評価することができるようにする決定ルールである。

(b)　社会的な責任（responsibilities）とは，企業が社会に果たすことを約束する義務のようなものである。したがって，それは企業を方向づけたりコントロールしたりするための内部機構の一部を構成するようなものではない。

(c) 社会的な制約（constraints）とは，企業の自由な活動から，ある種の選択権を除外する決定ルールであって，企業が意識的に，それを法律上の最低賃金水準以上とか労働組合との交渉結果の水準以上に引き上げる方針をとらない限り，企業の目的ではない。

上記のように，アンゾフは，企業は「経済的目的」と「非経済的目的」の2つの目的をもつと捉え，企業目的を検討するうえでの関連諸事項について**図表9-1**のように体系化している[6]。その際，彼は，「非経済的目的」や「社会的な責任」「社会的な制約」が，「経済的目的」にとって代わるほど影響をあたえる場合もあると指摘している（*Ibid.*, p.67　邦訳，84頁）。しかし，結果的にアンゾフは，企業の究極的な目的とは「長期資本利益率の最適化」（to optimize the long -term rate of return on the equity）であるという仮定に限定して論考を進めている（*Ibid.*, p.41　邦訳，52頁）。

図表9-1　企業目的の体系

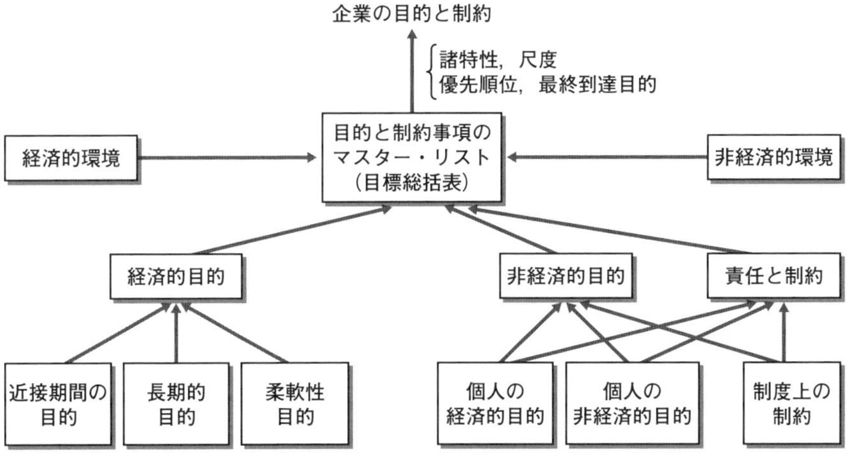

（出所）Ansoff（1965, p.69　邦訳，83頁）をもとに加筆・修正

第9章　経営戦略論

5 戦略の構成要素

企業目的が定まれば，それを実践するための企業戦略の具体的方法についての戦略的意思決定が必要となる。しかし，こうした意思決定は，上述のように「部分的無知の状態のもとでの決定」となる。これを補完するために，アンゾフが提示するのが「共通の関連性」(common thread) という概念である。

「共通の関連性」とは，「新規の製品―市場分野」を検討・選定する際の基軸になるものである (*Ibid.*, p108　邦訳, 135頁)。したがって，現時点で自社が展開する「既存の製品―市場分野」との関連のなかで，自社製品の特性，工学技術，ニーズの類似性などから見出すことが必要となる (*Ibid.*, p.107　邦訳, 133頁)。

このような「共通の関連性」を確認・特定したうえで，多角化を検討することが必要であり，多角化の決定基準として，①「製品―市場分野」(product-market scope)，②「成長ベクトル」(growth vector)，③「競争優位性」(competitive advantage)，④「シナジー」(synergy) をあげている (*Ibid.*, pp.111-112　邦訳, 139頁)。この4つが，アンゾフの把握する戦略の構成要素である (**図表9-2**)。

図表9-2　多角化を決定する戦略の構成要素と内容

①製品・市場分野	製品と市場の組み合わせ
②成長ベクトル	企業成長の方向性
③競争優位性	競争上の優位を生み出す製品と市場の特性
④シナジー	経営資源の共有による相乗効果

(出所) Ansoff (1965, pp.108-112　邦訳, 135～140頁) をもとに作成

6 成長ベクトルと戦略類型

戦略を構成する4要素のなかで，アンゾフは特に企業成長の方向性を見定める指標として「成長ベクトル」を重視しており (**図表9-3**)，その指標判断に応じた各種戦略について説明している (*Ibid.*, pp.109-110　邦訳, 136頁．井原, 2008, 228頁)。

①市場浸透（market penetration）

現在の市場において現有製品の相対的市場シェアを向上させていく戦略であり，例えば，広告活動などを通じて自社製品の認知度を拡げる方法などがあげられる。

②市場開発（market development）

現有製品を新規市場に投入して市場を開拓していく戦略である。例えば，国内市場での消費者ターゲットを拡げたり，新たな市場を求めて海外に進出したりする方法などがある。

③製品開発（product development）

現在の市場において潜在的なニーズを満たす新たな製品を開発し，投入していく戦略である。例えば，まったくの新たな製品カテゴリーを創り出すような製品は，明らかにこの製品開発戦略に分類されるが，新機能追加やデザイン変更，モデルチェンジといった新製品も，この製品開発戦略に含まれる場合が多い。

④多角化（diversification）

新規市場に新たな製品を投入していく戦略である。ただし，この多角化戦略は，今までの既存の市場や製品を利用できないため，シナジー効果が低く，リスクは高い。

このように「製品—市場」の関係性から，アンゾフは，市場浸透戦略・市場開発戦略・製品開発戦略の成長方向を「拡大化」（expansion）と示し，「多角化」と区別している（**図表9-4**）。

図表9-3　成長ベクトルの構成要素

市場＼製品	現製品	新製品
現市場	市場浸透	製品開発
新市場	市場開発	多角化

（出所）Ansoff（1965, p.109　邦訳，137頁）をもとに加筆・修正

図表9-4　製品—市場のマトリックス

市場＼製品	現製品	新製品
現市場	拡大化 →	
新市場	↓	多角化

（出所）Ansoff（1965, p.128　邦訳，160頁）をもとに加筆・修正

7 小括

以上，考察してきたように，アンゾフは，「戦略」概念を経営学に取り入れ，経営戦略研究の生成に一定の役割を果たしたという点で，その功績は大きい。また，アンゾフの主著『企業戦略論』では，多角化戦略にともなう戦略的意思決定やその方法，とりわけ「部分的無知の状態のもとでの決定ルール」の開発に主眼がおかれており，サイモンの意思決定論を戦略策定に応用した戦略的意思決定論として展開されている（庭本，2012a，6頁）。

しかし一方で，アンゾフの研究には重大な問題や批判点も内包されている。

第1に，企業目的を利潤に限定している点である。アンゾフ自身，企業目的に関わる事項を体系的に整理しているにもかかわらず，社会的責任や非経済的目的を制約と捉え，結果的に定量化できる長期資本利益率を企業目的に据えている。なお，この点については多くの議論や批判がなされ，アンゾフは次なる著書『戦略経営論』（*Strategic Management*, 1979）で新たに「環境に貢献する組織」（Environment of Servicing Organization：ESO）という概念を提起することになる。

第2に，経営層主導で戦略作成する意思決定システムの構築を目指している点である。すなわち，経営者主体による集権的な戦略策定自体に問題があるという批判である（福島，2012，133頁）。この点についてミンツバーグ（Mintzberg, H.）は，こうした「計画的戦略」（deliberate strategy）だけでなく，戦略実行を担う組織メンバーを戦略作成の主体と捉え，その行動パターンや結果の振り返りと学習によって戦略策定するプロセスの重要性を高唱している。なお，ミンツバーグは同じく経営戦略論の代表的な研究者であり，これを「創発的戦略」（emergent strategy）と称している。

第3に，アンゾフは，著書の冒頭で「意思決定とは，企業の目的達成を可能にするように，経営資源，すなわち物的資源・金銭的資源・人的資源の転換プロセスを方向づけることである。（Ansoff, 1965, p.5　邦訳，6頁）」と指摘している。しかしながら，戦略を作成・計画するなかで，実際に戦略実行を担う人的資源，それにともなうリーダーシップや組織文化などについては，ほとんど触れられていない点である。

こうした問題点は，その後，多くの研究者によって補完・修正されながら経営戦略研究として進展していくことになる。なお，アンゾフ自身，戦略的意思決定の「戦略的という用語は，企業と環境との適応という意味である（*Ibid.*, p.120　邦訳，150頁）」と強調しているように，経営戦略論は「環境適応の理論」であり，広義にはコンティンジェンシー理論の延長線上に位置するものと捉えるべきであろう。

Ⅳ ポーターの競争戦略論

1 問題意識と分析視角

アンゾフが示した戦略の４つの構成要素のうち，アンゾフの考察が十分でなかった「競争優位性」に焦点を絞って研究したのがポーターである。

ポーターは，1969年にプリンストン大学工学部航空機械科を卒業後，ハーバード大学大学院に入学し，1971年に経営学の修士号を，その後，マサチューセッツ工科大学経済学部で産業組織論を学び，1975年にはハーバード大学で経済学の博士号を取得する。その年以来，ハーバード大学で経済学を講義し，1982年には同校史上最年少の34歳で正教授に就任する。また，アメリカをはじめ世界各国の政府機関や大企業の戦略アドバイザーも歴任し，1983年にはハーバード・ビジネス・スクールの教授陣とともに経営戦略専門のコンサルティング会社も創設している[7]。

ポーター（1947-）

ポーターの最初の著書『競争の戦略』（*Competitive Strategy: Techniques for Analyzing Industries and Competitors*, 1980）では，競争業者分析を通して，自社の「競争優位性」をいかに確保・維持していくかといった手法や方法が考察されており，この著書の出現によって経営戦略論の一分野として競争戦略論（Competitive Strategy）が確立されたといわれてい

＊写真出所：https://commons.wikimedia.org/wiki/File:Michael_Porter.jpg

る。本著は，約400頁近い大作にもかかわらず産業界からも広く注目され，世界十数か国でも翻訳・出版され驚異的な売れ行きを示した。これをきっかけに経営戦略論は一躍注目を浴び，経営学における中核的な分野となったといっても過言ではない。また，ポーターの登場によって，今日ではハーバード・ビジネス・スクールをはじめとする各国ビジネス・スクールのMBA課程で，「経営戦略論」が主要科目の１つとして設置されている。

ところで，ポーターは，著書の読者対象と目的について，次のように記している。

「この本は，実務家，すなわち事業成績の向上に努める経営者，経営者のための助言者，経営者養成学校の教師，事業の成功または失敗の原因をつかみ，それを予見しようとしている証券アナリスト，その他の情勢観察者，あるいは独禁法関連政策をつくるために競争状態を理解しようとしている政府高官のために書かれている。（Porter, 1980, p.xv　邦訳，6頁）」

「この本は，企業がその属する業界を全体として分析し，業界の今後の変化を予測し，競争相手の特性と自社の競争上の地位を理解し，この分析を特定企業の競争戦略に練り上げるための分析技法を，広い視野から説明しようとしたものである。…（中略）…この総論の中心は，業界に作用する５つの競争要因（the five competitive forces）と，それらが戦略に与える意味の分析である。（*Ibid.*, p.xiv　邦訳，4頁）」

このように，ポーターは実際のビジネスの場で活用できる競争戦略に関する具体的な手法・技法を提示することを目的にしており，本書はいわば実践的な方法論の解説を主眼においた著作といえよう。

2 競争市場を規定する５つの競争要因

ポーターによれば，競争状態とは業界内の既存の競争業者によってのみ規定されるものではなく，（1）新規参入の脅威（threat of entry），（2）既存競争業者間の敵対関係の強さ（intensity of rivalry among existing competitors），（3）代替製品からの圧力（pressure from substitute products），（4）買い手の交渉力（bargaining power of buyers），（5）売り手の交渉力（bargaining power of suppliers），といった5つの基本的な競争要因が一体となって，業界における競争の激しさと収益性を決定づけているという（*Ibid.*, p.6　邦訳，20頁）（**図表9-5**）。

すなわち，5つの競争要因による圧力が強いほど，業界内の競争環境は激しさを増すというわけである。こうした5つの競争要因による分析は，ポーターの「ファイブ・フォース分析」あるいは「ファイブ・フォース・モデル」，簡略化して「5F」ともいわれている。

ポーターは，5つの競争要因から「産業構造の分析を行う狙いとは，経済的・技術的な構造に基づく業界の基本特性を発見することにある。この特性

図表9-5　5つの競争要因

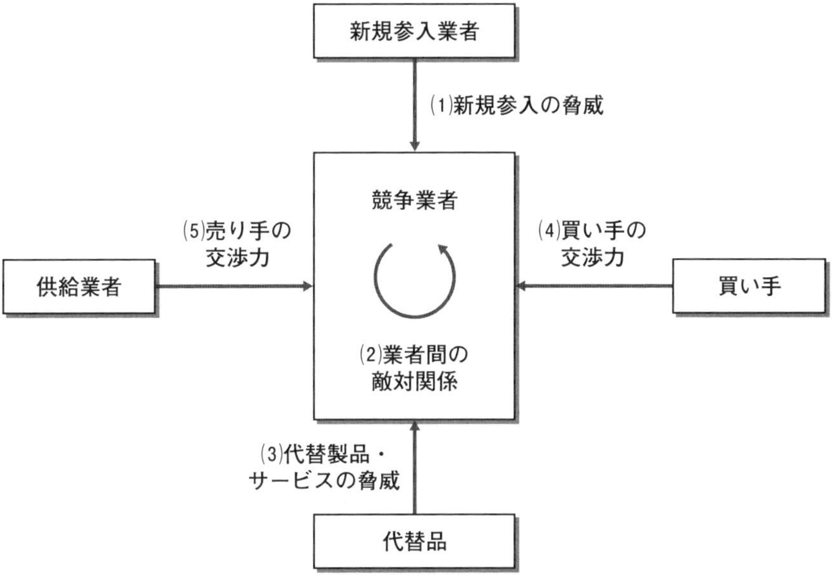

（出所）Porter（1980, p.4　邦訳，18頁）をもとに加筆・修正

の上に，企業の競争戦略は策定されなければならない。もちろん，業界構造にどう立ち向かうかについては，会社はそれぞれ特有の長所短所をもつし，業界の構造も時とともに徐々に変化する。しかし，業界構造を理解することが，戦略分析の出発点にならなければならない（*Ibid.*, pp.6-7　邦訳, 21頁）」と説明している。ここには，「競争戦略をつくる際の決め手は，会社をその環境との関係で見ることである。（*Ibid.*, p.3　邦訳, 17頁）」という産業組織論をベースにしたポーターの分析視角が底流している。

すなわち，この5つの競争要因の圧力や脅威の程度を分析することによって，当該業界の構造や競争環境や特性，さらに業界内での自社のポジションが把握できるというわけである。

そこで，以下ではまず5つの競争要因の内容について概観していく（*Ibid.*, pp.7-29　邦訳, 21～49頁）。

（1）新規参入の脅威

新規参入の脅威は，参入障壁の程度や，新規参入に対して予想される既存業者の報復や反撃の度合いによって決まる。

ポーターは，参入障壁として，①規模の経済性，②製品差別化，③巨額の投資，④仕入れ先を変えるコスト，⑤流通チャネルの確保，⑥規模と無関係なコスト面での不利，をあげており，投資額と投資期間，研究開発や広告費の回収可能性，販売促進や交渉の努力の程度と継続期間などの側面からの検証が必要となる。また，⑦政府の政策による法規制や制約など統制面の検討も重要となる。

（2）業者間の敵対関係

既存競争業者間の敵対関係は，価格競争，広告合戦，新製品導入，顧客サービスや保証条件などで市場地位を確保しようとする定型的な戦術がとられる。こうした戦術は，①お互いの行動に反応し合って行動する関係，であり，結果として業界内の企業はすべて傷つく。その他にも，業界内の敵対関係が強くなり，競争が激しさを増す要因には，②同業者数や同規模業者数の割合，③業界成長の速度の程度，④固定コストと在庫コストの高さ，⑤製品の差別化の可能性と価格，などがある。

⑥参入障壁と撤退障壁の関係性は，業界全体の利益という点からすれば，参入障壁が大きく，撤退障壁が小さい場合が最上である。参入はあまりなく，業績の悪い企業は去っていくからである。参入・撤退ともに障壁が大きいと収益可能性は大きいが，多くの場合，大きいリスクをともなう。業績の悪い企業が業界内にとどまり，競い合うからである。参入・撤退の両障壁が小さい場合は，そもそも魅力がない。最悪な例は，参入障壁が小さく，撤退障壁が大きいケースである。参入が容易なので，経済情勢が良い時期には多くの新規業者が参入し，しかし情勢が悪くなっても撤退が困難となり，業界内にとどまる。それによって業界の収益率は低下し続けるからである（**図表9-6**）。

（3）代替製品・サービスの脅威

代替可能な製品やサービスが，他の業界から現れる可能性が高いほど，競争が激化する。代替製品・サービスを迎え撃つ業界にとっては，業界すべての企業が大量の広告活動を行うなどの共同行動しかない。しかし，注意しな

図表9-6　障壁と収益性

		撤退障壁 小	撤退障壁 大
参入障壁	小	見返りは低いが安定する	見返りは低くてリスキーである
参入障壁	大	見返りは高くて安定する	見返りは高いがリスキーである

（出所）Porter（1980, p.22　邦訳, 40頁）をもとに加筆・修正

ければならない代替製品とは，①現在の製品よりも価格対性能比が良くなる傾向をもつ製品，②高収益を上げている業界が生産する製品，である。後者の場合，代替品・サービスに打ち勝つ戦略をとるか，それとも避けられない強敵として認識し，なんらかの対処や共存する戦略を考案するしかない。

(4) 買い手の交渉力

製品やサービスの買い手が，売り手側の業界に対して強い力をもつような状況になると，業界内の競争に影響をおよぼす。

ポーターは，買い手の交渉力が強くなる環境要因として，①買い手が集中化していて，売り手の総取引量にとってかなり大量の購入をする，②買い手の購入する製品が，買い手のコストまたは購入物全体に占める割合が大きい，③取引先を変えるコストが安い，④買い手の収益が低いと，購入コストをできるだけ抑えようとする，⑤買い手が部分的統合や川上統合の姿勢を示すと，買い手は商取引での譲歩を売り手側に要求できる，⑥売り手の製品が買い手の製品やサービスの品質にとってほとんど関係ない，⑦買い手が十分な情報をもつ，⑧消費者の購入決定に影響力が行使できる場合，をあげている。

こうした要因が強くなると買い手の交渉力は高まり，売り手側の企業に，それまでより高い品質やサービスを求めたり，値引きを強要したり，売り手側の業者同士を競わせたりするようになる。

(5) 売り手の交渉力

売り手とは，その業界の製品やサービスを買い手に提供する供給業者であり，売り手の地位如何によって業界の競争環境に影響をあたえる。

売り手の交渉力が高まる要因として，ポーターは，①売り手の供給業界が少数の企業であり，買い手の業界よりも集約的な体制になっている，②別の代替製品と競う必要がない，③買い手業界が供給業者グループにとって重要な顧客ではない，④供給業者の製品が，買い手の事業にとって重要な仕入品である，⑤差別化された特殊製品のため，他の製品に変更すると買い手のコストが増す，⑥供給業者が今後確実に川下統合に乗り出す姿勢を示す，ことをあげている。

3 競争戦略の類型

5つの競争要因に基づくファイブ・フォース分析によって，当該業界の構造や競争環境の特性を把握する。次に，5つの競争要因と自社の現状との比較・分析を通して，自社の業界内でのポジションや特性，自社の強みと弱みを明らかにする。その後，いよいよ自社の競争戦略を立案していくことになる。ポーターは，次のように述べている。

「競争戦略の中心的な課題は，業界内で自社が他の業者に比べてどのような地位を占めるかである。その地位いかんによって，会社の収益性が業界平均の上か下かが決まる。会社の競争的地位が優れたものであれば，業界構造が思わしくなく，そのために業界の平均収益率がそこそこであっても，会社はかなり高い収益性を享受することができるであろう。

長期にわたって平均以上の業績をあげられる土台となるのが，持続力のある競争優位である。会社は競争相手と比べて無数の長所や短所を持つわけだが，基本的には競争優位のタイプは2つに絞ることができる。低コストか差別化である。(Porter, 1985, p.11　邦訳，15～16頁)」

ポーターは，こうした認識に基づき（1）コスト・リーダーシップ戦略，（2）差別化戦略，（3）集中戦略，の3タイプを競争戦略の基本類型として提示し，（3）集中戦略をさらに①コスト集中戦略と②差別化集中戦略に区分している（**図表9-7**）[8]。

（1）コスト・リーダーシップ戦略と（2）差別化戦略は，業界内のセグメント（区分・範囲）を広くとって，そこで競争優位を確保しようとするものである。一方，（3）集中戦略は狭いセグメントにおいてコスト優位（①コスト集中戦略）か差別化（②差別化集中戦略）を狙うものである（*Ibid.*, p.11　邦訳，16頁)。つまり，どのようなタイプの競争優位を求めるのか，狙いとする戦略ターゲットの幅をどう定めるのかを選択しなければならないということになる。

以下では，この競争戦略の各類型の特徴を考察していく（*Ibid.*, pp.12-16 邦訳，17～22頁）。

図表9-7　競争戦略の類型

		競争優位	
		他社より低いコスト	差別化
戦略ターゲットの幅	広いターゲット	(1) コスト・リーダーシップ戦略	(2) 差別化戦略
	狭いターゲット	(3) 集中戦略 ①コスト集中戦略	②差別化集中戦略

（出所）Porter（1985, p.12　邦訳，16頁）をもとに加筆・修正

(1) コスト・リーダーシップ戦略

コスト・リーダーシップ戦略は，基本戦略のなかでも最も明確である。すなわち，自社の属する業界で低コスト・メーカーの評判を確保すればよい。会社は広い範囲のターゲットをもち，多数の顧客に向けて商売し，どれだけ広い範囲で営業するかが，コスト優位にとって重要となる。コスト優位の源泉には多くの種類があるが，例えば規模の経済性を追求するもの，独自技術によるもの，他社より有利な原材料確保のルートによるものなどがある。

また，会社がコスト・リーダーシップを確保し，それを維持できるとしたら，業界平均価格またはそれに近い価格で売る限り，この会社は業界平均以上の収益を得ることができる。ライバル企業と同じか少し安い価格で売ると，コスト・リーダーの低価格という地位が，ライバル企業より高い収益率に形を変える。

しかし，コスト・リーダーといえども差別化も無視できない。その製品が買い手から他社と同等ないし望ましい品質だと認知されなかったら，売上を確保するには，ライバル以下の価格に下げざるを得ないからである。こうなると，この会社の有利なコスト地位という強みは消し飛んでしまう。それゆえ，差別化についても，ライバル企業と同等ないし近接状態までつくり上げておけば，コスト・リーダーとしてのコスト優位を犠牲にせず，業界平均以上の収益を得られる。

（2）差別化戦略

差別化戦略は，業界内の多くの買い手（顧客）が重要だと認める特性を，1つまたはそれ以上抽出し，このニーズを満たすのが自社以外にないという体制を構築することである。その報奨として，他社よりも高い価格で購入してもらえるからである。

差別化の手段は，業界によって異なるが，例えば製品自体で差別化することもできるし，販売の流通システム，マーケティング方法，製品の耐久性やサービス・スペア部品がいつでも手に入るようなディーラー網や小売店網の充実など，様々な差別化が考えられる。

差別化に成功し，それを維持できる会社は，特異性のために支払われる価格プレミアムが，特異性をつくるのに要した特別コストを上回る場合に業界平均以上の収益を上げられる。そのためには，差別化に要するコストより高額の価格プレミアムをもたらすような差別化の方法を常に探求しなければならない。

（3）集中戦略

集中戦略は，上記の2つとはまったく異なる。なぜなら，業界内の狭いターゲットを競争の場に設定するからである。つまり，業界内の少数のセグメントに焦点を当てて，他社の排除を目的とするというわけである。それゆえ，ターゲットとして絞り込んだセグメントだけに戦略を最適化しようとするため，業界全体での競争優位性は持ち得ない。ターゲットに選んだセグメントにおいてのみ競争優位性の獲得を目指すことになる。

この集中戦略には，２つの種類がある。①コスト集中戦略は，ターゲットにしたセグメントにおいてコスト優位を求める。すなわち，特定のセグメントにおけるコストの差異を追求するわけである。一方，②差別化集中戦略とは，ターゲットにおいて差別化を探求する。これは，特定のセグメントにおいて買い手（顧客）の求める特殊なニーズに注目するということである。要するに，この２つの集中戦略は，広いターゲットを狙う競争業者が幅広い顧客対応できるような汎用の製品・サービスを提供するため，その隙間を突くというわけである。それゆえ，集中戦略は狭いターゲットだけに力を集中させて，競争優位性を確保することができる。

このようにして絞り込んだセグメントで強固なコスト・リーダーシップ（コスト集中戦略）あるいは差別化（差別化戦略）を達成できれば，業界平均以上の収益を上げられる。ただし，セグメントのなかには他よりも収益性の低い場合もあるので，狙ったセグメントが構造的に高い魅力を有していることが必要条件となる。

4 小括

以上，ポーターの主要論点を考察してきた。ポーターは，経営戦略論の一分野として新たに競争戦略論を確立し，現在の「ポジショニング・アプローチ」（Positioning Approach）の基礎を築いた。「ポジショニング・アプローチ」とは，業界内において自社の有利なポジションを探求する分析視角である。

しかし，ポーターのこうした研究にも様々な批判がなされている[9]。ここでは，そのなかでも特に重要だと思われる点を指摘する。

第１に，企業の目的として収益性増大のみに焦点が当てられ，それを達成するために競争優位性の確保・維持の方法が主として論じられている点である。つまり，ここで問題となるのが，企業目的とは単に収益性のみであるのか，さらに競争優位性を確保し，持続的な競争優位性を維持していった先の終局的な到達点として何を目指しているのか，ということである。ポーターは，これに関連して次のように述べている。

「ずばり，競争の戦略をつくるということは，企業がどのような競争に突入しようとしているのか，目標をどこに置くべきか，それら目標を実現するにはどのようなポリシーが必要か，これらについて幅広い処方箋をつくることである。…（中略）…たとえば，『目標』の代わりに『使命』とか『目的』を使う会社もあるし，『運営ポリシー』または『機能ポリシー』の代わりに『戦術』を当てる会社もある。しかし，目的と手段とを区別することで，戦略の本質はとらえられる。(Porter, 1980, p.xvi　邦訳，7～8頁)」

また，ポーターは競争戦略の策定に影響する要因として，①業界の好機と脅威（経済面と技術面），②会社の長所と短所，③戦略実行者たちの個人的特性，④社会からの期待，の4つをあげている（*Ibid.*, p.xviii　邦訳，8頁)。そのうえで,「社会からの期待とは，政府の政策，社会問題，慣習の変化，その他諸々のことが会社にどう影響を及ぼすかという点である。(*Ibid.*, p.xviii　邦訳，11頁)」と説明している。さらに，著書の冒頭では以下のように記している。

「この本が，競争に対する正しい公共政策の立案に寄与できることも願っている。競争戦略とは，会社が自社の市場地位を強化できるよう，うまく競争する仕方の探求である。ところが，競争戦略は，例外なく，社会的に望ましいとされる競争行動についてのゲームのルールを無視して実行されることはない。このゲームのルールは，社会の倫理基準と公共政策によって決められるのである。一方，ゲームのルールも，企業が競争による脅威と好機に対してどのように戦略の上で対応するのか，これを正しく予想していなければ，所期の効果は発揮できないのである。(*Ibid.*, p.x　邦訳，vi頁)」

個々の企業が企業目的をどのように捉え，企業目的に何を設定するかは，企業の存在意義や使命も含めて個別企業が有する価値観をともなう基本的かつ根源的な問いである。そして，その企業目的を達成するための手段として策定・実行されるのが戦略である。もちろん，収益性増大が企業目的の１つの要素であることは疑うまでもない。ところが，収益性の増大は何のためなのかといった企業目的の礎ともいうべき企業理念や哲理に関して，ポーターは「社会からの期待」「社会問題」などをあげているものの，こうした点にはほとんど触れていない。

しかし，企業目的の基盤となる企業理念や哲理は，戦略の策定のみならず，戦略実行に際しても企業組織のあらゆる階層における意思決定に少なからず作用するのは明らかであろう。すなわち，法の隙間をかいくぐってとられる経営現場での実践的な手段，「社会倫理基準」や「公共政策」を立法化する政府や政党への企業の支持・支援等のあり方あるいは働きかけについても，個別企業の１つの戦略手法として正当化されかねない可能性や危惧も包含しているからである[10]。こうした意味からも，定量化できる収益性のみを企業目的に据え，社会的責任や企業倫理などに対する実践的な視点が看過されているところに，重大な問題が内包されている[11]。

第２に，ポーターの研究は，業界内で競争優位なポジションを獲得するための手法の開発に主眼がおかれており，既存競争業者との関係性に焦点が当てられている。しかし，競争優位に影響をあたえる競争要因として，「買い手（顧客・消費者）」や「売り手（供給業者・サプライヤー）」といった存在は登場するが，企業組織を構成する株主・経営者・各階層の管理者そして従業員など人間に関する事項には触れられていない点である（喬, 2020, 194～197頁）。

競争優位性確保のためには，企業内部で蓄積・継承されてきた知識や能力・技術など競合企業が模倣できない暗黙知が不可欠なのはいうまでもない（今野, 2018, 40～45頁）。その意味で，企業内部の経営資源や組織能力に対する視点や分析が脱落しているといえよう。

V 現代への意義と応用

経営戦略論は，チャンドラーの研究を端緒に1960年代に生成し，1980年代に入ると競争戦略論が経営戦略論の一分野として登場した。チャンドラーは，企業をとりまく環境変化に適応するために，各企業が独自の戦略をとることによって組織構造が変化している実態を経営史的な観点から明らかにした。また，アンゾフは多角化戦略を採用するうえでの戦略的意思決定の方法論を提唱し，さらにポーターは，アンゾフの考察が十分でなかった競争優位性に着目したポジショニング・アプローチの基盤を築いた。その後，ポーターの方法論を補完すべく，バーニー（Barney, J.B.）に代表される資源ベース・アプローチ（Resourced-based Approach）が登場し，さらに能力ベース・アプローチ（Competence-based Approach），ゲーム・アプローチ（Game Approach），ダイナミック・ケイパビリティ・アプローチ（Dynamic Capability Approach）などが展開されていく（今野，2018）。このように，前段階の理論の足らざる部分を補完・修正しながら，経営戦略論は現在もなお進展を続けている。

こうした経営戦略研究は，環境の変化に適応しながら企業目的を達成していくために，どのような戦略を策定・実行していくかを主眼にしており，環境への適合ないし適応と密接な関係がある。それゆえ，広義にはコンティンジェンシー理論の延長線上に位置するものと捉えられる。

しかし，急速かつ多様な環境変化にさらされている現代にあって，企業戦略の方法論はそれに応じて絶えず進歩・進化せざるを得ない。すなわち，経営戦略と称する様々な手法・方法が巷に溢れかえり，まさに百花繚乱の様相を呈しているのも，こうした経営戦略論の特性が関係しているとも考えられる。いまや，「戦略」や「戦略的」は，社会一般にも広く認知される用語として定着している。ところが，そこでは意識・無意識を問わず，ポジティブな意味合いや正しい思考あるいは志向，善い行為・活動という意味を含ませ，印象付ける用語として使用される徴候も見受けられる[12]。それゆえ，何をもって「戦略」や「戦略的」という用語を冠しているのか，その本質について見定め，また洞察する視点が求められている。

注

1　このチャンドラーの原著の邦訳としては，有賀裕子訳『組織は戦略に従う』（ダイヤモンド社，2004年）も出版されている。

2　チャンドラーは，「戦略」（strategy）と「組織構造」（structure）について，次のように説明している。

「戦略とは，一企業体の基本的な長期目標を決定し，これらの諸目的を遂行するために必要な行動方式を採択し，諸資源を割当てることと定義される。事業活動を量的に拡大したり，遠隔地に工場や事務所を設立したり，新しい事業分野へ進出したり，また事業系列の多角化を計るためには，新しい基本目的を定める必要が生じる。新しい行動方式を考案し，また諸資源の割当を変えたりしなければならないのは，需要の推移や，供給源の変化や，経済情勢の変動や，新しい技術の開発や，競争者の出方などに対応して，これらの諸目的を達成し，かつ新分野での企業の活動を維持・拡大していくためである。新戦略の採用によって，新しい型の人員と施設が加えられ，責任者の事業へのヴィジョンが変わってくれば，こ　れは企業の組織形態に甚大な影響をおよぼすことになる。（*Ibid*., p.13　邦訳，29）」

「組織構造とは，企業体を管理する組織の仕組み，と定義できる。この仕組みは，成文化されていようがいまいが，２つの側面をもっている。第１には，各種の管理部局間や管理者間の権限とコミュニケーションの系統を含み，第２には，これらのコミュニケーションの権限と系統に沿って流れる情報と資料を含んでいる。このような権限と資料は，企業の基本的な目的と諸政策を遂行し，また諸資源を割当てる場合に必要な効率的な調整，評価，計画を確実にするために，欠かせないものである。ここにいう経営資源（resources）とは，資金（financial capital），物的設備例えば，工場，機械，建物，事務所，倉庫およびその他販売・購買諸施設，原材料，研究・技術実験施設，および最も重要なものとして，それに配置される人員の技術・販売・管理上の能力を含んでいる。（*Ibid*., p.14　邦訳，29頁）」

加えて，「企業家的（entrepreneurial）決定と行動とは，企業全体のために経営資源を割当てたり，あるいは割当て方を変えたりすることを指し，現業的（operating）決定と行動とは，割当てられた資源を用いて実施される決定を指す。（*Ibid*., p.11　邦訳，27）」と補足している。

3　アンゾフの詳細な経歴については，鈴木（1974），中村訳（1980）の「訳者はしがき」，庭本（2012a），喬（2020）などを参照されたい。なお，本書の記述も，これら先行研究を参考にしている。

4　アンゾフは，こうした３つの意思決定のうち，「業務的意思決定はサイアート＆マーチの研究が大きな貢献をしており，管理的意思決定については，チャンドラーの研究がその重要性に焦点を当てている。そのため，本書の目的は，戦略的意思決定のために実用的な枠組みを構築することである。（Ansoff, 1965, pp.10-11　邦訳，13頁）」と述べている。

5　アンゾフは，戦略的意思決定に関わる経営者の包摂する課題について，次のように指摘している。

「戦略的意思決定とは，自然発生的あるいは自動的にトップマネジメントの関心に生起するようなものではない。なぜなら，ほとんどの経営者は，管理的意思決定や業務的意思決定に集中してしまい，戦略的な問題やそれにともなう戦略的意思決定は，こうした日常業務の背後に隠れてしまうからである。（*Ibid*., pp.9-10　邦訳，11頁　*Ibid*., p.122　邦訳，153頁）」

6　部分的無知のもとで意思決定する経営者は，長期資本利益率の極大化を直接行うことができない。そのため，アンゾフは，近接期間に対する資本利益率の極大化，すなわち「近接期間の目的」（proximate objective）を設定している（*Ibid*., pp.44-48　邦訳，56～62頁）。加えて，予見できない偶発的事態のもとでの資本利益率という意味で「柔軟性目的」（flexibility objective）を設定している（*Ibid*., pp.54-59　邦訳，68～73頁）。

7　ポーターの詳細な経歴については，土岐ほか共訳（1995）の「訳者あとがき」，喬（2020）などを参照されたい。なお，本書の記述も，これらを参考にしている。

8　ポーターは，著書『競争の戦略』では，「コスト・リーダーシップ」，「差別化」，「集中」という3つのタイプを競争戦略の基本類型として示していたが，その後の著書『競争優位の戦略　―いかに高業績を持続させるか―』（*Competitive Advantage: Creating and Sustaining Superior Performance*, 1985）では，「集中」を「コスト集中」と「差別化集中」に分類して提示している。

9　詳細は，高橋（2009, 144～146頁），今野（2018），喬（2020, 192～199頁）などを参照されたい。

10　土屋は，この点について以下のように指摘している。なお，（　）内は筆者加筆。

「この（ポーターの）理論は，たしかに個々の企業が市場で競争優位を確保する方法を提示し，その意味で経営の実践に役立った。しかし，あまりに個々の企業の立場で，他の企業と対抗して打ち勝つ戦略に固執しすぎている。すなわち，買い手により大きい満足を与えるべく，競争を通じて相互に切磋琢磨するというのではなくて，競争相手を出しぬいたり，脅したり，報復したりする手段までが真面目に論じられている。買い手に顔を向けた競争の戦略ではなくて，競争者が相互に傷つけあう対抗の戦略に堕しているともいえる。このような理論は，個々の企業の立場では役に立つかもしれないが，競争相手ともどもこのような対抗の戦略に憂き身をやつしていると，相互につぶしあいの喧嘩をすることになって，長期的には力を弱めて，やがて産業全体の国際競争力を失うことにもなりかねない。とすれば，この理論は企業経営の実践に短期的には役立っても，長期的にはかえって有害であるとも言える。（土屋，1989, 25頁）」

11　この点について，庭本は次のように指摘している。

「環境適応理論として生まれた経営戦略論であるが，その環境認識は意外に貧弱であり，とりわけ社会認識は浅い。組織重視の資源ベース戦略論（RBV）に社会環境や社会的責任領域の記述がないのは不思議ではないが，環境重視のポジショニング戦略論を切り開いたM.ポーターの環境認識も狭く，経済的環境の，しかも定量化される領域にほぼ限られている。そこには，現代企業に社会的苦境をもたらす社会的要求を戦略的問題と捉える視点も視野の広がりもない。社会的責任研究者や経営倫理学者による戦略へのアプローチがあるだけだ。戦略に落とし込まなければ，社会的・倫理的実践性を得られないからである。（庭本，2012b, 178頁）」

12 この点については，例えば，松嶋（2012, 87～94頁）を参照されたい。

参考文献

Ansoff, H.I.（1965）*Corporate Strategy: An Analytic Approach to Business Policy for Growth and Expansion*, New York: McGraw-Hill.（広田寿亮訳『企業戦略論』産業能率大学出版部, 1969年）

Ansoff, H.I.（1979）*Strategic Management*, Macmillan.（中村元一訳『戦略経営論』産業能率大学出版部, 1980年）

Chandler, A. D. Jr.（1962）*Strategy and Structure: Chapters in the History of the Industrial Enterprise*, Cambridge Mass.: The M.I.T. Press.（三菱経済研究所訳『経営戦略と組織：米国企業の事業部制成立史』実業之日本社, 1967年）

Porter, M.E.（1980）*Competitive Strategy: Techniques for Analyzing Industries and Competitors*, New York: The Free Press.（土岐　坤・中辻萬治・服部照夫共訳『新訂 競争の戦略』ダイヤモンド社, 1995年）

Porter, M.E.（1985）*Competitive Advantage: Creating and Sustaining Superior Performance*, New York: The Free Press.（土岐　坤・中辻萬治・小野寺健夫共訳『競争優位の戦略　―いかに高業績を持続させるか―』ダイヤモンド社, 1985年）

井原久光（2008）『テキスト経営学［第３版］―基礎から最新の理論まで―』ミネルヴァ書房

喬　晋建（2020）『経営戦略論の源流』中央経済社

今野喜文（2018）「第２章　戦略論の探求」石嶋芳臣・岡田行正『経営学の定点（増補改訂版）』同文舘出版

島　恭彦（1966）『軍事費』岩波書店

鈴木　毅（1974）「Ⅴ　行動科学的組織論の展開　―意思決定の組織理論　アンソフ, H.I.」岩尾裕純編『講座経営理論Ⅲ　マネジメント・サイエンスの経営学』中央経済社

高橋俊夫（2009）『企業戦略論の系譜と展開』中央経済社

土屋守章（1989）「第１章　経営理論の課題と展望」土屋守章・二村敏子編『現代経営学

説の系譜〈現代経営学（4）〉』有斐閣
庭本佳和（2012a）「序章　経営学に新しい風を吹き込んだアンソフ　—経営理論の戦略的転回と学説的軌跡—」庭本佳和編『経営学史叢書Ⅸ　アンソフ』文眞堂
庭本佳和（2012b）「終章　まだまだ手離せない　—アンソフ戦略論の射程：CSR・社会戦略の展開—」庭本佳和編『経営学史叢書Ⅸ　アンソフ』文眞堂
原　敏晴（2012）「第一章　多角化戦略で会社を成長させよう　—環境変化と経営戦略論の形成：『企業戦略論』（一九六五）を中心に—」庭本佳和編『経営学史叢書Ⅸ　アンソフ』文眞堂
福島英史（2012）「第四章　アンソフ戦略論への批判　—H.ミンツバーグのクラフティング戦略論を軸に—」庭本佳和編『経営学史叢書Ⅸ　アンソフ』文眞堂
松嶋　登（2012）「第三章　組織的環境適応と戦略的経営論の深化　—『戦略経営の実践原理』（一九八四）を中心に—」庭本佳和編『経営学史叢書Ⅸ　アンソフ』文眞堂
三戸　浩（2007）「Ⅳ　制度と戦略　チャンドラー」中野裕治・貞松茂・勝部伸夫・嵯峨一郎編『はじめて学ぶ経営学　人物との対話』ミネルヴァ書房

エピローグ

先人たちによる経営学の各理論は，各時代における現実の企業経営の何を課題と捉え，何を対象にするかといった問題意識を起点として，それぞれが認識する基本理念をベースに形づくられてきたものである。ここでいう基本理念とは，経営や管理，あるいは組織などに関する基本的認識や捉え方であり，こうした基本理念を基軸として企業組織における諸制度・施策，管理技法などが体系化され，それが各理論を特徴づけている。

ところが，現実の経営の場では，往々にして理論と実践との間に乖離が生じる。使い手の考え方や目的如何によって，理論はいかようにも利用される危険性を有しているからである。例えば，本書で取り上げたテイラー（Taylor, F.W.）の科学的管理（Scientific Management）は，「高賃金・低労務費」を基本理念として労使協調の重要性を唱えつつも，具体的な動作・時間研究や差率的出来高給制度などは，実際の生産現場において賃金の削減や労働強化の手法として利用された。また，人間の保有する諸欲求や組織における人間行動が行動科学の諸理論によって徐々に明らかにされると，そうした研究成果は従業員操縦法として使用されてきた。

すなわち，実際の経営の場で理論を応用・実践する主体はほかならぬ人間であり，どのように活用するかを意思決定するのもまた人間だからである。こうした意味においても，経営学の理論は，各時代における社会的・経済的・技術的な諸要件を背景に，実際の経営現場における実践との関わりのなかで，葛藤と模索あるいは格闘を続けながら発展してきたといえよう[1]。

組織とは，紛れもなく人びとによる協働システムである。しかし，組織が主体なのか，あるいは人間が主体なのかによって，企業行動が変わってくるのも当然のことである。

三戸公は，現在の情勢について，「管理の主人公は自己組織システムであり，人間は物的資源とともに人的資源の役割を担い従者となる。既に，労務管理・人事管理という言葉はもはや過去のものとなり，代わって人的資源管理が一般的となり，HRMと略称して管理論の通用語となっているのが，その何よりの証左である。（三戸，2009）」と警鐘を鳴らしている。また，続けて次のようにも指摘している。

「管理の主体＝主人公が組織であり，組織が認識主体として＜組織認識論＞が成立してきている今日である。本来認識主体は人間であるにもかかわらず，人間は組織の従者として組織認識の要素と化してしまった現実が，何の抵抗もなく＜組織認識論＞を生み，しかもそこには認識の本源的主体たる人間と組織との関係の深みを探ることなく，＜組織認識論＞は展開されているのである。(前掲稿, 2009)」

さらに，佐々木恒男は以下のように述べている。

「われわれは日常的に『アドミニストレーション－経営』と『マネジメント－管理』を概念的に峻別せずに使っており，折衷的に『経営管理』なる用語まで作り出し，あるいは近年では『マネジメント』なる用語で経営や管理を便宜的に使い分けしようとしてさえいる。経営と管理という経営学の基本概念の曖昧さや不明確さは，経営学の科学としての未熟さを表している。経営学が実践的有効性を強く意識する余り，概念の厳密な規定という科学としての最低限のルールを等閑にし，しかも経営学研究に携わる研究者の多くがそのような致命的欠陥をほとんど自覚してもいないのである。…（中略）…経営（者）は何を，どこまで問題とし，管理（者）もまた何を，どこまで問題とするのか，このような視点での経営と管理の概念的区分と相互関係が明確にされ，用語が使用されなければならない。(佐々木, 2011, 54頁)」

こうした一連の指摘は，いまだ十分に解消・解決されることなく，さらに深刻の度を強めている。我々は，こうした指摘を真摯に受けとめ，考え，そして具体的な行動や活動として実践していかなければならない。

一方，このような視点は，極論すれば「良い会社とは？」といった単純明快な問いにもつながるように思われる。ところが，この一見抽象的にも思える問いは「誰にとって，良い会社なのか？」と問い直すことによって，その様相は大きく変わってくる。「誰にとって」とは，すなわち経営者なのか，あるいは経営者一族なのか，はたまた株主か，顧客や消費者なのか，会社組織のなかで働く人びとなのか，それともそれ以外の何かなのか，ということである。これに対する回答如何によって，企業の存在意義や使命をも含む経営理念や経営哲理，企業目的，またそれを達成するための企業戦略に対する考え方も，企業行動も変わってくるのは至極当然だからである。

「経営とは？」「管理とは？」，「企業とは？」「組織とは？」と問い続け，問われ続けなければならない。本書で取り上げた数々の理論には，これに対する数多くの知見，そして考えるべき示唆が含まれている。

注

1 これに関連して，土屋は次のように述べている。

「経営学は，それが成立した当初から，2つの大きな特徴をもっていた。その第1は，企業経営が人間の行う活動であることから，人間が多面的な存在であるのと同じように，企業経営も多面的であり，したがって経営学は当初から多面的問題を扱わざるを得なかったことである。第2は，経営学は企業経営を客観的に理解するという科学としての課題を担ったと同時に，その企業経営が具体的な人間の行う意図的な活動であることから，その活動に役に立つという意味での実践性を，当初から求められていた。この2つの特徴は，その後の経営学の歴史において，時には経営学の学問としての発展を刺激し促進するとともに，また時にはその学問としての性格を曖昧にしたり，その発展の方向を捩じまげたりしてきた。（土屋，1989，3頁）」

参考文献

佐々木恒男（2011）「第三章　ファヨール理論の現代的意義」佐々木恒男編『経営学史叢書Ⅱ　ファヨール　―ファヨール理論とその継承者たち―』文眞堂

土屋守章（1989）「第1章　経営理論の課題と展望」土屋守章・二村敏子編『現代経営学説の系譜〈現代経営学（4）〉』有斐閣

三戸　公（2009）「日本の経営学，その過去と現在そして」『中京経営研究』（中京大学経営学会）第19巻第1号

索　引

【さ】

【た】

【な】

【は】

【ま】

【や】

【ら】

【わ】

〈執筆者紹介〉

岡田　行正（おかだ・ゆきまさ）

1967年　広島県尾道市生まれ
広島修道大学大学院商学研究科博士後期課程修了
北海学園大学専任講師（1997年）、助教授（1998年）、教授（2007年）を経て、
2010年より現職。
現　在：広島修道大学商学部教授
　　　　広島修道大学大学院商学研究科教授
　　　　博士（経営学）

〈主　著〉
『アメリカ人事管理・人的資源管理史（新版）』（単著）同文舘出版, 2008年
『マネジメントの理論と系譜』（共著）同文舘出版, 2019年
『価値創発（EVP）時代の人的資源管理』（共著）ミネルヴァ書房, 2018年
『経営学の定点（増補改訂版）』（共編著）同文舘出版, 2018年
『経営労務事典』（共著）晃洋書房, 2011年
『工業経営における人・組織と技術』（共著）学文社, 2010年
『変革期の組織マネジメント　—理論と実践—』（共著）同文舘出版, 2006年
など

2022年１月15日　　初版発行　　　　略称：経営理論エッセンス

経営理論のエッセンス

著　者　©岡　田　行　正
発行者　　中　島　治　久

発行所　**同　文　舘　出　版　株　式　会　社**
東京都千代田区神田神保町1-41　　〒101-0051
営業(03)3294-1801　　編集(03)3294-1803
振替 00100-8-42935　　http://www.dobunkan.co.jp

Printed in Japan 2022　　製版：一企画
印刷・製本：三美印刷
装丁：志岐デザイン事務所

ISBN978-4-495-39058-7